América del Sur

AMÉRICA DEL SUR

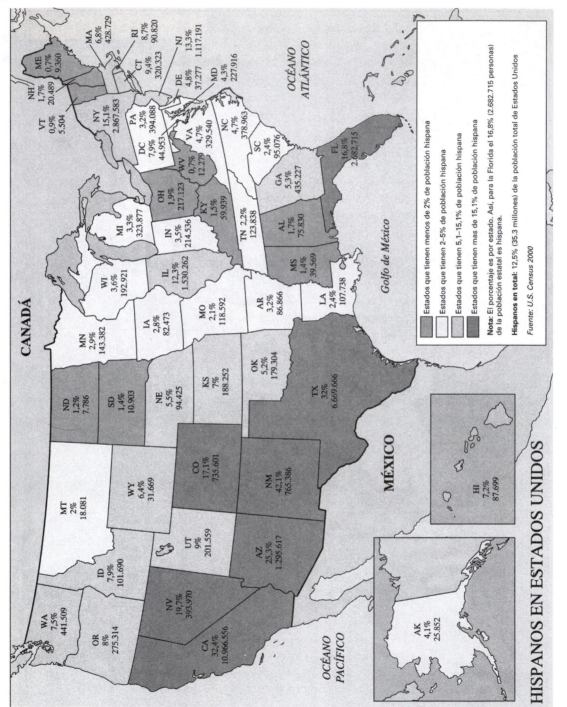

HISPANOS EN ESTADOS UNIDOS

ESTADOS UNIDOS

CANADÁ

OCÉANO ATLÁNTICO

Golfo de México

MÉXICO

OCÉANO PACÍFICO

Leyenda:

Estados que tienen menos de 2% de población hispana

Estados que tienen 2–5% de población hispana

Estados que tienen 5,1–15,1% de población hispana

Estados que tienen más de 15,1% de población hispana

Nota: El porcentaje es por estado. Así, para la Florida el 16,8% (2.682.715 personas) de la población estatal es hispana.

Hispanos en total: 12,5% (35.3 millones) de la población total de Estados Unidos

Fuente: U.S. Census 2000

Datos por estado:

- WA 7,5% 441.509
- OR 8% 275.314
- CA 32,4% 10.966.556
- NV 19,7% 393.970
- ID 7,9% 101.690
- MT 2% 18.081
- WY 6,4% 31.669
- UT 9% 201.559
- AZ 25,3% 1.295.617
- CO 17,1% 735.601
- NM 42,1% 765.386
- ND 1,2% 7.786
- SD 1,4% 10.903
- NE 5,5% 94.425
- KS 7% 188.252
- OK 5,2% 179.304
- TX 32% 6.669.666
- MN 2,9% 143.382
- IA 2,8% 82.473
- MO 2,1% 118.592
- AR 3,2% 86.866
- LA 2,4% 107.738
- WI 3,6% 192.921
- IL 12,3% 1.530.262
- MI 3,3% 323.877
- IN 3,5% 214.536
- OH 1,9% 217.123
- KY 1,5% 59.939
- TN 2,2% 123.838
- MS 1,4% 39.569
- AL 1,7% 75.830
- GA 5,3% 435.227
- WV 0,7% 12.279
- VA 4,7% 329.540
- NC 4,7% 378.963
- SC 2,4% 95.076
- FL 16,8% 2.682.715
- VT 0,9% 5.504
- NY 15,1% 2.867.583
- PA 3,2% 394.088
- DC 7,9% 44.953
- NH 1,7% 20.489
- ME 0,7% 9.360
- MA 6,8% 428.729
- RI 8,7% 90.820
- CT 9,4% 320.323
- NJ 13,3% 1.117.191
- DE 4,8% 37.277
- MD 4,3% 227.916
- HI 7,2% 87.699
- AK 4,1% 25.852

GRAMÁTICA ESENCIAL

GRAMÁTICA ESENCIAL

Reference Handbook

Second Edition

Jorge Nelson Rojas
University of Nevada, Reno

Richard A. Curry
University and Community College System of Nevada

Houghton Mifflin Company   Boston   New York

Publisher: Rolando Hernández
Development Manager: Sharla Zwirek
Assistant Editor: Judith Bach
Editorial Assistant: Erin Kern
Senior Project Editor: Bob Greiner
Editorial Assistant: Wendy Thayer
Senior Production/Design Coordinator: Jodi O'Rourke
Manufacturing Manager: Florence Cadran
Senior Marketing Manager: Tina Crowley-Desprez

Printed in the U.S.A.

ISBN: 0-618-24629-0
Library of Congress Catalog Card Number: 2002106252

123456789-QF-06 05 04 03 02

Contents

 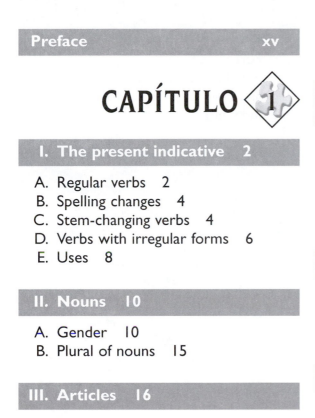

CAPÍTULO  3

CAPÍTULO  4

CAPÍTULO  5

CAPÍTULO  6

CAPÍTULO  7

CAPÍTULO  8

CAPÍTULO  9

CAPÍTULO  10

REFERENCE SECTION

Summary Charts

Preface

Gramática esencial is a grammar review for third-, fourth-, or fifth-semester students of Spanish. It is designed for use in intermediate-level courses that explicitly include grammar study, or for use by students who need a supplemental grammar review in order to complete other curriculum objectives.

The text is intended as a primary text for one-semester grammar review courses or in two-semester courses as a supplement, reference, or in conjunction with other materials such as readers, videotapes, or culture, conversation, or composition texts.

Features

- **NEW** **Flexible program:** *Gramática esencial: Grammar Reference and Review* is designed for students who want complete coverage of intermediate grammar topics, including both explanations and written practice. For students who only want grammar explanations as a reference, the *Gramática esencial: Reference Handbook* is a great resource. A *Practice CD-ROM* is also available for students who want to do exercises electronically.

- **NEW** **Chapter topics** encourage students to think about grammar in context by providing a thematic focal point. Each culturally driven topic is woven into the example sentences and exercises accompanying the grammar rules throughout the chapter.

- **NEW** **Lectura:** A cultural reading at the beginning of each chapter followed by comprehension questions provides a context for chapter grammar topics. Students can also use readings to further develop their reading and writing skills.

- **NEW** **Notas gramaticales** help students gain a deeper understanding of Spanish by observing parallel structures in their own language. Each chapter has 5–8 *notas gramaticales* that expand on grammar explanations, contrast English and Spanish structures, or show the relationship between topics covered in different chapters.

- **Foco en el léxico:** A lexical section in each chapter explains and practices words and phrases that are difficult for English speakers.

- Direct and clear coverage of important points of Spanish grammar

- Frequent summary charts accompany key topics for easy reference and review

- Illustrations, including *refranes* and *adivinanzas* from Hispanic culture, to illustrate grammatical points

- Additional exercises designed for in-class and out-of-class use include personalized and contextualized practice, and many pair and small-group activities

- Numerous activities based upon real-world situations familiar to a majority of young adults

- Flexible organization allows use in whole or in part, sequentially or nonsequentially

- A glossary of grammar terms used in the book, with examples

- A separate *Answer Key* to text exercises is available

Organization of *Reference Handbook*

Gramática esencial is divided into ten chapters, each of which contains the following elements:

1. *Grammar sections.* Each chapter contains four to five topics, explained clearly and directly. Explanations summarize, reformulate, and expand on key grammar topics presented in first-year courses. Language structure is presented in English with abundant Spanish examples to facilitate individual study outside of class. See, for example, Chapter 3, pages 49 and 53.

2. *Summary charts.* For selected topics, a summary—often in the form of a chart with examples of usage—follows grammatical explanations. Students will find these tables a useful corollary to the grammatical explanations and examples; they also serve as an effective ready reference for review. See, for example, Chapter 3, pages 52 and 62.

3. *Lexical study.* The final topic in each chapter is a lexical point that often presents a semantic stumbling block for native English speakers. Distinctions are drawn, examples are presented, and practice is provided. In this manner, the language-learning experience reaches beyond simply working with verb tenses and other aspects of grammatical structure. See, for example, Chapter 3, page 68.

Gramática esencial also includes reference material in the appendices as well as a separate *Answer Key*. The appendices consist of a glossary of grammatical terminology with examples; the rules that explain the use of written accent marks; a concise review of personal pronouns; charts of regular, irregular, and stem- and orthographic-changing verbs; a Spanish-English vocabulary that includes all intermediate-level words used in the text—words considered "core" first-year vocabulary in most texts of elementary Spanish have been omitted; and an index of grammatical topics.

Components

Gramática esencial: Grammar Reference and Review This version of the text consists of grammar explanations, models, and exercises. It also features one cultural reading per chapter, appendices, and a bilingual glossary.

Gramática esencial: Reference Handbook This version of the text consists of grammar explanations and models. It includes all the appendices and the bilingual glossary.

Gramática esencial: Practice CD-ROM This component includes exercises for additional practice and self-study. The exercises offer systematic review of each section in each chapter and serve as a smooth transition toward some of the more open-ended exercises in the textbook. Each chapter concludes with a writing assignment that can be e-mailed to the instructor for feedback. The CD-ROM also includes a more concise form of the grammar topics, the text of the *lecturas* with additional online vocabulary help, and all appendices.

Gramática esencial: Answer Key Answers to text exercises.

Acknowledgments

The authors wish to express their sincere appreciation to Judith Bach, Bob Greiner, Wendy Thayer, Jodi O'Rourke, and all others who worked on this project.

The authors and publisher gratefully acknowledge the comments and recommendations of the following people:

José Carrasquel, Northern Illinois University
Lois Grossman, Tufts University
Leticia Guin, Auburn University
Lon Pearson, University of Nebraska, Kearney
John Stolle-McAllister, University of Maryland, Baltimore County
Elizabeth Small, State University of New York, Oneonta
Lourdes Torres, University of Michigan, Ann Arbor

GRAMÁTICA ESENCIAL

CAPÍTULO

1

1 The present indicative

A Regular verbs

1. Regular verbs do not show any changes in the stem. The following is the conjugation of regular **-ar, -er,** and **-ir** verbs.

	-ar verbs	*-er* verbs	*-ir* verbs
	trabaj*ar*	**com*er***	**viv*ir***
yo	trabaj**o**	com**o**	viv**o**
tú	trabaj**as**	com**es**	viv**es**
él, ella; Ud.	trabaj**a**	com**e**	viv**e**
nosotros/as	trabaj**amos**	com**emos**	viv**imos**
vosotros/as	trabaj**áis**	com**éis**	viv**ís**
ellos, ellas; Uds.	trabaj**an**	com**en**	viv**en**

Nota gramatical: The pronoun **usted,** abbreviated **Ud.,** is said to derive from the phrase **vuestra merced** ('Your Lordship'), used to refer to the addressee, a second person. Being a phrase, it is a third person from the grammatical point of view, which explains why it uses the same endings as **él** and **ella.** This use is similar to the one found in the phrase *Your Majesty* used with third person verb forms: ***Is** Your Majesty comfortable?*

2. The **nosotros** and **vosotros** forms are stressed on the ending; all other forms are stressed on the stem.

3. A verb is generally used without the subject pronoun, except to indicate emphasis or contrast.

Trabajo desde casa.	*I work from home.*
Yo trabajo desde casa.	*I work from home. (**emphasis**)*
Yo trabajo y tú juegas.	*I work and you play. (**contrast**)*

> ***Nota gramatical:*** Notice that each Spanish verb form has a unique ending. Thus, the endings of the verb forms identify who is performing the action: **hablo** vs **hablas,** for instance. That is why the use of subject pronouns is normally not required. In English, on the other hand, all verb forms are identical or nearly identical, which makes it necessary to use subject pronouns to indicate who is performing the action: ***I*** *speak* vs ***You*** *speak*.

Remember that there are no Spanish equivalents for the English subject pronouns *it* and *they: It is a machine, They are machines* = **Es una máquina, Son máquinas.**

4. Here are some common verbs that are regular in the present indicative.

-ar **verbs**	*-er* **verbs**	*-ir* **verbs**
ayudar	aprender	abrir
buscar	beber	asistir
caminar	comer	decidir
comprar	comprender	escribir
llegar	creer	insistir
mirar	leer	permitir
necesitar	responder	recibir
trabajar	temer	subir
viajar	vender	vivir

5. Verbs that are conjugated with an extra pronoun referring to the subject are called reflexive verbs. Except for the extra pronoun, reflexive verbs are conjugated just like the rest of the verbs. (See Reflexive, reciprocal, and impersonal constructions in Chapter 6, Section III for a more complete treatment of reflexive verbs.)

levantarse	ofenderse	aburrirse
me levanto	**me** ofendo	**me** aburro
te levantas	**te** ofendes	**te** aburres
se levanta	**se** ofende	**se** aburre
nos levantamos	**nos** ofendemos	**nos** aburrimos
os levantáis	**os** ofendéis	**os** aburrís
se levantan	**se** ofenden	**se** aburren

B Spelling changes

Some verbs require a spelling adjustment to reflect pronunciation.

Verbs affected	Spelling change	Model verb		Other verbs	
-ger, -gir	**g → j**	diri**gir**			
		diri**jo**	dirigimos	coger	corregir*
	before **o**	diriges	dirigís	proteger	elegir*
		dirige	dirigen	recoger	exigir
-guir	**gu → g**	distin**guir**			
		distin**go**	distinguimos	conseguir*	perseguir*
	before **o**	distingues	distinguís	extinguir*	seguir*
		distingue	distinguen		
-cer, -cir	**c → z**	conven**cer**			
		conven**zo**	convencemos	ejercer	esparcir
preceded	before **o**	convences	convencéis	vencer	
by a		convence	convencen		
consonant					
-uir	**i → y**	infl**uir**			
		infl**uyo**	influimos	atribuir	excluir
	before **o, e**	infl**uyes**	influís	concluir	distribuir
		infl**uye**	infl**uyen**	construir	incluir
				contribuir	obstruir
				destruir	sustituir
-iar, -uar	**i → í**	env**iar**			
		env**ío**	enviamos	ampliar	acentuar
	u → ú	env**ías**	enviáis	confiar	efectuar
	all forms	env**ía**	env**ían**	enfriar	graduar(se)
	except			guiar	situar
	nosotros,				
	vosotros				

*These verbs are also stem-changing verbs. (See table in C.)

C Stem-changing verbs

1. When the stress falls on the last vowel of the stem, some **-ar, -er,** and **-ir** verbs from all conjugations have a change in the stem from **e** to **ie** or **o** to **ue,** and some **-ir** verbs have a change in the stem from **e** to **i.** In the present

indicative this change affects all persons *except the first and second persons plural,* which are the only ones that are not stressed on the last vowel of the stem.

Stem change	Model verb		Other verbs	
e → ie	**pensar**		cerrar	defender
	pienso	pensamos	comenzar	encender
	piensas	pensáis	confesar	entender
	piensa	**pie**nsan	despertar(se)	perder
			empezar	querer
			encerrar	divertir(se)
			gobernar	mentir
			recomendar	preferir
			sentar(se)	sentir
o → ue	**volver**		almorzar	devolver
	vuelvo	volvemos	contar	llover
	vuelves	volvéis	costar	mover
	vuelve	**vue**lven	encontrar	poder
			mostrar	resolver
			probar	soler
			recordar	dormir
			sonar	morir
			soñar	
e → i	**pedir**		conseguir	reír*
	pido	pedimos	corregir	seguir
(**-ir** verbs	**pi**des	pedís	despedir(se)	servir
only)	**pi**de	**pi**den	elegir	sonreír*
			medir	vestir(se)
			perseguir	repetir

*__Reír__ and **sonreír** both are conjugated according to the following pattern: **río, ríes, ríe, reímos, reís, ríen.**

Nota gramatical: These stem changes are not exclusive of verbs. They also apply to adjective or noun stems when they are stressed: **cierto** vs **certeza**, **certitud** (certain, certitude); **sueño** vs **soñador** (dream, dreamer). Stem changes are emphasized in the case of verbs because they form a pattern that applies systematically to a large set of items, which is not the case with adjectives and nouns.

2. The verbs **adquirir** (*to acquire*), **jugar** (*to play*), and **oler** (*to smell*) follow a stem-change pattern, changing **i** to **ie, u** to **ue,** and **o** to **hue,** respectively.

adquirir (*i* ⇢ *ie*)		jugar (*u* ⇢ *ue*)		oler (*o* ⇢ *hue*)	
adqu**ie**ro	adquirimos	**jue**go	jugamos	**hue**lo	olemos
adqu**ie**res	adquirís	**jue**gas	jugáis	**hue**les	oléis
adqu**ie**re	adqu**ie**ren	**jue**ga	**jue**gan	**hue**le	**hue**len

Throughout this text, stem changes are indicated in parentheses after the infinitive; for example, **pensar (ie), volver (ue), preferir (ie), dormir (ue),** and **pedir (i).**

D Verbs with irregular forms

Irregular first person singular form

Verb	Conjugation	Other verbs
caber	**quepo,** cabes, cabe, cabemos, cabéis, caben	
dar	**doy,** das, da, damos, dais, dan	
hacer	**hago,** haces, hace, hacemos, hacéis, hacen	deshacer, rehacer, satisfacer
poner	**pongo,** pones, pone, ponemos, ponéis, ponen	componer, imponer, oponer, proponer, reponer, suponer
saber	**sé,** sabes, sabe, sabemos, sabéis, saben	
salir	**salgo,** sales, sale, salimos, salís, salen	
traer	**traigo,** traes, trae, traemos, traéis, traen	atraer, caer(se), distraer(se)
valer	**valgo,** vales, vale, valemos, valéis, valen	
ver	**veo,** ves, ve, vemos, veis, ven	

(cont.)

Verb (*cont.*)	Conjugation (*cont.*)		Other verbs (*cont.*)
-cer or **-cir** preceded by vowel	**Model:** *ofrecer* **ofrezco** ofreces ofrece	ofrecemos ofrecéis ofrecen	agradecer, aparecer, complacer, conocer, crecer, desconocer, establecer, parecer, obedecer, permanecer, pertenecer, reconocer, conducir, deducir, introducir, producir, reducir, traducir

Verbs with several irregular forms

Verb	Conjugation		Other verbs
decir	**digo** **dices** **dice**	decimos decís **dicen**	contradecir, predecir
estar	**estoy** **estás** **está**	estamos estáis **están**	
ir	**voy** **vas** **va**	**vamos** **vais** **van**	
oír	**oigo** **oyes** **oye**	**oímos** oís **oyen**	
ser	**soy** **eres** **es**	**somos** **sois** **son**	
tener	**tengo** **tienes** **tiene**	tenemos tenéis **tienen**	contener, detener, entretener(se), mantener, obtener
venir	**vengo** **vienes** **viene**	venimos venís **vienen**	convenir, intervenir, prevenir

⟨E⟩ **Uses**

1. The present indicative refers to actions or states that are true at the time of speaking. This includes actions in progress, habitual actions, and timeless actions. Note that for actions in progress English uses the present progressive tense (with *-ing* form), as in the second and third examples.

Los economistas **dicen** que el estado de la economía **es** deplorable.	*The economists say that the state of the economy is deplorable.*
—¿Qué **lees?** —**Leo** el periódico.	*What **are you reading?** **I'm reading** the newspaper.*
Asisto a clases de lunes a viernes y **trabajo** los fines de semana.	*I attend classes Monday through Friday and work on weekends.*
Según muchos, el universo no **tiene** límites.	*According to many, the universe does not have boundaries.*

2. The present indicative can also be used to refer to an event scheduled to take place in the near future. In English the present progressive, *will* + infinitive, or a construction with *going* + infinitive is preferred in this context.

El mes próximo **salgo** para México.	*Next month I'm leaving for Mexico.*
Asisto a una feria industrial.	*I'm attending an industrial fair.*

3. The construction *present indicative* + **desde (hace)** + *time expression* is used to refer to an action that began in the past and is still going on in the present. In English, either the present perfect progressive or the present perfect is used. (See Chapter 2, Section II for more on **hace** with time expressions.)

Vivimos en esta ciudad **desde** 1980 y **estamos** en esta casa **desde hace** cinco años.	*We have been living in this city since 1980 and we have been in this house for five years.*

4. The present indicative is used to make past events seem more vivid and immediate, especially when narrating historical events. This use is referred to as the "historical present."

El sábado pasado caminaba por el centro cuando casi **choco** con un joven que me **mira** malhumorado y luego **sonríe** y **exclama:** "Tanto tiempo sin verte, primo Ramiro. ¡Qué agradable sorpresa!"

Last Saturday, I was walking downtown when I almost collide with a young man who looks at me angrily and then smiles and says: "Long time without seeing you, cousin Ramiro. What a pleasant surprise!"

El Brasil **es** descubierto a comienzos del siglo dieciséis y los primeros colonos portugueses **llegan** en 1532.

Brazil is discovered at the beginning of the sixteenth century, and the first Portuguese settlers arrive in 1532.

Nota gramatical: As seen throughout this section, the present tense can refer to actions that are taking place at the moment of speaking, customary actions in the present, scheduled actions in the near future, and even past actions. It is understandable why this is the most frequently used tense in the Spanish language.

Summary of the uses of the present indicative

Statements that are true at the time of speaking	La educación **es** importante. **Asisto** a la universidad. **Estudio** para periodista. En este momento, **leo** mi libro de español.
Planned actions in the near future	El próximo mes **salgo** para España.
Ongoing events begun in the past	**Espero** el autobús **desde hace** quince minutos.
Vivid narration of past events	Estaba en mi cuarto cuando de pronto **entran** unos hombres desconocidos. Me **preguntan** mi nombre.

Nouns

A Gender

All nouns in Spanish are either masculine or feminine. When referring to human beings, Spanish nouns follow the biological distinction: Nouns referring to male human beings are masculine and those referring to females are feminine. In all other cases, gender assignment is arbitrary; however, some endings are associated with either the masculine or feminine gender.

Masculine and feminine forms of nouns referring to people

1. Most nouns referring to people end in **-o** in the masculine and **-a** in the feminine.

el abuelo	la abuela
el muchacho	la muchacha
el novio	la novia
el primo	la prima
el vecino	la vecina

   Note that the noun **persona** is always feminine and applies to both male and female: **Roberto es una persona creativa. Josefina es una persona responsable.**

2. Some nouns referring to people end in a consonant in the masculine and in **-a** in the feminine.

el autor	la autora
el escritor	la escritora
el patrón	la patrona
el peatón	la peatona
el profesor	la profesora

   Note that the accent is dropped in **patrona** and **peatona**.

Nota gramatical: Most Spanish words ending in a vowel, **-n,** or **-s** are normally stressed on the next-to-last syllable; most words ending in a consonant different from **-n** or **-s** are stressed on the last syllable. A written accent is not needed for these words. Only words that deviate from these majority patterns require a written accent mark. The masculine singular forms **patrón** and **peatón** need a written accent mark because they end in **-n** and are stressed on the last syllable. The feminine singular forms **patrona** and **peatona** end in a vowel and are stressed on the next-to-last syllable and therefore do not require an accent mark. Consult Appendix B: Written Accent Marks.

3. Some nouns that refer to people are identical in the masculine and feminine forms. Gender is indicated by the form of the article that precedes the noun, by other modifiers, or by context. Nouns ending in **-a** (including the common suffix **-ista**), most nouns ending in **-ente** or **-ante,** and a few others belong in this category.

el artista	la artista
el camarada	la camarada
el cibernauta	la cibernauta
el cliente	la cliente
el demócrata	la demócrata
el estudiante	la estudiante
el intérprete	la intérprete
el novelista	la novelista
el testigo	la testigo
el visitante	la visitante

4. Some nouns have special masculine and feminine forms, as do their English counterparts.

el actor	la actriz
el barón	la baronesa
el caballero	la dama
el héroe	la heroína
el padre	la madre
el príncipe	la princesa

Noun endings

1. Some feminine noun endings:

-a	-d	-ión		-ez
la familia	la pared	la inflación	la congestión	la honradez
la pantalla	la salud	la condición	la cuestión	la madurez
la entrevista	la ciudad	la instrucción	la conexión	la rapidez
la noticia	la amistad	la confusión	la reflexión	la timidez
la biblioteca	la realidad	la ocasión	la opinión	la vejez
la tienda	la gratitud	la expresión	la región	la vez

a. Although the vast majority of nouns ending in **-a** are feminine, there are some common exceptions: **el día, el mapa, el sofá, el tranvía.**

b. Exceptions also include some nouns of Greek origin ending in **-ma: el clima, el drama, el idioma, el programa, el problema, el tema.**

c. Some exceptions to feminine nouns ending in **-d** are **el ataúd** (*coffin*), **el césped.**

d. Common exceptions to feminine nouns ending in **-ión** are **el avión, el camión.**

2. Some masculine noun endings:

-o	-l	-r	-e
el aparato	el animal	el hogar	el accidente
el gobierno	el hospital	el cáncer	el límite
el desarrollo	el papel	el calor	el nombre
el periódico	el túnel	el olor	el mensaje
el progreso	el sol	el valor	el viaje

a. Some exceptions to masculine nouns ending in **-o** are **la mano, la foto (fotografía),** and **la moto (motocicleta).**

b. Common exceptions to masculine nouns ending in **-l** are **la catedral, la piel, la sal, la señal.**

c. Common exceptions to masculine nouns ending in **-r** are **la flor, la labor.**

3. Although most nouns ending in **-e** are masculine, there are some common and frequently used exceptions:

la calle	la mente
la carne	la muchedumbre
la clase	la muerte
la costumbre	la nieve
la especie	la noche
la frase	la parte
la gente	la sangre
el hambre (f.)	la suerte
la llave	la tarde

Noun endings of either gender

There is no general rule for determining the gender of nouns with endings other than those mentioned above. The gender of these nouns must be memorized.

el bien	la sien (*temple,* of head)	el análisis	la síntesis
el maíz	la raíz	el corazón	la razón

Nouns with two genders and two meanings

The feminine or masculine article indicates the gender and distinguishes the meaning of some nouns. Compare the meaning and gender of the following pairs of nouns.

capital (*money*)	el capital	la capital	capital (*city*)
cut	el corte	la corte	*court*
priest	el cura	la cura	*cure*
guide	el guía	la guía	*guidebook; female guide*
example; male model	el modelo	la modelo	*female model*
order, tidiness	el orden	la orden	*order, command*
Pope	el Papa	la papa	*potato*
policeman	el policía	la policía	*police force; policewoman*

Gender in other categories of nouns

1. The names of oceans, rivers, and mountains are masculine. The word **sierra** (*mountain range*) is feminine.

El Pacífico es más profundo que **el Atlántico.**	*The Pacific Ocean is deeper than the Atlantic.*
¿Qué río es más largo, **el Orinoco** o **el Nilo?**	*Which river is longer, the Orinoco or the Nile?*
Quieren escalar **el Aconcagua** y luego **el Everest.**	*They want to climb Mount Aconcagua and then Mount Everest.*

2. Months and days of the week are masculine.

El sábado es mi día favorito.	*Saturday is my favorite day.*
Abril es lluvios**o.**	*April is (a) rainy (month).*

3. The letters of the alphabet are feminine.

La *a* es la primer**a** letra del alfabeto y **la** *i grieg***a** es la penúltima.	*A is the first letter in the alphabet and y is the next to the last.*

4. Numbers used as nouns are masculine.

Los norteamericanos confunden
   a veces **el** uno español con **el**
   siete de ellos.

Americans sometimes take
   Spanish (number) one for
   their (number) seven.

5. The infinitive of a verb used as a noun is masculine.

El operar computadoras es cada
   vez más necesari**o**.
Me molesta su continu**o**
   quejarse.

Operating computers is more and
   more necessary.
His continuous complaining
   bothers me.

B **Plural of nouns**

1. Nouns add either **-s** or **-es** to form the plural according to the following
   generalizations.

Add -s		**Add -es**	
if a noun ends in an unstressed vowel		**if a noun ends in a consonant**	
aparato	aparato**s**	actor	actor**es**
biblioteca	biblioteca**s**	opinión	opinion**es**
candidata	candidata**s**	origen	oríge**nes**
compañero	compañero**s**	país	país**es**
cliente	cliente**s**	rey	rey**es**
if a noun ends in stressed é, ó		**if a noun ends in stressed á, í, ú**	
café	café**s**	bajá (*Pasha*)	bajá**es**
canapé	canapé**s**	rubí	rubí**es**
dominó	dominó**s**	tabú	tabú**es**
		Exceptions:	
		menú	menú**s**
		mamá, papá	mamá**s**, papá**s**
		sofá	sofá**s**

2. Nouns ending in an unstressed vowel + **s** remain unchanged in the plural.

el análisis	los análisis
la crisis	las crisis
la dosis	las dosis
el lunes	los lunes

Spelling changes

Some nouns undergo a spelling change in the plural:

1. A singular noun ending in **-z** changes **z** to **c** before adding **-es.**

2. A singular noun ending in **-n** and stressed on the next-to-last syllable adds a written accent in the plural to maintain the stress on that syllable.

3. A singular noun ending in **-n** or **-s** and stressed on the final syllable drops the written accent in the plural. The largest group is that of nouns ending in **-ión.**

z ↦ c	Add accent	Drop accent
luz ↦ luces	examen ↦ exámenes	autobús ↦ autobuses
voz ↦ voces	joven ↦ jóvenes	compás ↦ compases
lápiz ↦ lápices	origen ↦ orígenes	patrón ↦ patrones
actriz ↦ actrices	volumen ↦ volúmenes	opinión ↦ opiniones

Consult Appendix B: Written Accent Marks.

Articles

A Definite articles

Forms

1. The definite article agrees with the noun it modifies in both gender (masculine or feminine) and number (singular or plural).

	Singular	Plural
Masculine	**el** director	**los** directores
	el libro	**los** libros
Feminine	**la** directora	**las** directoras
	la ciudad	**las** ciudades

2. The preposition **a** + the definite article **el** is contracted to **al;** the preposition **de** + the definite article **el** is contracted to **del.** If the article **el** is part of a proper noun, such as a name, it is not contracted. **A** and **de** + **la, los, las** are not contracted.

Las máquinas ofrecen beneficios **al** individuo y **a la** comunidad.

Machines provide benefits for the individual and the community.

Los representantes **del** gobierno hablan mañana; van a discutir el estado **de la** economía.

The representatives of the government are speaking tomorrow; they are going to discuss the state of the economy.

Presenciamos un gran desarrollo **de los** libros y **de las** revistas digitales.

We are witnessing a big development of digital books and magazines.

Acabo de regresar **de El** Salvador.

I have just returned from El Salvador.

3. When the definite article immediately precedes a *singular* feminine noun beginning with a *stressed* **a-** or **ha-, el,** not **la,** is used. In the plural, the **las** form is used; adjectives always follow the normal rules of agreement.

Ella estudia **el** habla **pintoresca** de nuestra región.

She studies the colorful speech of our region.

El agua de este lago es **fría.**

The water of this lake is cold.

Las aguas de estas fuentes son **frías.**

The waters from these fountains are cold.

Tengo **mucha** hambre.

I'm very hungry.

Feminine proper nouns beginning with a stressed **a-** or **ha-** and the names of the letters **a** and **h** use **la,** not **el.**

La Corte Internacional de Justicia está en **La** Haya.	*The International Court of Justice is in The Hague.*
La *hache* no se pronuncia en español.	*H is not pronounced in Spanish.*

Uses

General sense

In Spanish, the definite article is used with nouns in a general sense. In English, the article is not used this way.

La información es cada vez más importante.	*Information is more and more important.*
La economía actual no está basada exclusivamente en **el** capital.	*Current economy is not exclusively based on capital.*
No me atraen **los** videojuegos; prefiero **los** juegos reales.	*Videogames don't appeal to me; I prefer real games.*

Possessive sense

1. The definite article, and not a possessive adjective, is generally used in Spanish to refer to parts of the body and articles of clothing when the possessor is clearly understood.

A la niña le duele **la** garganta.	*The girl's throat hurts.*
Él se ha torcido **el** tobillo.	*He has twisted his ankle.*
Si quieres, puedes quitarte **la** corbata.	*If you want, you may take off your tie.*

2. A possessive adjective is used to avoid ambiguity or to place emphasis on the part of the body or the article of clothing.

Ponte **la** chaqueta. Pero no te pongas **mi** chaqueta como la última vez.	*Put on your jacket. But don't put on my jacket like the last time.*
Sus ojos brillaban en la oscuridad. (emphasis) **Le** brillaban **los** ojos en la oscuridad. (normal)	*His eyes were shining in the dark.*

Days of the week and units of time

1. The singular definite article **el** is used with the days of the week to express *on*. The plural definite article **los** expresses the equivalent of *every*.

Esta semana tenemos un examen **el** martes, **el** jueves y **el** viernes. ¡Qué horror!	*This week we have an exam on Tuesday, Thursday, and Friday. How awful!*
Los bancos están cerrados **los** sábados.	*Banks are closed on Saturdays. (= every Saturday)*

2. No article, however, is used with a day of the week after the verb **ser** or in the phrase **de... a...** with time expressions.

Hoy es miércoles.	*Today is Wednesday.*
Trabajo **de** lunes **a** jueves y descanso **de** viernes **a** domingo.	*I work from Monday to Thursday and rest from Friday to Sunday.*

3. The definite article is required in Spanish to express *next or last* + a unit of time.

La entrevista es **la próxima** semana.	*The interview is next week.*
¿Viajas a Ecuador **el** mes **próximo?**	*Are you traveling to Ecuador next month?*
Asistí a un congreso **el** año **pasado.**	*I attended a conference last year.*

Languages

1. In contrast to English, names of languages usually require the definite article in Spanish.

El chino es la lengua con más hablantes en el mundo.	*Chinese is the language with the most speakers in the world.*
Soy cantante y de todas las lenguas europeas prefiero **el** italiano.	*I'm a singer, and of all European languages I prefer Italian.*

2. The definite article is not used after the verb **hablar** when followed by the name of a language. The article is optional after verbs such as **aprender, enseñar, entender, escribir, estudiar, leer,** and **saber** + the name of a language. Note that no article is used in English.

Hablas español muy bien.	*You speak Spanish very well.*
—¿Estudias **(el)** ruso?	*Do you study Russian?*
—No, aprendo **(el)** japonés.	*No, I'm learning Japanese.*
Ud. escribe **(el)** árabe, ¿verdad?	*You write Arabic, don't you?*

3. The definite article is not used after the preposition **en** + the name of a language. The article is also omitted after the preposition **de** + a language in phrases that categorize a noun.

Esos libros están escritos **en griego** y **en español.**	*Those books are written in Greek and Spanish.*
Mi profesora **de francés** dicta también clases **de alemán.**	*My French teacher also gives German classes.*

Proper nouns

1. The definite article is used with a courtesy title + a surname when speaking *about* someone. No article is used when speaking directly *to* someone and before titles such as **don** and **doña.**

—**Señor** Parra, ¿cuándo podemos reunirnos con su socio, **el señor** Hernández?	*Mr. Parra, when can we meet with your partner, Mr. Hernández?*
Necesito ver a **don** Enrique y a **doña** Lucía.	*I need to see Don Enrique and Doña Lucía.*

2. Most names of cities and countries are used without the definite article in both Spanish and English. The article must be used, however, when it is part of the name, as in **Los Ángeles, La Habana, El Cairo, Las Antillas, El Salvador, La República Dominicana.**

   The use of the article is optional with the following countries:

(la) Argentina	(la) China	(la) India	(el) Perú
(el) Brasil	(el) Ecuador	(el) Japón	(el) Uruguay
(el) Canadá	(los) Estados Unidos	(el) Paraguay	

Vamos a pasar por España y
por Francia, pero vamos a
quedarnos casi todo el tiempo
en Suiza: una semana en
Zurich y otra en Ginebra.

*We'll go through Spain and
France, but we'll stay in
Switzerland most of the time:
a week in Zurich and another
in Geneva.*

—¿Visitas **(el)** Perú el verano
próximo?
—No, voy a **(la)** Argentina.

*Are you visiting Peru next
summer?*
No, I'm going to Argentina.

3. The definite article is used with nouns referring to rivers, mountain ranges, and lakes. This is also true in English, except for lakes.

El Nilo, **el** Amazonas y **el**
Misisipí son los ríos más
largos del mundo.

*The Nile, the Amazon, and the
Mississippi are the longest
rivers in the world.*

El Aconcagua es el monte más
alto de América del Sur.

*The Aconcagua is the tallest
mountain in South America.*

El lago Titicaca está casi a 4.000
metros sobre el nivel del mar.

*Lake Titicaca is over 12,000 feet
above sea level.*

4. In Spanish, but not in English, the definite article is required with the names of cities, countries, and people when modified by a descriptive adjective or phrase.

La gente que visita San Juan
prefiere **el viejo** San Juan.

*People who visit San Juan prefer
old San Juan.*

El pobre Benito se perdió en las
callejuelas de**l París medieval.**

*Poor Benito got lost in the
narrow streets of medieval
Paris.*

A, de, en + *place names*

The definite article is generally used after the prepositions **a, de,** and **en** before a place noun. Exceptions include **a/de/en casa** and **a/de/en clase.** The definite article is generally not used in English.

Los niños no van **a la** escuela
los sábados.

*The children don't go to school
on Saturdays.*

Regreso **de la** iglesia al mediodía.	*I come back from church at noon.*
El criminal está **en la** cárcel.	*The criminal is in jail.*
Humberto no está **en casa;** fue **al** mercado.	*Humberto is not home; he went to the market.*

Summary of the main uses of the definite article

Use the definite article

With nouns taken in a general sense
→ **La** *información es cada vez más importante.*

To talk about a part of the body or an article of clothing when the possessor is clearly understood
→ *Me duele* **la** *cabeza.*

With names of languages
→ **El** *español es muy útil.*
May be omitted after **aprender, enseñar, entender, escribir, estudiar, leer,** and **saber**
→ *No entiendo* **(el)** *francés.*

Before days of the week to express *on, every*
→ *El examen es* **el** *martes.*
→ *Siempre hay exámenes* **los** *martes.*

With most courtesy titles and surnames when speaking *about* someone
→ *Deseo hablar con* **el** *señor Paz.*

With modified names of cities and countries
→ *Me encanta* **el** *Quito* **colonial.**

With names of rivers, lakes, mountains
→ **El** *Amazonas es un río largo.*
→ **El** *lago Michigan es grande.*

Omit the definite article

With languages after **hablar,** after **en,** and after **de** in phrases that categorize a noun
→ *Hablamos inglés.*
→ *Responda en español, por favor.*
→ *Busco mi libro de alemán.*

With days of the week after **ser**
→ *Hoy es miércoles.*
With the phrase **de... a...** to refer to time
→ *Trabajo de lunes a jueves.*

With courtesy titles and surnames when speaking *to* someone
→ *—Buenos días, señor Paz.*

With unmodified names of most cities and countries
→ *Quito es la capital de Ecuador.*

B Indefinite articles

Forms

1. The indefinite article agrees in both gender and number with the noun it modifies. It is never contracted.

	Singular	Plural
Masculine	**un** profesor	**unos** profesores
	un colegio	**unos** colegios
Feminine	**una** profesora	**unas** profesoras
	una escuela	**unas** escuelas

2. When the indefinite article immediately precedes a *singular* feminine noun beginning with a stressed **a-** or **ha-,** the **un** form of the article is used. (See p. 17 at the beginning of this section for a similar rule with definite articles.)

Vivimos en **un** área muy poblad**a.**	*We live in a very populated area.*
Quiero comprar **un** arpa.	*I want to buy a harp.*
El tenor está cantando **un aria,** está cantando **una hermosa** aria.	*The tenor is singing an aria, he is singing a beautiful aria.*

Uses

In general, the indefinite article is used much less frequently in Spanish than in English.

1. The indefinite article is generally not used in Spanish after the verbs **buscar, encontrar, tener, llevar** (*to wear*), and **haber,** nor after the prepositions **sin** and **con.**

No tenemos teléfono en casa. Estamos sin teléfono desde hace una semana.	*We don't have a phone at home. We have been without a phone for a week.*
¿Todavía buscan programador en esta empresa? Me interesa el puesto porque no tengo empleo ahora.	*Are they still looking for a programmer in this company? I'm interested in the position because I don't have a job now.*
Ese joven es extraño: siempre lleva sombrero y anda con bastón.	*That young man is odd: He always wears a hat and walks with a cane.*

2. The indefinite article is usually not used after **ser** when followed by a noun or a noun phrase expressing nationality, profession, or religious or political affiliation.

<table>
<tr><td>Mi tía Sofía es griega. Es arquitecta. Es socialista.</td><td>*Aunt Sofía is a Greek. She's an architect. She's a socialist.*</td></tr>
<tr><td>Mi padre es republicano y mi madre es demócrata.</td><td>*My father is a Republican and my mother is a Democrat.*</td></tr>
</table>

The indefinite article *is* used, however, when the noun is modified and expresses subjective information or an impression or opinion about someone.

<table>
<tr><td>Mi tía Sofía es **una** arquitecta **famosa.** Es **una** socialista **muy activa.**</td><td>*Aunt Sofía is a famous architect. She is a very active socialist.*</td></tr>
</table>

3. The indefinite article is not used with the following adjectives and numbers in Spanish.

a (one) hundred	cien(to)	mil	*a (one) thousand*
a certain	cierto	otro	*another*
half a	medio	tal	*such a*

<table>
<tr><td>Necesito pedirte **otro** favor. ¿Puedes verme en **media** hora? Tenemos que hablar de **cierto** proyecto.</td><td>*I need to ask you another favor. Can you see me in half an hour? We have to talk about a certain project.*</td></tr>
<tr><td>¿Gabriel Núñez? No, no conozco a **tal** persona.</td><td>*Gabriel Núñez? No, I don't know such a person.*</td></tr>
</table>

4. In contrast to English usage, the indefinite article is not used in Spanish after **qué** (*what*) in exclamations.

<table>
<tr><td>¡Qué injusticia, qué gran injusticia han cometido!</td><td>*What an injustice, what a great injustice they have committed!*</td></tr>
<tr><td>¡Qué videojuego más interesante!</td><td>*What an interesting video game!*</td></tr>
</table>

5. The plural indefinite article forms **unos** and **unas** may be used before a plural noun to express *some* or *several.* Use of the article is optional, as is *some* in English.

<table>
<tr><td>Vamos a importar **(unas)** máquinas para automatizar la producción.</td><td>*We're going to import (some) machines to automate production.*</td></tr>
</table>

A veces recibo **(unos)** mensajes electrónicos un poco extraños.	*I sometimes get (some) rather strange email messages.*

> **Nota gramatical:** Three very common senses in which a noun is understood are the following: specific (*I'm returning* **the books** *to you;* the addressee knows which books are meant), unspecified amount (*I need* **books/some books**), and general sense (*I love* **books;** I love all books). Spanish and English usage coincides in the specific and unspecified amount senses, but differs in the general sense: **Te devuelvo** *los libros;* **Necesito** *libros/algunos libros;* **Me encantan** *los libros.* For nouns understood in the general sense Spanish requires the use of the definite article, whereas English does not.

6. The plural forms **unos** and **unas** are also used to express *about* (*approximately, more or less*) before a numerical expression.

Vivo a **unas cinco** millas de la universidad.	*I live about five miles from the university.*
Gano **unos trescientos** dólares a la semana.	*I earn about three hundred dollars a week.*

Summary of the uses of the indefinite article

Use the indefinite article	**Omit the indefinite article**
With a modified noun that refers to someone's profession, nationality, or ideological affiliation in a subjective way	With a noun or noun phrase that refers to someone's profession, nationality, or ideological affiliation
→ *Ella es* **una** *abogada muy competente.*	→ *Soy mexicana. Soy abogada.*
To express *some* or *several* before a plural noun (optional)	After verbs like **buscar, encontrar, tener, llevar** (*to wear*), **haber;** after **sin** and **con**
→ *He recibido* **unos** *mensajes electrónicos hoy.*	→ *No tengo trabajo. Busco empleo. No quiero estar mucho tiempo sin salario.*
To express *approximately* before a number	With **cierto, cien(to), medio, otro, mil, tal**
→ *Necesito* **unos** *quinientos dólares.*	→ *Tengo otra clase dentro de media hora.*
	After **qué** in exclamations
	→ *¡Qué videojuego más divertido!*

Foco en el léxico: **Tomar, llevar(se),** and other equivalents of *to take*

A Tomar, llevar(se)

In Spanish, the English verb *to take* is expressed mainly by **tomar** and **llevar(se).**

1. **Tomar** expresses *to take* in the sense of *to get a hold of* (both literally and figuratively) and *to take a means of transportation.* It also commonly expresses the equivalent of *to drink* and *to eat.*

Toma el video; es para ti.	*Take the video; it's for you.*
Siempre lo **toman** por madrileño.	*They always take him for a Madrilenian.*
¿**Toman** tus ideas en serio?	*Do they take your ideas seriously?*
¿**Tomas** el metro los lunes?	*Do you take the subway on Mondays?*
¿Qué quieren **tomar?** ¿Café?	*What do you want to drink? Coffee?*
¿**Tomamos** el desayuno antes?	*Shall we eat breakfast beforehand?*

2. **Llevar** expresses *to take* in the sense of *to carry* or *take* someone or something from one place to another.

¿**Llevaste** la computadora al taller de reparaciones?	*Did you take the computer to the repair shop?*
Nos **llevan** al aeropuerto a la una.	*They are taking us to the airport at one o'clock.*

3. **Llevarse** adds intensity to the idea expressed and translates *to take away* or *to carry away.* It may also convey the notion of making a purchase or stealing something.

Tony **se llevó** mis cuadernos y ahora no puedo estudiar.	*Tony took away (left with) my notebooks and now I can't study.*

Me llevo la bufanda azul, señorita.	*I'll take (buy) the blue scarf, Miss.*
¡Aquel hombre **se llevó** un disco compacto sin pagar!	*That man took a compact disc without paying!*

B ⟩ Other verbs that express *to take*

Many different Spanish verbs indicate actions stated in English by *to take* + a preposition or by set phrases, such as *to take a trip* or *to take place.* The following are some of the most common verbs and phrases that express *to take.*

sacar	*to take out, off*	Saca esos papeles de la mesa, por favor.
quitar	*to take away*	Deben quitar los juguetes de allí.
subir	*to take up*	¿Quieres subirle la bebida a tu padre?
bajar	*to take down*	María le baja el papel para regalos a su madre.
hacer un viaje	*to take a trip*	Ellos hacen un viaje a Costa Rica todos los inviernos.
tardar (en)	*to take a long time*	¿Vas a tardar mucho allí?
dar un paseo	*to take a walk*	¿Quieres dar un paseo más tarde?
sacar fotos	*to take photographs*	Saca una foto de ese monumento.
tener lugar	*to take place*	La comida va a tener lugar en la residencia de estudiantes.

C A P Í T U L O

2

Tenses of the past: preterit and imperfect

 A **Forms of the preterit**

Regular verbs

-ar verbs	*-er* verbs	*-ir* verbs
trabaj*ar*	**corr*er***	**decid*ir***
trabaj**é**	corr**í**	decid**í**
trabaj**aste**	corr**iste**	decid**iste**
trabaj**ó**	corr**ió**	decid**ió**
trabaj**amos**	corr**imos**	decid**imos**
trabaj**asteis**	corr**isteis**	decid**isteis**
trabaj**aron**	corr**ieron**	decid**ieron**

1. The preterit endings of regular **-er** and **-ir** verbs are the same.

2. Regular **-ar** and **-ir** verbs have the same form in the first person plural of the preterit and the present indicative. Context usually clarifies which form is intended.

> Generalmente **trabajamos** ocho horas y **salimos** a las cinco, pero ayer **trabajamos** más de diez horas y **salimos** cerca de las siete y media.

> *We generally work eight hours and leave at five o'clock, but yesterday we worked over ten hours and left around seven thirty.*

Spelling changes

Some verbs require a spelling adjustment in the preterit to reflect pronunciation.

Verbs affected	Spelling change	Model verb		Other verbs
-car	**c ↦ qu** before **-é**	to**car**		atacar
		to**qué**	tocamos	buscar
		tocaste	tocasteis	indicar
		tocó	tocaron	sacar
-gar	**g ↦ gu** before **-é**	pa**gar**		entregar
		pa**gué**	pagamos	jugar
		pagaste	pagasteis	llegar
		pagó	pagaron	rogar
-zar	**z ↦ c** before **-é**	comen**zar**		alcanzar
		comen**cé**	comenzamos	almorzar
		comenzaste	comenzasteis	empezar
		comenzó	comenzaron	lanzar
Vowel + **-er**	**-ió ↦ -yó;**	**leer**		caer
or **-ir**	**-ieron ↦ -yeron**	leí	leímos	creer
		leíste	leísteis	huir
		le**yó**	le**yeron**	influir
				oír
-guar	**u ↦ ü** before **-é**	averi**guar**		apaciguar
		averi**güé**	averiguamos	atestiguar
		averiguaste	averiguasteis	
		averiguó	averiguaron	

Nota gramatical: These spelling adjustments apply throughout the language. You have already encountered some of them in the previous chapter: z→c: convencer, convenzo; luz, luces; i→y: influir, influyo; gu→g (the converse of g→gu): distinguir, distingo.

Stem-changing -ir verbs

1. There are no stem changes in the preterit of verbs ending in **-ar** and **-er.** (See Chapter 1, Section I for stem-changing verbs in the present.)

cerrar (ie)	cerré, cerraste, cerró, cerramos, cerrasteis, cerraron
perder (ie)	perdí, perdiste, perdió, perdimos, perdisteis, perdieron
soñar (ue)	soñé, soñaste, soñó, soñamos, soñasteis, soñaron
mover (ue)	moví, moviste, movió, movimos, movisteis, movieron

2. Verbs ending in **-ir** that in the present tense change **e** to **ie** or **i**, and **o** to **ue**, in the preterit turn **e** to **i** and **o** to **u** in the third person singular and plural. All other forms are regular.

e ⇢ i	e ⇢ i	o ⇢ u
mentir (*ie*)	**repetir (*i*)**	**dormir (*ue*)**
mentí	repetí	dormí
mentiste	repetiste	dormiste
m**i**ntió	rep**i**tió	d**u**rmió
mentimos	repetimos	dormimos
mentisteis	repetisteis	dormisteis
m**i**ntieron	rep**i**tieron	d**u**rmieron

El conejo le **pidió** un melón al muñeco pero no **consiguió** nada.

The rabbit asked the doll for a melon but did not get anything.

Anoche yo dormí muy bien, pero mi hermano **durmió** muy poco.

Last night I slept very well, but my brother slept very little.

> **Nota gramatical:** Stem changes in the present tense correlate with stress. Stem changes occur when the stress falls on the last vowel of the stem: **p*i*do, p*i*des, p*i*de, p*i*den;** but **pedimos, pedís.** In the preterit, they occur whenever the ending begins with the combination **i** + vowel. The only endings that begin this way are the third person singular and plural, as well as the **Ud.** and **Uds.** forms, which use the same endings as the third persons: **p*i*dió, p*i*dieron;** but **pedí, pediste, pedimos, pedisteis.**

Irregular verbs

1. **Ir** and **ser** share the same entirely irregular preterit forms.

fui	fuimos
fuiste	fuisteis
fue	fueron

2. **Dar,** an **-ar** verb, uses the endings of regular **-er** and **-ir** verbs in the preterit; the forms **di** and **dio,** being monosyllabic, bear no written accent.

di	dimos
diste	disteis
dio	dieron

3. A number of common verbs have irregularities in both the stem and some of the endings. None of these endings bears a written accent.

Verb	Stem	Endings
andar	anduv-	**e**
estar	estuv-	
tener	tuv-	
caber	cup-	**iste**
haber	hub-	
poder	pud-	**o**
poner	pus-	
saber	sup-	
hacer	hic-*	**imos**
querer	quis-	
venir	vin-	**isteis**
decir	dij-**	
producir	produj-**	
traer	traj-**	**ieron**

*Third person singular: **hizo**
If the stem ends in **j, the **i** of the third person plural ending is dropped: dij**eron,** produj**eron,** traj**eron.**

4. Verbs that are conjugated like these irregular verbs maintain the same irregularities: **contener: contuve; proponer: propuse; deshacer: deshice; prevenir: previne;** etc. (See the "Other verbs" column of the charts in Chapter 1, Section I.D for a list of these verbs.)

⟨B⟩ Forms of the imperfect

Regular verbs

-ar verbs	*-er* verbs	*-ir* verbs
ayud*ar*	**apren*der***	**escri*bir***
ayud**aba**	aprend**ía**	escrib**ía**
ayud**abas**	aprend**ías**	escrib**ías**
ayud**aba**	aprend**ía**	escrib**ía**
ayud**ábamos**	aprend**íamos**	escrib**íamos**
ayud**abais**	aprend**íais**	escrib**íais**
ayud**aban**	aprend**ían**	escrib**ían**

1. The imperfect forms of all **-ar** verbs contain a characteristic **-aba** in the ending. The **nosotros** form has a written accent on the stressed **a: -ábamos**.

2. The imperfect endings of **-er** and **-ir** verbs are identical and contain **-ía** in all forms.

Irregular verbs

There are only three irregular verbs in the imperfect tense: **ir, ser,** and **ver. Ver** is considered irregular because an **e** is added to its stem: **ve-**.

ir	**ser**	**ver**
iba	era	veía
ibas	eras	veías
iba	era	veía
íbamos	éramos	veíamos
ibais	erais	veíais
iban	eran	veían

C Uses of the preterit and the imperfect

The preterit and the imperfect are both simple past tenses, but each views the past in a different way.

1. The preterit is used to describe an action, event, or condition seen as a completed single unit and may focus on the beginning or the end of an action, or on the entire action from beginning to end.

El escritor Valbuena **habló** ayer a las siete. (= comenzó a hablar)	*The writer Valbuena spoke yesterday at seven o'clock.*
Estuvimos en la biblioteca hasta bien tarde. (**hasta** points to end of action)	*We were (stayed) at the library until very late.*
Ayer **trabajé** demasiado. **Trabajé** desde las siete de la mañana hasta las ocho de la noche. (explicit beginning and end of action)	*Yesterday I worked too much. I worked from 7 A.M. until 8 P.M.*
El fin de semana pasado **fuimos** a la boda de Gabriela. **Fue** una ceremonia muy simpática. (global view of action, implicit beginning and end)	*Last weekend we went to Gabriela's wedding. It was a very nice ceremony.*

2. The imperfect is used to express the following:

a. an action in progress in the past (hence the name *imperfect* = unfinished). It usually corresponds to English *was/were* + an *-ing* form of the verb.

—¿Qué **hacías** ayer como a las diez en el centro?	*What were you doing downtown yesterday around ten o'clock?*
—**Acompañaba** a un amigo al banco.	*I was accompanying a friend to the bank.*
—¡Qué coincidencia! Mientras tú **estabas** en el banco, yo **hacía** compras en la tienda de al lado.	*What a coincidence! While you were at the bank, I was shopping at the store next door.*

b. conditions in the past. The imperfect is generally used with verbs that express a mental, emotional, or physical condition or state in the past.

> Anoche después del trabajo, **estaba** fatigado. Me **dolía** todo el cuerpo y **tenía** un ligero dolor de cabeza.

> *Last night after work, I was tired. My whole body ached and I had a slight headache.*

c. descriptions in the past. The imperfect is used to provide the background information or setting of an action or actions in the past. The time of day at which a past action occurred is considered background information and is always expressed in the imperfect.

> **Eran** las dos de la tarde. **Hacía** calor. El conejo **dormía** plácidamente en su madriguera. **Soñaba** con jugosos melones. (…)

> *It was two o'clock in the afternoon. The rabbit was sleeping peacefully in his lair. He was dreaming of juicy melons. (…)*

d. habitual actions in the past.

> Antes nuestra familia **se reunía** casi todos los domingos en casa de mi tío Alberto. Después de cenar **charlábamos, mirábamos** televisión o **jugábamos** a los naipes.

> *Before, our family used to get together almost every Sunday at Uncle Alberto's. After supper we would talk, watch TV, or play cards.*

> El semestre pasado **venía** a la universidad todos los días; ahora vengo sólo los martes y jueves.

> *Last semester I came (used to come) to the university every day; now I come only on Tuesdays and Thursdays.*

> *Nota gramatical:* Note that the English form **would** is used in conditional statements (*I **would** buy it if I had the money*) and in habitual statements in the past (*I **would** buy toy cars when I was a child*). Spanish uses the conditional tense for the first statement and the imperfect for the second: **Yo lo *compraría* si tuviera dinero; Yo *compraba* coches de juguete cuando era pequeño.**

◇D◇ The preterit and the imperfect contrasted

1. Some expressions of time are usually associated with the preterit and others with the imperfect, as shown in the following list. However, the viewpoint or intent of the speaker is what ultimately determines which verb form is used.

Preterit	Imperfect
anoche *last night*	siempre *always*
ayer *yesterday*	a menudo *often*
el (verano) pasado *last (summer)*	frecuentemente *frequently*
la (semana) pasada *last (week)*	todos los días *every day*
hace (un mes) *a (month) ago*	generalmente *generally*

El sábado pasado **compré** un libro de leyendas argentinas y **leí** durante toda la tarde. *Last Saturday I bought a book on Argentinian legends and I read the whole afternoon.*

Ayer **tomamos** el desayuno rápidamente y luego **corrimos** hacia la parada del autobús. *Yesterday we had a quick breakfast and then ran toward the bus stop.*

But: El verano pasado **cenábamos** a las ocho. *Last summer we would have supper at eight o'clock.* (imperfect used for repeated actions)

Generalmente **descansábamos** los sábados por la mañana. *We would generally rest on Saturday mornings.*

Siempre primero **leíamos** el periódico y luego a menudo **hacíamos** un corto paseo. *We would always read the newspaper first and then we would often take a short walk.*

But: Siempre **llegué** a la hora mientras **trabajé** en esa tienda. *I always arrived on time while I worked in that store.* (preterit used because the time frame has a known end—I no longer work at that store)

2. Some verbs change their meaning when used in the preterit. The main verbs in this category are **conocer, poder, querer,** and **saber.**

	Imperfect	Preterit
conocer	*to know* Saludé a Lorenzo porque lo **conocía.** *I greeted Lorenzo because I **knew** him (= I was acquainted with him).*	*to meet for the first time* **Conocí** a Eulalia ayer. *I **met** Eulalia yesterday.*
poder	*to be able to, could* El atleta era muy fuerte y **podía** levantar cualquier peso. *The athlete was very strong and **could** lift any weight.*	*to manage to* **Pude** levantar la silla porque era liviana. *I **managed** to lift the chair because it was light.*
querer	*to want* Todas **queríamos** llamarte para felicitarte, pero decidimos esperar. *We all **wanted** to call you to congratulate you, but we decided to wait.* El niño **no quería** salir del parque de diversiones. *The boy **didn't want** to leave the amusement park.*	*to try* (affirmative); *to refuse* (negative) Cuando escuchamos la noticia, todas **quisimos** llamarte, pero el teléfono no funcionaba. *When we heard the news, we all **tried** to call you, but the phone wasn't working.* El niño **no quiso** tomar la sopa. *The boy **refused** to eat his soup.*
saber	*to know* Los estudiantes no **sabían** la lección. *The students didn't **know** the lesson.*	*to find out; to realize* ¿Cuándo **supiste** que habían aplazado el examen? *When did you **find out** that they had postponed the exam?*

3. In a narration, the preterit keeps the plot moving by reporting what happened, by recording changes in conditions, and by specifying the beginning

or end of actions. The imperfect fills in the background against which the actions or events took place and gives descriptions of the setting and the physical condition or mental states of the characters involved.

El conejo **estaba** en su madriguera. **Tenía** hambre. **Sabía** que en la huerta del viejito **había** melones deliciosos. **Salió** de su madriguera y se **encaminó** hacia la huerta del viejito. Todo **estaba** tranquilo, pero **había** un hombre parado a la orilla de la huerta. **Caminó** hacia él, lo **saludó** y le **pidió** un melón.	*The rabbit was in his lair. He was hungry. He knew that in the old man's vegetable garden there were delicious melons. He left his lair and headed toward the old man's vegetable garden. Everything was quiet, but there was a man standing at the edge of the garden. He walked toward him, greeted him, and asked him for a melon.*

4. When referring to recurrent actions or events, the preterit is used to report that the actions or conditions have taken place and are viewed as completed. The imperfect emphasizes the habitual repetition of the actions or conditions.

El verano pasado **fuimos** a conciertos al aire libre muchas veces.	*Last summer we went to open-air concerts many times.*
El verano pasado a menudo **íbamos** a conciertos al aire libre.	*Last summer we would often go to open-air concerts.*

5. When one action interrupts or happens while another action is going on, the imperfect presents the setting, the physical condition or emotional states of the people involved, or the action that was in progress; the preterit presents a completed action.

—¿Qué **hacías** ayer cuando te **vimos** en el centro?	*What **were you doing** yesterday when we saw you downtown?*
—Cuando nos **encontramos,** yo **acompañaba** a un amigo a la librería.	*When **we met, I was accompanying** a friend to the bookstore.*
Estaba muy nerviosa cuando **llamaste** anoche.	*I **was** very nervous when **you called** last night.*
Cuando los viajeros **llegaron** a la posada, **eran** las doce de la noche.	*When the travelers **arrived** at the inn, **it was** midnight.*

Summary of the uses of the preterit and imperfect

Uses of the preterit

Completed actions in the past
→ **Leí** una historia muy divertida en mi clase de español.

Beginning/end of an action
→ El conferenciante **habló** a las seis de la tarde.
→ Anteayer **estudié** hasta las once de la noche.

Changes in condition in the past
→ Me **puse** muy contenta cuando recibí las buenas noticias.

Uses of the imperfect

Actions in progress in the past
→ **Leía** un artículo interesante cuando sonó el teléfono.

Conditions in the past
→ Ayer por la mañana no me **sentía** bien; **estaba** cansada.

Descriptions in the past
→ Nuestra última casa **era** una enorme mansión de dos pisos que **estaba** junto a las montañas.

Habitual actions in the past
→ De niño, **jugaba** con mis amigos todas las tardes.

II ◆ **Hacer** in time expressions

A ▷ **Past event ongoing in the present**

The simple present tense is used in two synonymous constructions with **hace** + *a time expression* to refer to events, actions, or states that began in the past but continue at the moment of speaking. Notice that the present perfect progressive (*have been* + a verb ending in *-ing*) is used in English.

—¿Cuánto tiempo **hace** que **estudias** español?
—**Hace** dos semestres que **estudio** español.

How long have you been studying Spanish?
I have been studying Spanish for two semesters.

—¿Desde cuándo **estudias** español? — *How long have you been studying Spanish?*

—**Estudio** español **desde hace** un año. — *I have been studying Spanish for a year.*

Hace + duration + *que* + present	Present + *desde hace* + duration
Hace una hora que espero.	Espero desde hace una hora.
I have been waiting for an hour.	*I have been waiting for an hour.*

B⟩ Past event continuing in the past

To talk about events, actions, or states that began in the past and continued to a later point in the past, the imperfect is used with **hacía** + *a time expression*. The past perfect progressive (*had been* + a verb ending in *-ing*) is used in English.

Hacía un mes que no **hablaba** con mi prima Nora. — *I had not talked to my cousin Nora for a month.*

No **hablaba** con mi prima Nora **desde hacía** un mes. — *I had not talked to my cousin Nora for a month.*

Hacía + duration + *que* + imperfect	Imperfect + *desde hacía* + duration
Hacía dos días que llovía.	Llovía desde hacía dos días.
It had been raining for two days.	*It had been raining for two days.*

C⟩ Time elapsed between a past event and the present

1. The pattern **hace** + *duration* is used with the preterit to indicate the time elapsed between a completed event and the moment of speaking. In this usage, **hace** corresponds to the English word *ago*.

Comenzó a nevar **hace** diez minutos. — *It began to snow ten minutes ago.*

Mis padres **llegaron** a esta ciudad **hace** muchos años. — *My parents arrived in this city many years ago.*

2. The pattern **hace** + *duration* + **que** + *preterit* can also be used, even though the focus is on the time elapsed rather than on the event itself.

Hace diez minutos que **comenzó** a nevar.

It's been ten minutes since it began to snow. (= It began to snow ten minutes ago.)

Preterit + *hace* + duration	Hace + duration + *que* + preterit
Cené hace dos horas.	Hace dos horas que cené.
I had supper two hours ago.	*It's been two hours since I had supper.*

> *Nota gramatical:* Note the difference in word order in these types of constructions: *ago* follows the period of time; **hace** precedes it: *two hours ago;* **hace dos horas.**

Questions

A Questions that can be answered with *sí* or *no*

1. Word order is flexible in questions that can be answered with **sí** or **no.** In sentences with a stated subject, the subject is used either immediately after the main verb or after the verb + all its complements.

¿Trabaja **el viejito** en la huerta?

Does the old man work in the vegetable garden?

¿Trabaja en la huerta **el viejito?**

Does the old man work in the vegetable garden?

¿Estuvo **Ud.** en casa ayer por la tarde?

Were you home yesterday afternoon?

¿Está esperando el autobús **ese niño?**

Is that boy waiting for the bus?

Nota gramatical: Spanish interrogative sentences are quite straight-forward; they are marked by intonation and, normally, by also placing the subject somewhere after the verb: *¿Susana estudia español con sus amigas?, ¿Estudia Susana español con sus amigas?, ¿Estudia español Susana con sus amigas?, ¿Estudia español con sus amigas Susana?* If only intonation is used in these interrogative sentences, the structure of English sentences matches that of the Spanish ones: *Susan studies Spanish with her friends?* Otherwise, English must use a form of the auxiliary verb *do* and the subject must be placed after this auxiliary verb: *Does Susan study Spanish with her friends?* No auxiliary verb is used in Spanish to form interrogative sentences.

2. In informal language, a question may have the same word order as an affirmative sentence, but is pronounced with rising intonation.

Los conejos comen melones.   *Rabbits eat melons.*
    ↓ (falling intonation)

¿Los conejos comen melones?   *Do rabbits eat melons?*
    ↑ (rising intonation)

⟨B⟩ Questions with interrogative words and phrases

The following are the interrogative words used most frequently.

how	cómo	cuántos/as	*how many*
which (one), what	cuál(es)	dónde	*where*
when	cuándo	qué	*what*
how much	cuánto/a	quién(es)	*who, whom*

1. The interrogative word generally begins the sentence. A stated subject, if there is one, follows either the verb or the complement of the verb.

¿**Quién** te acompañó al concierto anoche?	*Who accompanied you to the concert last night?*
¿**Cuándo** van a salir de vacaciones tus padres?	*When are your parents going to leave on vacation?*
¿**Qué** programas de televisión miras?	*What TV programs do you watch?*
¿**Cuál** es tu especialidad?	*What's your major?*
¿**Cómo** se pronuncia tu apellido?	*How's your last name pronounced?*
¿**Cuánto** dinero necesitas?	*How much money do you need?*
¿**Cuántas** clases tienes este semestre?	*How many classes do you have this semester?*

2. Interrogative words always bear a written accent, both in direct questions and when used with an interrogative meaning in affirmative sentences. Consult Appendix B: Written Accent Marks.

¿**Qué** hiciste el fin de semana pasado?	*What did you do last weekend?*
Me gustaría saber **qué** hiciste el fin de semana pasado.	*I would like to know what you did last weekend.*
Tienes que explicarnos **dónde** queda el Hotel Continental.	*You have to explain to us where the Continental Hotel is located.*

3. When Spanish verbs are used with a preposition, the preposition must precede the interrogative word. Interrogative words preceded by a preposition include **adónde, de dónde, a quién, con quién, de quién, para quién, para qué,** and **por qué.**

¿**De dónde** vienes?	***Where** are you coming **from**?*
¿**Con quién** estudias los miércoles?	***Who(m)** do you study **with** on Wednesdays?*
¿**A quiénes** les explicas la lección?	***Who(m)** do you explain the lesson **to**?*
¿**Para qué** necesitas veinte dólares?	***What** do you need twenty dollars **for**?*

¿**Adónde** fueron Uds. el   *Where did you go last Saturday?*
sábado pasado?*

<C> ### Qué versus cuál(es)

1. **Qué** followed by any verb except **ser** poses a general question and is normally used to ask about something that has not been specified or mentioned. **Cuál(es)** asks about a specific choice regarding something mentioned before or immediately after.

¿**Qué** quieres saber? ¿**Qué** necesitas?	*What do you want to know? What do you need?*
De estos dos cuentos populares, ¿**cuál** prefieres?	*Of these two folktales, which one do you prefer?*
¿**Cuál** de estos dos cuentos populares prefieres?	*Which of these two folktales do you prefer?*
Me he probado varios vestidos y no sé **cuál** escoger.	*I have tried on several dresses and don't know which one to choose.*

2. Followed by the verb **ser, qué** asks for a definition or identification; **cuál(es)** is used in questions involving the selection of one or more out of several possibilities or a request for specific items of information such as a person's name, phone number, or profession.

¿**Qué** es la horticultura? (definition)	*What is horticulture?*
¿**Qué** son esas luces que veo allá lejos? (identification)	*What are those lights that I see in the distance?*
De los deportes que practicas, ¿**cuál es** el que te gusta más? (selection)	*Of the sports you practice, which is the one you like the most?*
¿**Cuáles son** tus actrices favoritas?	*Who (Which) are your favorite actresses?*
¿**Cuál es** su nombre, señor? ¿**Cuál es** su dirección?	*What is your name, sir? What's your address?*

3. **Qué,** not **cuál,** is preferred when used as an adjective before a noun.

¿**Qué** información necesitas?	*What information do you need?*
¿**Qué** planes tienes para el fin de semana?	*What plans do you have for the weekend?*

*Note that **adónde** accompanies verbs of motion to emphasize direction or movement. **¿Dónde fuiste ayer?** emphasizes place.

IV Demonstrative adjectives and pronouns

A Forms

	Adjectives			Pronouns		
	near	farther	farthest	near	farther	farthest
Masculine singular	este	ese	aquel	éste	ése	aquél
Feminine singular	esta	esa	aquella	ésta	ésa	aquélla
Masculine plural	estos	esos	aquellos	éstos	ésos	aquéllos
Feminine plural	estas	esas	aquellas	éstas	ésas	aquéllas
Neuter				esto	eso	aquello

B Uses

1. Demonstratives are used to point out nouns: **este** is used to pinpoint persons or objects near the speaker; **ese** points out persons or objects a short distance from the speaker (often near the listener), while **aquel** refers to persons and objects far away from both speaker and listener.

   ¡Qué bellas las flores de **este** jardín! Me gustan **estas** rosas, pero más me agradan **aquellos** claveles, allá al fondo.

   How beautiful the flowers in this garden are! I like these roses, but I prefer those carnations, way back there.

2. When used with nouns, demonstratives are adjectives. They precede the noun they modify and agree with it in gender and number.

   Estas sandías parecen más frescas que **esos** melones.

   These watermelons look fresher than those melons.

   Esta revista trae más información sobre espectáculos que **ese** periódico.

   This magazine has more information on shows than that newspaper.

3. When the demonstrative forms are used alone, they are pronouns and normally bear a written accent to indicate that they are not adjectives. In modern usage, the written accent is not required unless the meaning of the pronoun would otherwise be ambiguous. In this text, demonstrative pronouns always have written accents. Notice that demonstrative pronouns agree in gender and number with the noun to which they refer. Consult Appendix B: Written Accent Marks.

Esas acuarelas fueron pintadas por el mismo artista que pintó **aquéllas.**	*Those watercolors were painted by the same artist who painted those* (over there).
—¿Qué te parece ese coche?	*What do you think of that car?*
—**Ése** me agrada menos que **aquél.**	*I like that one less than the one over there.*

> **Nota gramatical:** Ambiguous sentences with demonstratives are not very common. An example would be: *este* **programa** (adjective + noun = 'this program') versus *éste* **programa** (pronoun + verb in the third person singular of the present indicative = 'this one programs').

4. The neuter forms **esto, eso,** and **aquello** are always pronouns and, therefore, never bear a written accent. They are used to refer to nonspecific, unnamed objects or to ideas, actions, and situations in a general, abstract sense.

—¿Qué es **eso?**	*What's that?*
—¿**Esto?** Es un llavero.	*This? It's a key ring.*
—¿Te acuerdas de lo que pasó el sábado pasado en este restaurante?	*Do you remember what happened last Saturday in this restaurant?*
—Oh, no quiero acordarme de **eso.**	*Oh, I don't want to remember that* (= that experience).

5. The demonstrative pronouns **aquél** and **éste** are used to express *the former* and *the latter*. **Éste** refers to the closer noun (the one mentioned last) and **aquél** refers to the more distant noun.

Invité al partido de fútbol a Carolina y a mi hermano menor y los dos rehusaron. **Éste** dice que tiene una fiesta ese día y **aquélla** que el fútbol no le interesa nada.	*I invited Carolina and my younger brother to the soccer match and both of them refused. The former says that soccer doesn't interest her at all and the latter that he has a party that day.*

> ***Nota gramatical:*** Spanish prefers the order **éste... aquél,** which goes from the last item mentioned to the more distant one. English, on the other hand, prefers the order *the former . . . the latter,* which goes from the distant item to the last one mentioned. This accounts for the difference in word order in the two languages.

Foco en el léxico: **Saber** versus **conocer**

Both **saber** and **conocer** mean *to know.*

1. **Saber** means *to be aware of, to understand, to know because of study or memorization,* or *to find out something for the first time.*

Ese guía **sabe** mucho.	*That guide knows a lot.*
¿**Saben** todos lo que deben llevar?	*Do you all know what to take?*
Luisa **sabe** hablar quechua.	*Luisa knows how to speak Quechua.*
Anoche **supimos** que no venía él.	*Last night we found out that he wasn't coming.*

2. **Conocer** signifies *to know a person, to meet a person for the first time,* or *to be familiar with a particular place or object.*

¿No **conoces** a ningún mexicano?	*Don't you know any Mexicans?*
No, pero quiero **conocer** a alguien de ese gran país.	*No, but I want to meet someone from that great country.*
Dice Betty que **conoce** bien muchas de las calles de Guadalajara.	*Betty says she knows well many of the streets of Guadalajara.*

CAPÍTULO

3

Ser and *estar*

Most of the notions conveyed by the English verb *to be* are expressed in Spanish by the verbs **ser** and **estar**. These two verbs are not synonymous in Spanish; each has its own specific meaning.

A Uses of *ser*

Identification

The verb **ser** is used before a noun or noun phrase to identify, describe, or define a subject.

Ese muchachito que juega al básquetbol **es** mi sobrino.	*That boy who is playing basketball is my nephew.*
El deporte **es** una actividad competitiva que ejercita el cuerpo y la mente.	*A sport is a competitive activity that exercises body and mind.*

Origin, ownership, material

Ser is used before prepositional phrases introduced by **de** to indicate origin, ownership, or the material of which something is made.

—¿De dónde **son** tus padres?	*Where are your parents from?*
—**Son** de Venezuela.	*They are from Venezuela.*
Este reloj **es** de mi abuela. **Es** de oro.	*This watch is my grandmother's. It is made of gold.*

Event

The verb **ser** is used to express when or where an event takes place. In this construction, **ser** is a synonym for **tener lugar** (*to take place*).

La competencia de gimnasia **es** esta tarde a las dos. **Será** en el estadio municipal.	*The gymnastics competition is at two o'clock this afternoon. It will be in the municipal stadium.*
¿Cuándo **es** nuestro próximo partido de básquetbol?	*When is our next basketball match?*

Time, day, date

The verb **ser** is used to express the time and the date.

Son las tres de la tarde.	*It's three o'clock in the afternoon.*
Hoy **es** jueves.	*Today is Thursday.*
Ayer **fue** el 3 de mayo.	*Yesterday was the third of May.*

B Uses of *estar*

Location

The verb **estar** is used to indicate location.

—¿Dónde **está** tu hermano Jaime? *Where is your brother Jaime?*
—**Estaba** aquí hace un momento. *He was here a moment ago. He*
   Tiene que **estar** en el edificio. *must be in the building.*

El gimnasio **está** muy cerca de aquí. *The gym is very close to here.*

> ***Nota gramatical:*** The verb **haber** is also found in similar structures:
> **Hay un gimnasio muy cerca de aquí.** *There's a gym very close to here. /*
> *A gym is very close to here.* Note, however, that in **estar** sentences, **gimnasio** refers to a definite object **(el gimnasio)** and is the subject of the sentence. In **haber** sentences, **gimnasio** refers to an indefinite object, not known by the addressee **(un gimnasio)** and is the direct object of **haber.** It comes after the verb: **Hay un gimnasio muy cerca de aquí.**

Progressive tenses

Estar is used to form the progressive tenses. (See Chapter 5, Section II, p. 92 for progressive tenses.)

—Rita, ¿qué **estás haciendo?** *Rita, what are you doing?*
—**Estoy escribiendo** un informe. *I am writing a report.*

Anoche cuando salimos del cine, *Last night when we came out of*
  estaba lloviendo a cántaros. *the movies, it was raining*
                                      cats and dogs.

C *Ser* and *estar* + adjective

1. The verb **ser** is used with adjectives to describe qualities or traits that are perceived to be inherent or normal at a given time. This includes adjectives of nationality, color, size, and shape.

Leopoldo **es** joven. **Es** inteligente. *Leopoldo is young. He is*
  Es emprendedor. *intelligent. He is enterprising.*
Este pueblo **es** pequeño; **es** *This village is small; it's quiet;*
  tranquilo; **es** pintoresco. *it's picturesque.*

2. **Estar** is used with adjectives to indicate states and conditions, including unexpected or unusual qualities, or a change in usual attributes or characteristics.

Estamos muy contentos con
las últimas noticias.
¡Esta sopa **está** fría!
¡Qué elegante **estás** hoy!

—Julio, ¡qué delgado **estás!**
—Sí, bajé diez kilos. Como ves,
ya no **soy** gordo.

*We are very happy with the latest
news.*
This soup is cold!
How elegant you are (look) today!

Julio, you look thin!
*Yes, I lost twenty-two pounds. As
you can see, I'm no longer (a)
fat (person).*

3. Some adjectives convey different meanings depending on whether they are
used with **ser** or **estar.**

El partido de fútbol **es** aburrido
y, por lo tanto, el público **está**
aburrido.
Esos jugadores **son** listos.
Los equipos **están** listos.

*The soccer match is
boring and, therefore, the
audience is bored.*
Those players are smart.
The teams are ready.

The following list shows the meanings conveyed by some common adjectives when they are used with **ser** and **estar.**

ser	estar
aburrido *boring*	aburrido *bored*
bueno *good*	bueno *healthy, tasty, good*
callado *reserved, quiet*	callado *silent*
decidido *resolute*	decidido *decided*
despierto *alert*	despierto *awake*
interesado *selfish*	interesado *interested*
limpio *tidy* (by nature)	limpio *clean* (now)
listo *smart, clever*	listo *ready*
loco *insane*	loco *crazy, frantic*
malo *evil*	malo *sick*
verde *green* (color)	verde *green* (not ripe)
vivo *alert, lively*	vivo *alive*

4. **Estar vivo** (*to be alive*) and **estar muerto** (*to be dead*) are viewed as conditions and are always expressed by **estar.**

A causa de un incendio, los
ocupantes de ese apartamento
están muertos, pero encontraron
un gato que **estaba** vivo.

*Because of a fire, the occupants
of that apartment are dead,
but they found a cat that
was alive.*

D Ser and estar + past participle

Ser is used with a past participle in a passive voice construction to refer to an action being performed. (See Chapter 6, Section IV, p. 127 for the passive voice.) The person who performs the action, if stated, is expressed by a phrase introduced by **por. Estar** is used with a past participle to express a condition or state that is the result of an action. In both cases, the past participle agrees in number and gender with the noun it modifies.

La familia García desocupó esa casa ayer.	
Passive action: ser + past participle	**Resultant condition: estar + past participle**
Esa casa **fue desocupada** ayer (por la familia García).	Esa casa **está desocupada.**

Nota gramatical: Out of context, most equivalent English structures are ambiguous: *the animal was wounded* (by the hunter: action interpretation); (I realized that) *the animal was wounded* (somebody had wounded the animal: result interpretation). Rarely, different related words distinguish between the action interpretation (a past participle) and the resultant condition (an adjective): *the door was opened* vs *the door was open*; *the house was vacated* vs *the house was vacant*.

Summary of the uses of *ser* and *estar*

Uses of *ser*

Followed by an adjective, to describe inherent, essential, or normal traits or qualities
→ *Mi novio **es** guapo e inteligente.*
→ *Ese lago **es** bellísimo.*

Followed by a past participle, to express an action in the passive voice
→ *Ese edificio **fue** abandonado hace una semana.*

Uses of *estar*

Followed by an adjective, to describe states and conditions; to indicate unexpected conditions or change in condition
→ ***Estoy** triste.*
→ *Esta comida **está** muy salada.*

Followed by a past participle, to express a condition or state resulting from an action
→ *Ese edificio **está** abandonado desde hace una semana.*

Descriptive adjectives

A Forms of descriptive adjectives

1. Depending on the ending of the masculine singular form, adjectives have either four or two forms. Four-form adjectives vary in number (singular and plural) and gender (masculine and feminine); two-form adjectives vary in number only. The following chart summarizes these two types of adjectives.

	Masculine singular ending	Examples
Four-form	unstressed **-o** **-án**, **-ín**, **-ón**, or **-dor**	simpátic**o**, simpátic**a**, simpátic**os**, simpátic**as** holgaz**án**, holgaz**ana**, holgaz**anes**, holgaz**anas** juguet**ón**, juguet**ona**, juguet**ones**, juguet**onas** habla**dor**, habla**dora**, habla**dores**, habla**doras**
	consonant and refers to nationality	franc**és**, franc**esa**, franc**eses**, franc**esas** español, español**a**, español**es**, español**as**
Two-form	vowel other than **-o**	trist**e**, trist**es** optimist**a**, optimist**as**
	consonant and does not refer to nationality	azul, azul**es** feliz, felic**es** común, comun**es** peor, peor**es** cortés, cortes**es** regular, regular**es**

Nota gramatical: Note that some adjectives that bear a written accent mark in the masculine singular lose it in the masculine plural: **holgazán, holgazanes; común, comunes.** This way they conform to the rules for written accents: The singular ends in **-n** and is stressed in the last syllable; the plural ends in **-s** and is stressed in the next-to-the-last syllable. This adjustment also applies to nouns, as mentioned in Chapter 1, p. 10: **opinión, opiniones.** See also Appendix B: Written Accent Marks.

2. A few adjectives have two masculine singular forms: The shortened form is used when the adjective precedes a masculine singular noun. Common adjectives in this group include the following.

hombre	**bueno**	**buen**	amigo
coche	**malo**	**mal**	humor
capítulo	**primero**	**primer**	lugar
artículo	**tercero**	**tercer**	piso
día	**santo**	**San**	Juan

Te deseo un **buen** viaje.	*I wish you a good trip.*
Es mi **primer** partido de tenis.	*It's my first tennis match.*

3. The adjective **grande** (*big, large*) also has a shortened form, **gran,** that is used before either a masculine or a feminine singular noun. Note that **gran (grandes)** means *great* when it precedes the noun it modifies.

¡Qué **gran** idea acabas de proponer!	*What a great idea you have just proposed!*
Son **grandes** amigos.	*They are close (great) friends.*
No tenemos estadios **grandes.**	*We don't have large stadiums.*

4. The shortened form of **santo, san,** is used before a masculine singular noun, except when the noun begins with **To** or **Do: Santo Tomás** and **Santo Domingo,** but **San Pedro.**

◇**B** Agreement

1. Descriptive adjectives agree in gender and number with the nouns they modify.

> Nos hospedaremos en un hotel **moderno** en el centro. Tiene habitaciones **espaciosas** y **limpias.**
>
> *We'll stay at a modern hotel downtown. It has spacious and clean rooms.*

2. If a single adjective follows and modifies two or more nouns, one of which is masculine, the masculine plural form of the adjective is used.

> Mis amigos practican juegos y actividades vigoros**os.**
>
> *My friends practice vigorous games and activities.*
>
> Encontré una librería que vende libros y revistas mexican**os.**
>
> *I found a bookstore that sells Mexican books and magazines.*
>
> Hay hoteles y pensiones muy barat**os** en esta calle.
>
> *There are very inexpensive hotels and boardinghouses on this street.*

3. If a single adjective precedes and modifies two or more nouns, it agrees only with the first noun.

> Venga a ver las **maravillosas** ruinas y monumentos de nuestra región.
>
> *Come see the wonderful ruins and monuments of our area.*

◇**C** Position

1. A descriptive adjective usually follows the noun it modifies. When the descriptive adjective follows the noun, it specifies or restricts the noun; that is, it sets the noun apart from other nouns in the same category. Adjectives that refer to color, shape, or nationality, and adjectives related to disciplines, technology, and the sciences usually follow the noun they modify because they distinguish the noun from others in the same category.

> Gabriel conduce un coche **rojo;** es un modelo **europeo** de líneas **aerodinámicas.**
>
> *Gabriel drives a red car; it's a European model with aerodynamic lines.*

Vivimos cerca de una zona **industrial** con muchas fábricas de productos **manufacturados.**

We live near an industrial area with many factories of manufactured products.

2. If no contrast with other nouns in the same category is implied, the descriptive adjective precedes the noun it modifies. The focus is on the noun itself, and the adjective simply states a recognized or inherent characteristic of the noun.

Nos alojamos en un **simpático** albergue situado al pie de unas **imponentes** montañas.

We stayed at a nice inn located at the foot of some imposing mountains.

3. For purposes of emphasis, adjectives of color or shape may precede the noun, especially to achieve a poetic effect.

Ud. puede contemplar **rojos** atardeceres desde esas playas de **claras** aguas.

You can contemplate red sunsets from those beaches of clear waters.

4. Proper nouns refer to a unique person or thing. Since the name distinguishes the noun, a descriptive adjective precedes a proper noun and is used to emphasize a characteristic of the noun.

¿Has visto al **pequeño** Hernán?
Me impresionó el **ancho** Orinoco.

Have you seen little Hernán?
I was impressed by the wide Orinoco.

5. A number of adjectives change meaning depending upon whether they are used before or after the noun. When the adjective precedes the noun, it often has a figurative, abstract meaning; when the adjective follows the noun, it often has a more concrete, objective meaning.

Tu padre no es un hombre **viejo.**
Él y yo somos **viejos** amigos.
La Trinidad, iglesia **grande** e imponente, es un **gran** atractivo turístico.

Your father is not an old man. He and I are old friends.
Trinidad, a large and imposing church, is a great tourist attraction.

The following are some of the adjectives that change meaning depending on their position in relation to the noun.

Adjective	Before the noun	After the noun	Examples
cierto	*certain (= some)*	*certain (= sure)*	cierto día; hecho cierto
gran/grande	*great, excellent*	*big, tall, large*	gran idea; mujer grande
medio	*half*	*middle; average*	media hora; salario medio
mismo	*same*	*the thing itself*	la misma cosa; la vanidad misma
nuevo	*another, different*	*brand new*	nueva elección; casa nueva
pobre	*poor (= pitiful)*	*poor (= destitute)*	pobre niño; hombre pobre
propio	*own*	*proper*	mi propio hijo; conducta propia
puro	*sheer*	*pure, unadulterated*	pura imaginación; agua pura
viejo	*former, of old standing*	*old, aged*	viejo amigo; coche viejo

Comparatives and superlatives

A Comparisons of inequality

Forms

$$\textbf{más/menos} + \begin{Bmatrix} adjective \\ adverb \\ noun \end{Bmatrix} + \textbf{que}$$

$$verb + \textbf{más/menos que}$$

Uses

1. **Más** is used in comparisons of inequality to express a higher degree of a quality, and **menos,** to express a lower degree. **Que** relates the two terms of the comparison.

Hoy está **más** caluroso **que** ayer.	*Today is warmer than yesterday.*
Tú juegas al tenis **más** frecuentemente **que** nosotras.	*You play tennis more frequently than we do.*
Yo trabajo **más** horas **que** Roberto, pero gano **menos** dinero **que** él.	*I work more hours than Roberto, but I make less money than he does.*

2. The phrases **más que** and **menos que** are used after a verb to express *more than* and *less than.*

Mi hermana mayor lee **menos que** mi hermana menor.	*My older sister reads less than my younger sister.*

3. **De** is used instead of **que** before a number. **Más de** and **menos de** are equivalent to *over, a greater number than* and *under, a lesser number than,* respectively. If the meaning is not that of over or under a specific number, then **que** is used, as in the last of the following examples.

En nuestra ciudad hay **más de** quince estaciones de radio.	*In our city there are more than fifteen radio stations.*
Esos zapatos de tenis cuestan **menos de** cincuenta dólares.	*Those tennis shoes cost less than fifty dollars.*
Una imagen vale **más que** mil palabras.	*A picture is worth more (more valuable) than a thousand words.*

B ## Comparisons of equality

Forms

> **tan** + *adjective / adverb* + **como**
> **tanto/a/os/as** + *noun* + **como**
> *verb* + **tanto como**

Uses

1. **Tan** is used to express a comparison of equality with adjectives and adverbs. **Como** is used to relate the terms of the comparison.

Yo soy **tan** alta **como** mi prima Rosa.	*I am as tall as my cousin Rosa.*

Nuestra ciudad crece **tan** rápidamente **como** la capital.	*Our city is growing as rapidly as the capital.*

2. **Tanto** is used to express a comparison of equality with nouns. **Tanto** agrees with the noun it modifies, and **como** relates the terms of the comparison.

En esta zona hay **tantos** cafés **como** restaurantes.	*In this area there are as many cafés as there are restaurants.*
Creo que ahora hay **tanta** pobreza **como** antes.	*I believe that now there is as much poverty as before.*

3. **Tanto** is used to express a comparison of equality when actions are being compared. **Como** relates the terms of the comparison.

Ella practica **tanto como** los mejores atletas.	*She practices as much as the best athletes.*

C   Superlatives

Form

> *definite article* (+ *noun*) + **más/menos** + *adjective* + **de**

Uses

1. The superlative expresses the highest or lowest degree of a quality when comparing within a group. The superlative is formed by the definite article (+ noun) + **más/menos** + adjective. Note that **de,** not **en,** is used to introduce the group from which the superlative is selected.

El Nilo es **el** río **más** largo **de**l mundo.	*The Nile is the longest river in the world.*
Camila es **la menos** atlética **de** su familia.	*Camila is the least athletic (person) in her family.*

2. The noun in a superlative construction can be omitted when the referent is clear.

De todos mis hermanos, Manuel es **el más** independiente.	*Of all my brothers, Manuel is the most independent.*

3. To indicate the highest degree of a quality without a specific comparison, an adverb such as **muy, sumamente,** or **extremadamente** can be used before the adjective, or the suffix **-ísimo/a/os/as** can be attached to the adjective.[1]

Este artículo es **sumamente interesante.**	*This article is extremely interesting.*
Este artículo es **interesantísimo.**	*This article is most interesting.*
Este artículo me interesa **muchísimo.**	*This article interests me very much.*

4. The chart that follows shows the most common spelling changes that occur when the suffix **-ísimo** is added to an adjective.

final vowel is dropped	bello ⇸	bellísimo
written accent is dropped	fácil ⇸	facilísimo
-ble becomes **-bil-**	amable ⇸	amabilísimo
c becomes **qu**	rico ⇸	riquísimo
g becomes **gu**	largo ⇸	larguísimo
z becomes **c**	feliz ⇸	felicísimo

—Es una novela **larguísima,** ¿verdad?	*It's a very long novel, isn't it?*
—Sí, pero **interesantísima.** El autor es **famosísimo.**	*Yes, but most interesting. The author is very famous.*

Nota gramatical: Some of the spelling adjustments mentioned above have been mentioned before; they are spelling adjustments valid for the whole language. **c** ⇸ **qu:** sacar, saqué; **gu** ⇸ **g:** distinguir, distingo; **z** ⇸ **c:** convencer, convenzo; luz, luces.

[1]The suffix **-ísimo** is also attached to adverbs: **mucho** ⇸ **muchísimo, poco** ⇸ **poquísimo.**

D Irregular comparatives and superlatives

1. A few adjectives have, in addition to their regular forms, irregular comparative and superlative forms.

Adjective	Comparative		Superlative	
	Regular	Irregular	Regular	Irregular
bueno	más bueno	**mejor**	(el) más bueno	**(el) mejor**
malo	más malo	**peor**	(el) más malo	**(el) peor**
grande	más grande	**mayor**	(el) más grande	**(el) mayor**
pequeño	más pequeño	**menor**	(el) más pequeño	**(el) menor**

2. The irregular forms of adjectives are used much more frequently than the regular forms, which often have limited, specialized meanings. **Mejor** and **peor** indicate the degree of a quality; **más bueno** and **más malo** frequently have a moral connotation; **mayor** and **menor** refer to age, importance, or size; **más grande** and **más pequeño** are used more often to refer to physical size.

Don Gabriel es **el mejor** entrenador de béisbol de la ciudad; es también una de las personas **más buenas** que conozco.	*Don Gabriel is the best baseball coach in town; he is also one of the kindest persons I know.*
Tu sugerencia es **peor** que la mía.	*Your suggestion is worse than mine.*
Mi hermano **menor** quiere ser ingeniero químico.	*My younger brother wants to be a chemical engineer.*
El turismo es una de las industrias **mayores** de nuestra zona.	*Tourism is one of the most important industries in our area.*
El edificio Continental es uno de **los más pequeños** del centro de la ciudad.	*The Continental building is one of the smallest in the downtown area.*

Note that **mejor** and **peor** usually precede the noun, while **mayor** and **menor** usually follow the noun.

3. The following adverbs have irregular comparative forms: **bien/mejor; mal/peor; mucho/más; poco/menos.**

Escucho **mucho** la radio. Escucho diferentes radioemisoras, pero escucho **más** la radio El Mundo. Se escucha **mejor** que las otras radioemisoras.	*I listen to the radio a lot. I listen to different radio stations, but I listen more to radio El Mundo. It can be heard better than other radio stations.*

Summary of comparatives and superlatives

Comparisons of inequality

más/menos + noun/adjective/adverb + **que**
↪ *Tengo **menos** amigas **que** amigos.*
↪ *El Nilo es **más** largo **que** el Amazonas.*
↪ *El novio viste **más** elegantemente **que** la novia.*

verb + **más/menos que**
↪ *Trabajo **más que** los otros empleados.*

más/menos de + amount
↪ *Tengo **menos de** veinte dólares.*

Comparisons of equality

tan + adjective/adverb + **como**
↪ *Este clima es **tan** saludable **como** el nuestro.*
↪ *Ese muchacho corre **tan** rápidamente **como** un atleta profesional.*

tanto/a/os/as + noun + **como**
↪ *Tengo **tantos** hermanos **como** hermanas.*

verb + **tanto como**
↪ *Viajo **tanto como** mis padres.*

Superlatives

el (+ noun) + **más/menos** + adjective
↪ *Aquí venden **los** tacos **más** sabrosos de la ciudad.*

IV ▸ Possessive adjectives and pronouns

A ◆ Forms

Short (unstressed) form		Long (stressed) form	
Singular	**Plural**	**Singular**	**Plural**
mi	mis	mío/a	míos/as
tu	tus	tuyo/a	tuyos/as
su	sus	suyo/a	suyos/as
nuestro/a	nuestros/as	nuestro/a	nuestros/as
vuestro/a	vuestros/as	vuestro/a	vuestros/as
su	sus	suyo/a	suyos/as

1. The short (unstressed) forms of the possessive adjectives precede the noun they modify and agree with that noun in number and, in the case of

nuestro and **vuestro,** also in gender. Notice that possessive adjectives always agree with what is possessed and not with the possessor.

¿Dónde están **mis** raquetas de tenis?	*Where are my tennis rackets?*
Necesito hablar con **nuestros** vecinos.	*I need to talk to our neighbors.*
Laura se entiende bien con **su** hermano.	*Laura gets along well with her brother.*

> **Nota gramatical:** These forms are adjectives and as such they agree with the noun they refer to in gender and number, like any adjective. The noun **hermano,** masculine singular, only accepts masculine singular possessive adjectives: **su hermano / hermano suyo; hermana,** feminine singular, only accepts feminine singular possessive adjectives: **su hermana / hermana suya.** It is irrelevant who the possessor is: *his / her brother* = **su hermano / el hermano suyo;** *his / her sister* = **su hermana / la hermana suya.**

2. The long (stressed) forms follow the noun they modify and agree with that noun in gender and number. The long form, too, always agrees with what is possessed and not with the possessor.

Vino a visitarme un pariente **mío.**	*A relative of mine came to visit me.*
No he consultado a Benito, pero la opinión **suya** me importa muy poco.	*I haven't consulted Benito, but his opinion matters little to me.*

B Uses

1. The short forms of possessive adjectives are used more frequently than the long forms. The latter are often used for emphasis or contrast, or in constructions equivalent to *a friend of mine* (**un amigo mío**).

Tendremos una pequeña fiesta en **mi** casa; quiero que vengan tú y **tu** novio.	*We'll have a small party at my house; I want you and your fiancé to come.*
Te diré que **las** ideas **tuyas** son un poco locas.	*I'll tell you that your ideas are a bit crazy.*
Mónica fue al aeropuerto a recoger a **una** prima **suya.**	*Mónica went to the airport to pick up a cousin of hers.*

2. The definite article is used, instead of a possessive form, with parts of the body, articles of clothing, and close personal belongings, if these items are *on* the possessor and are not the subject of the verb. However, if it is not absolutely clear who the owner is, the possessive form is used to avoid ambiguity.

Levanté **la** cabeza y vi a mi amiga Yolanda.	*I raised **my** head and saw my friend Yolanda.*
¿Puedo quitarme **la** corbata?	*May I take off **my** tie?*
Ponte **tu** sombrero y pásame el mío.	*Put on your hat and pass me mine.*

Note that for groups in which each member has one object, the object, though plural in English, appears in the singular in Spanish.

Al terminar la ceremonia nos quitamos **la** corbata.	*When the ceremony was over, we took our tie**s** off.*

C ▸ Possessive pronouns

A possessive pronoun, which takes the place of a possessive adjective + a noun, uses the definite article followed by the long form of the possessive adjective and agrees in gender and number with the noun it replaces. Thus, **mi apartamento ➙ el mío.** After the verb **ser,** the article is usually omitted. (See Chapter 10, Section IV, p. 202 for use of the neuter forms **lo mío, lo tuyo, lo suyo,** etc.)

Tus opiniones son muy diferentes a **las mías. Las tuyas** son ridículas; **las mías,** sensatas.	*Your opinions are very different from mine. Yours are ridiculous; mine, sensible.*
Esos balones de básquetbol son **míos.**	*Those basketballs are mine.*
Saludos a ti y a **los tuyos.**	*Greetings to you and yours.*

D ▸ Clarification of third person possessive forms

1. Third person possessive adjectives and pronouns **(su, sus, suyo/a, suyos/as)** may be ambiguous since they can refer to any of six possible possessors: **él, ella, Ud., ellos, ellas,** or **Uds.**

El básquetbol es **su** deporte favorito.	*Basketball is his/her/your/their favorite sport.*
Voy a entrevistar a **su** entrenadora.	*I am going to interview his/her/your/their coach.*

2. In most cases, the context determines which meaning is intended. To clarify the intended meaning of a possessive adjective or pronoun, possessive phrases such as **de él, de ella,** and **de Ud.** may be used after the noun.

| ¿Cuál es **su** deporte favorito, Andrés? | *What's your favorite sport, Andrés?* |
| Tengo que ver a **la** entrenadora **de ella.** | *I have to see her coach.* |

Indefinite expressions and their negatives

A Forms

Affirmative [all]	Affirmative [some]	Negative*
Pronouns		
todo *everything*	**algo** *something, anything*	**nada** *nothing, not ... anything*
todos/as *everyone, everybody, all*	**alguien** *someone, somebody, anyone, anybody*	**nadie** *no one, nobody, not ... anybody/anyone*
Pronouns / Adjectives		
todo/a *every, all;* **todos/as** *all, every, everyone*	**algún, alguno/a/os/as** *some (+ noun), any, someone*	**ningún, ninguno/a** *no (+ noun), no one, none, not ... any/anybody*
[**todo/a/os/as**]	**cualquier/a** *any, anyone (at all)*	[**nadie**]
Adverbs		
siempre *always*	**alguna(s) vez (veces)** *sometime(s), ever*	**nunca, jamás** *never, not ... ever*
también *also, too*		**tampoco** *neither, not ... either*

*Negative sentences in Spanish contain one or more negative words; **no** is used only if no other negative word precedes the verb: **No** aceptó **nadie ninguna** oferta./**Nadie** aceptó **ninguna** oferta. (*Nobody accepted any offer.*)

Nota gramatical: The fact that standard English accepts only one negative word per sentence explains synonymous sentences of the type: *I said* **nothing** (negative word: *nothing*); *I did* **not** *say* **anything** (negative word *not; anything*, not *nothing*, must be used after the verb); *I did* **not** *say* **anything** *to* **anyone** (negative word *not; anything*, not *nothing*, and *anyone*, not *no one* or *nobody* must be used after the verb). In Spanish, as many negative words as deemed necessary for the meaning are used; **no** is not used before the verb if another negative word precedes: *no dije nada; nada dije; no dije nada a nadie; a nadie dije nada.*

Todo me preocupa. **Algo** me molesta. **Nada** me sorprende.	*Everything worries me. Something bothers me. Nothing surprises me.*
Algunas personas creen que **cualquiera** puede llegar a ser atleta profesional.	*Some people think that anyone can become a professional athlete.*
—¿Hay **alguien** en la otra pieza?	*Is there anyone in the other room?*
—No, no hay **nadie.**	*No, there is nobody.*
—¿Has estado **alguna vez** en Santo Domingo?	*Have you ever been to Santo Domingo?*
—No, **nunca** he visitado esa ciudad.	*No, I have never visited that city.*

B Indefinite pronouns and adjectives and their negatives

1. The indefinite pronouns **alguien** and **nadie** refer only to people. When used as direct objects, they are preceded by the preposition **a** (personal **a**).

Nadie te hará cambiar de opinión, ¿verdad?	*No one will make you change your mind, right?*
No quiero ofender **a nadie.**	*I don't want to offend anyone.*

2. **Algo** and **nada** refer only to objects and events.

—¿Te ofrezco **algo?**	*May I offer you something?*
—Gracias. No deseo **nada.**	*Thanks. I don't want anything.*

3. The adjectives **algún/alguna/algunos/algunas** and **ningún, ninguno/ninguna** can refer to people, animals, objects, and events. When they modify direct-object nouns referring to people, they are preceded by the preposition **a** (personal **a**).

Según **algunas** encuestas, **ningún** programa económico tiene el apoyo de la mayoría de los votantes.	*According to some polls, no economic program has the support of the majority of voters.*
No reconozco **a ninguna** persona en esta reunión.	*I don't recognize any person at this meeting.*

4. **Alguno/a/os/as** and **ninguno/a** are pronouns that replace nouns referring to people, animals, objects, or events. They may be used by themselves or followed by a prepositional phrase beginning with **de.** When **alguno** or **ninguno** replaces a direct object referring to a person or persons, the preposition **a** precedes the indefinite word.

Algunas de nuestras radioemisoras tienen programas en español.	*Some of our radio stations have programs in Spanish.*
—Yo no recuerdo **a ninguno** de mis profesores de educación primaria. ¿Y tú?	*I don't remember any of my elementary school teachers. And you?*
—Yo recuerdo **a algunos.**	*I remember some.*

5. The negative adjective **ningún/ninguna** and the pronoun **ninguno/a** are almost always used in the singular.

—¿Conoces a **algunos** beisbolistas puertorriqueños famosos?	*Do you know any famous Puerto Rican baseball players?*
—No, no conozco a **ninguno.**	*No, I don't know any.*
No he visitado a **ningún** pariente en estos últimos meses.	*I haven't visited any relatives these last few months.*

6. The indefinite word **cualquiera** may be used as an adjective or a pronoun. When used as an adjective before a masculine or feminine noun, **cualquiera** is shortened to **cualquier.**

—¿Puedo escoger **cualquier** tema para el ensayo final?	*May I choose any topic for the final essay?*
—Sí, escoge **cualquiera.**	*Yes, choose any (whatever).*

C Indefinite adverbs

1. **Nunca** and **jamás** both mean *never*. **Nunca** is used more frequently in everyday speech. In questions, **jamás** or **alguna vez** may be used to mean *ever;* **jamás** is preferred when a negative answer is expected.

—¿Has participado **alguna vez** en una competencia deportiva?	*Have you ever participated in a sports competition?*
—No, **nunca.**	*No, never.*
—¿Has visitado **jamás** Andorra?	*Have you ever visited Andorra?*
—No, **jamás.** (No, **nunca.**)	*No, never.*

2. For emphasis, **nunca** and **jamás** may be used together, in that order.

Probé el gazpacho y no me gustó. **Nunca jamás** lo volveré a probar.	*I tried gazpacho and didn't like it. I won't ever try it again.*

3. **Tampoco,** the negative counterpart of **también,** may be used alone in a phrase or preceded by **no** or **ni.**

—Estoy ocupada los sábados por la mañana.	*I am busy Saturday mornings.*
—Yo **también.**	*So am I/Me too.*
—**No** confío mucho en Orlando.	*I don't trust Orlando much.*
—**Ni** yo **tampoco** (Yo **tampoco**).	*Neither do I/Me neither.*

VI Foco en el léxico: Spanish equivalents of *to become*

Spanish has several specific verbs and verbal expressions that correspond to the meaning of the English verb *to become* in the sense of *to come to be.* In some cases only one verb or expression is appropriate; in others, there is a choice depending on what specific meaning of *to become* is intended.

A ◆ Change of state: *hacerse*

1. **Hacerse,** the most widely used equivalent of *to become*, can be followed by a noun or an adjective and indicates transition from one state or condition to another.

Él **se hizo** gran conferenciante en muy poco tiempo.	*He became a great lecturer in very little time.*
Y tú **te hiciste** igualmente conocida como violinista.	*And you became equally well known as a violinist.*

2. When referring to people, **hacerse** stresses the fact that the change of state depends on the voluntary, conscious effort of the person or persons involved.

Se hizo gran experto en inversiones.	*He became a great expert in investments.*
Se hizo rico en poco tiempo.	*He became rich in a short time.*

3. Some reflexive verbs are equivalent to **hacerse** + a related adjective.

fortalecerse = **hacerse fuerte**	*to get strong(er)*
suavizarse = **hacerse suave**	*to soften, become softer*

B ◆ Change in physical or emotional state: *ponerse*

1. **Ponerse** followed by an adjective indicates a sudden and temporary change in physical appearance, condition, or emotional state.

¡Qué partido más reñido! ¿Viste qué roja **me puse?**	*What a hard-fought game! Did you see how red I became?*
Después, en el vestuario, **me puse** bastante pálida.	*Later, in the locker room, I became quite pale.*
Mis compañeras **se pusieron** bastante nerviosas.	*My teammates became quite nervous.*

2. Some reflexive verbs are equivalent to **ponerse** + a related adjective.

alegrarse = **ponerse alegre**	*to become happy*
entristecerse = **ponerse triste**	*to become sad*

C ◆ Change through gradual process: *llegar a ser*

Llegar a ser can be followed by either nouns or adjectives and is used to indicate acquisition of a new state through a gradual, lengthy process.

Llegó a ser una escritora sobresaliente.	*She became an outstanding writer.*

<table>
<tr><td>Y dos de sus hermanos llegaron a ser tenistas profesionales.</td><td>And two of her brothers became professional tennis players.</td></tr>
</table>

◇D◇ Radical change: *volverse*

Volverse (ue) is used to indicate a radical change of state or condition, and is followed by an adjective.

<table>
<tr><td>Yo me volví muy desconfiada después del accidente.</td><td>I became very wary after the accident.</td></tr>
<tr><td>A partir de entonces mi novio ya no fue la misma persona; se volvió pesimista.</td><td>From then on my fiancé was not the same person; he became pessimistic.</td></tr>
</table>

◇E◇ To assume a new condition: *convertirse, transformarse*

Convertirse (ie, i) en or **transformarse en** + *nouns* are used to indicate a change to a new state.

<table>
<tr><td>Parece que Miguel va a convertirse en gran aficionado a los coches deportivos.</td><td>It appears that Miguel is going to become a sports car enthusiast.</td></tr>
<tr><td>Sí, casi se ha transformado en fanático.</td><td>Indeed, he has almost become a fanatic.</td></tr>
</table>

◇F◇ To be left in a state or condition: *quedarse*

Quedarse is used to indicate that someone, having acquired or been left in a new state, has remained in it either permanently or for a certain period of time. **Quedarse** frequently implies loss or deprivation.

<table>
<tr><td>Mi hermano se quedó ciego después del accidente.</td><td>My brother was left blind after the accident.</td></tr>
<tr><td>Recibí una noticia terrible y me quedé atónito.</td><td>I received a terrible piece of news and was astonished.</td></tr>
</table>

CAPÍTULO

4

The future tense

A **Regular verbs**

-ar verbs	-er verbs	-ir verbs
visitar	prometer	escribir
visitar**é**	prometer**é**	escribir**é**
visitar**ás**	prometer**ás**	escribir**ás**
visitar**á**	prometer**á**	escribir**á**
visitar**emos**	prometer**emos**	escribir**emos**
visitar**éis**	prometer**éis**	escribir**éis**
visitar**án**	prometer**án**	escribir**án**

The stem for the future tense of most Spanish verbs is the infinitive: **visitar-, prometer-, escribir-.** The future tense endings are the same for all Spanish verbs: **-é, -ás, -á, -emos, -éis, -án.**

> *Nota gramatical:* The current Spanish future is the result of a fusion of two words, the infinitive and the present tense of the verb **haber** with the following conjugation: **he, has, ha, hemos, heis, han.** Once fused, the letter **h** of the verb **haber** was dropped and the normal rules for written accent marks applied to the current forms. The old form **heis** is no longer used; **habéis** is used instead in the conjugation of the auxiliary verb **haber.** (See Appendix D, p. 223 for the conjugation of **haber.**)
>
> visitar + **he** ↪ visitar**é**   visitar + **hemos** ↪ visitar**emos**
>
> visitar + **has** ↪ visitar**ás**   visitar + **heis** ↪ visitar**éis**
>
> visitar + **ha** ↪ visitar**á**   visitar + **han** ↪ visitar**án**

B **Irregular verbs**

A number of verbs have the following irregular stems but regular endings in the future tense.

1. The **-e-** of the infinitive ending is dropped.

caber	**cabr-**	**cabr**é, **cabr**ás, **cabr**á, **cabr**emos, **cabr**éis, **cabr**án
haber	**habr-**	**habr**é, **habr**ás, **habr**á, **habr**emos, **habr**éis, **habr**án
poder	**podr-**	**podr**é, **podr**ás, **podr**á, **podr**emos, **podr**éis, **podr**án
querer	**querr-**	**querr**é, **querr**ás, **querr**á, **querr**emos, **querr**éis, **querr**án
saber	**sabr-**	**sabr**é, **sabr**ás, **sabr**á, **sabr**emos, **sabr**éis, **sabr**án

2. The vowel of the infinitive ending is replaced by **d.**

poner	**pondr-**	**pondr**é, **pondr**ás, **pondr**á, **pondr**emos, **pondr**éis, **pondr**án
salir	**saldr-**	**saldr**é, **saldr**ás, **saldr**á, **saldr**emos, **saldr**éis, **saldr**án
tener	**tendr-**	**tendr**é, **tendr**ás, **tendr**á, **tendr**emos, **tendr**éis, **tendr**án
valer	**valdr-**	**valdr**é, **valdr**ás, **valdr**á, **valdr**emos, **valdr**éis, **valdr**án
venir	**vendr-**	**vendr**é, **vendr**ás, **vendr**á, **vendr**emos, **vendr**éis, **vendr**án

3. Two verbs have a completely irregular stem.

decir	**dir-**	**dir**é, **dir**ás, **dir**á, **dir**emos, **dir**éis, **dir**án
hacer	**har-**	**har**é, **har**ás, **har**á, **har**emos, **har**éis, **har**án

4. Verbs ending in **-hacer, -poner, -tener,** or **-venir** also have irregular stems in the future. The verb **satisfacer** also follows the pattern of verbs ending in **-hacer.**

deshacer *to undo*	yo desharé	**contener** *to contain*	yo contendré
rehacer *to do again*	yo reharé	**detener** *to detain, to arrest*	yo detendré
satisfacer *to satisfy*	yo satisfaré	**mantener** *to maintain; to support*	yo mantendré
		retener *to retain*	yo retendré
componer *to compose; to repair*	yo compondré	**convenir** *to be suitable; to agree*	yo convendré
imponer *to impose*	yo impondré	**intervenir** *to intervene*	yo intervendré
proponer *to propose*	yo propondré	**prevenir** *to prevent; to warn*	yo prevendré
suponer *to suppose*	yo supondré		

C Uses

1. The future tense is used primarily to refer to future actions.

—¿Cuándo **resolverán** los problemas de la contaminación ambiental?	*When will they solve the problems of environmental pollution?*
—**Tomará** tiempo, porque una solución permanente no **será** fácil de implementar.	*It will take time, because a permanent solution won't be easy to implement.*

2. The future tense is also used to express probability or conjecture about a present situation.

—¿Dónde **estará** tu hermano ahora?	*Where **do you suppose** your brother is now?*
—No sé; **vendrá** camino a casa. Ha terminado de trabajar.	*I don't know; **he must be (he's probably)** coming home. He has finished working.*

D Other ways of expressing future time

1. A present indicative form of **ir** + **a** + an infinitive may be used to refer to events in the future. In informal Spanish, this construction is used more frequently than the future tense.

—¿Qué **vas a hacer** este fin de semana?	*What are you going to do this weekend?*
—Creo que **voy a visitar** a unos amigos.	*I think I'm going to visit some friends.*

2. The simple present indicative may be used in Spanish to indicate scheduled events in the future. The English equivalent is often expressed by the present progressive tense. (See Chapter 1, Section I, p. 2 for use of the present indicative with future meaning.)

El próximo mes **salimos** para Acapulco.	*Next month **we are leaving** for Acapulco.*
Tenemos un examen mañana a las nueve.	***We're having** an exam tomorrow at nine o'clock.*

The conditional tense

A ▸ **Regular verbs**

-ar verbs	*-er* verbs	*-ir* verbs
visitar	**prometer**	**escribir**
visitar**ía**	prometer**ía**	escribir**ía**
visitar**ías**	prometer**ías**	escribir**ías**
visitar**ía**	prometer**ía**	escribir**ía**
visitar**íamos**	prometer**íamos**	escribir**íamos**
visitar**íais**	prometer**íais**	escribir**íais**
visitar**ían**	prometer**ían**	escribir**ían**

The stem for the conditional is the infinitive, the same stem used to form the future tense. The endings of the conditional are always regular and are the same for all Spanish verbs. Note that they are the same as the imperfect endings of **-er** and **-ir** verbs: **-ía, -ías, -ía, -íamos, -íais, -ían.**

> ***Nota gramatical:*** Just as the future is the result of the fusion of the infinitive and the present indicative of the verb **haber,** the conditional represents the fusion of the infinitive and a reduced form of the imperfect indicative of the verb **haber: hía, hías, hía,** etc., instead of **había, habías, había,** etc. (See Appendix D, p. 223 for the conjugation of **haber.**)
>
> visitar + **hía** ↪ visitar**ía**   visitar + **híamos** ↪ visitar**íamos**
>
> visitar + **hías** ↪ visitar**ías**   visitar + **híais** ↪ visitar**íais**
>
> visitar + **hía** ↪ visitar**ía**   visitar + **hían** ↪ visitar**ían**

 B ▸ **Irregular verbs**

The verbs that have an irregular stem in the future (consult pp. 130–131) also have the same irregular stem in the conditional. Three examples follow.

caber	**cabr-**	**cabr**ía, **cabr**ías, **cabr**ía, **cabr**íamos, **cabr**íais, **cabr**ían
poner	**pondr-**	**pondr**ía, **pondr**ías, **pondr**ía, **pondr**íamos, **pondr**íais, **pondr**ían
decir	**dir-**	**dir**ía, **dir**ías, **dir**ía, **dir**íamos, **dir**íais, **dir**ían

C Uses

The conditional is used in the following ways:

1. to express what would or could occur, but might not due to circumstances.

| Con una beca, no **tendría** que trabajar y **podría** dedicarme de lleno al estudio. | *With a scholarship, I wouldn't have to work and could devote myself entirely to studying.* |

2. to indicate highly unlikely or contrary-to-fact situations. (The use of the conditional in *if-then* structures is discussed in Chapter 10, Section I, p. 193.)

| Si yo fuera un científico famoso, **trataría** de encontrar fuentes de energía alternativa. | *If I were a famous scientist, I would try to find alternative energy sources.* |
| Si Uds. leyeran o escucharan noticias regularmente, **estarían** mejor informados. | *If you read or listened to news regularly, you would be better informed.* |

3. to convey politeness or to soften suggestions or statements with verbs such as **deber, poder, querer, preferir, desear,** and **gustar.** Use of the simple present indicative is more matter-of-fact and usually more informal. (See Chapter 8, Section I, p. 157 for use of the imperfect subjunctive to express politeness.)

| Necesito viajar a la capital. **Preferiría** salir por la mañana. ¿**Podría** Ud. indicarme el horario de salida de los autobuses? | *I need to travel to the capital. I would prefer to leave in the morning. Could you tell me the schedule of bus departures?* |

4. to refer to future events or conditions viewed from a point in the past.

| El alcalde nos prometió que **mejoraría** el sistema de transporte urbano. | *The mayor promised us that he would improve the urban transport system.* |
| Mis padres me dijeron que **vendrían** a verme dentro de dos meses. | *My parents told me that they would come to see me within two months.* |

5. to imply probability or conjecture about actions or conditions in the past.

—Claudio no estaba en casa el sábado por la mañana.	*Claudio was not home Saturday morning.*
—**Estaría** en las montañas, esquiando. Esquía los sábados.	*He must have been in the mountains, skiing. He skies on Saturdays.*
—¿Cuándo fue la última vez que hablamos?	*When was the last time we talked to each other?*
—**Sería** el miércoles pasado. El resto de la semana yo estuve fuera de la ciudad.	*It was probably last Wednesday. The rest of the week, I was out of town.*

Nota gramatical: Both the future and the conditional are used to express probability; the future refers to a current probability whereas the conditional refers to a probability affecting the past: **Pablo está muy pálido hoy; ¿qué *tendrá? ¿Estará* enfermo?** vs **Vi a Pablo hace dos días; lo noté muy pálido; ¿qué *tendría?;* ¿estaría enfermo?** The English future and conditional tenses cannot be used this way.

Object pronouns

A Direct-object pronoun forms

	Singular	**Plural**	
me	me	nos	*us*
you (familiar)	te	os	*you* (familiar, pl.)
him, you (formal, m.), *it* (m.)	lo*	los*	*them, you* (formal, m. pl.)
her, you (formal, f.), *it* (f.)	la	las	*them* (f.), *you* (formal, f. pl.)

*In some regions of Spain and Latin America, **le** and **les** are used as direct-object pronouns instead of **lo** and **los** when referring to people: **Hablo con tu primo y *le* visito frecuentemente.**

> **Nota gramatical:** These two different usages are referred to by the terms **loísmo** and **leísmo;** practitioners of these usages are referred to by the terms **loísta** and **leísta.** Central and northern peninsular Spanish tends to be **leísta,** tends to practice **leísmo;** Latin American Spanish, on the other hand, tends to be **loísta;** tends to practice **loísmo.**

1. Direct-object pronouns replace direct-object nouns to avoid repetition.

Leí ese artículo y no **lo** entendí.	*I read that article and didn't understand **it.***
Escuché a ese conferenciante y no **lo** entendí.	*I listened to that lecturer and didn't understand **him.***

2. A direct-object pronoun generally precedes a conjugated verb; it usually follows and is attached to an infinitive, a present participle, or an affirmative direct command. (See Section C on page 80 for more on the position of object pronouns.)

—¿Leíste el artículo sobre la lluvia ácida?	*Did you read the article on acid rain?*
—Sí, **lo** leí, pero no lo entendí completamente.	*Yes, I read it, but I didn't understand it completely.*
—Pues, lée**lo** de nuevo y no olvides de hacer**me** preguntas.	*Well, read it again and don't forget to ask me questions.*

B Indirect-object pronoun forms

	Singular	Plural	
(to) me	me	nos	*(to) us*
(to) you (familiar)	te	os	*(to) you* (familiar, pl.)
(to) him, her, you (formal, m./f.)	le (se)*	les (se)*	*(to) them, you* (formal, m./f.)

*Se** is used instead of **le(s)** before the direct-object pronouns **lo, la, los,** and **las:** *Le* pedí el libro a Paco pero *se lo* devolví pronto.

1. Indirect-object pronouns have the same forms as direct-object pronouns, with the exception of the third person singular and plural **le, les.** Indirect-object pronouns replace indirect-object nouns to avoid repetition.

Miguel **me** saludó y **me** contó las últimas noticias. Yo también **lo** saludé y **le** conté mis últimas noticias.

Miguel greeted me and told me the latest news. I also greeted him and told him my latest news.

2. The indirect-object pronouns **me, te, nos,** and **os** can be emphasized by adding the phrases **a mí, a ti, a nosotros/as,** and **a vosotros/as,** respectively.

Benito **nos** explicó la situación **a nosotros** primero.
¿**Te** molesta **a ti** el smog?

Benito explained the situation to us first.
Does smog bother you?

3. The indirect-object pronouns **le** and **les** can refer to six different objects: **a él, a ella, a Ud., a ellos, a ellas,** and **a Uds.** When context does not clearly indicate a unique interpretation of **le** and **les,** a prepositional phrase beginning with **a** may be added for clarification as well as for emphasis.

Le di la información.

I gave him/her/you the information.

Le di la información **a ella.**

I gave her the information.

4. Even when there is no danger of ambiguity, the indirect object in the third person singular or plural is generally expressed twice in the same sentence: with the indirect-object pronoun **le** or **les** and with a phrase beginning with **a.** There is no English equivalent for the redundant indirect-object pronoun.

Mañana **le** pasaré el informe **a tu amiga Carolina.**
Debo comprar**les** regalos **a mis hermanitos.**

Tomorrow I will give the report to your friend Carolina.
I have to buy presents for my little brothers.

5. As is the case with direct-object pronouns, the indirect-object pronouns generally precede a conjugated verb; they usually follow and are attached to an infinitive, a present participle, or an affirmative direct command. (See the next section for more on the position of object pronouns.)

Le dije a Carlos: "Voy a contar**te** algo curioso. Prométe**me** que no **le** dirás nada a nadie."

I said to Carlos, "I'm going to tell you something strange. Promise me that you won't say anything to anyone."

◇C◇ Position of object pronouns

1. The indirect-object pronoun precedes the direct-object pronoun when the two are used together.

—¿Quién te contó la historia?	*Who told you the story?*
—**Me la** contó Juanito.	*Juanito told it to me.*

2. The indirect-object pronouns **le** and **les** are changed to **se** when used with the direct-object pronouns **lo, la, los,** and **las.** The meaning of **se** can be clarified by a prepositional phrase with **a.**

—¿Le entregaste el paquete a la vecina?	*Did you deliver the package to the neighbor?*
—No **se lo** entregué hoy, pero voy a entregár**selo** mañana.	*I didn't give it to her today, but I'm going to give it to her tomorrow.*
—¿Le entregó Ud. el informe al alcalde o a su secretaria?	*Did you deliver the report to the mayor or to his secretary?*
—**Se lo** entregué a él.	*I delivered it to him.*

3. Object pronouns immediately precede a conjugated verb in all the simple and perfect tenses and in negative commands.

¿Los documentos? **Te los** enviamos. **Te los** hemos enviado. ¡No **te** preocupes!	*The documents? We sent them to you. We have sent them to you. Don't worry!*

4. Object pronouns are always attached to affirmative commands, thus forming a single word. A written accent is frequently needed to maintain the proper stress of the verb.

¡Cuénta**me** lo que pasó! ¡Di**me** la verdad!	*Tell me what happened! Tell me the truth!*

5. Object pronouns used with a verb form that includes an infinitive or a present participle may either precede the conjugated verb or be attached to the infinitive or the present participle. When pronouns are attached to an infinitive or a present participle, a written accent is frequently needed to maintain the proper stress of the verb.

Voy a pedir**te** un favor. / **Te** voy a pedir un favor.	*I am going to ask a favor of you.*
¿Las lecciones? Estoy estudiándo**las.** / **Las** estoy estudiando.	*The lessons? I'm studying them.*

Summary of direct- and indirect-object pronouns

Sequence:

{me / te / nos / os} + {lo(s) / la(s)}

Te lo explicaré. *I will explain it to you.*
Nos la entregaron. *They delivered it to us.*
¿**Me las** pasarás? *Will you pass them to me?*

se* + {lo(s) / la(s)}

Se los di (a Carlos). *I gave them to him.*
Se la mostré (a ellos). *I showed it to them.*

Position:	**Object pronoun(s) + verb**	**Verb + object pronoun(s)**
Infinitive	**Me** va a pagar.	Va a pagar**me.**
Present participle	**Me** está pagando.	Está pagándo**me.**
Simple tense	**Me** paga.	
Perfect tense	**Me** ha pagado.	
Affirmative command		¡Págа**me!**
Negative command	¡No **me** pagues!	

*le/les → se

Nota gramatical: English object pronouns and full noun phrases occupy the same slot in a sentence: *I visit* ***my grandmother*** */ I visit* ***her;*** *I have visited* ***my grandmother*** */ I have visited* ***her;*** *I want to visit* ***my grandmother*** */ I want to visit* ***her;*** *I am visiting* ***my grandmother*** */ I am visiting* ***her;*** *Visit* ***your grandmother*** */ Visit* ***her;*** *Don't visit* ***your grandmother*** */ Don't visit* ***her.*** Spanish object pronouns and full noun phrases occupy the same slot in the sentence in affirmative commands **(Visite *a su abuela* / Visítela)** and optionally after infinitives and present participles **(Quiero visitar *a mi abuela* / Quiero visitar*la;* Estoy visitando *a mi abuela* / Estoy visitándo*la*).** Note that the object pronoun is fused to the verb form. After infinitives and present participles the object pronoun may also precede the conjugated verb form: **Quiero visitar *a mi abuela* / *La* quiero visitar; Estoy visitando *a mi abuela* / *La* estoy visitando.** In all other structures, the object pronoun precedes the conjugated verb: **Visito *a mi abuela* / *La* visito; He visitado *a mi abuela* / *La* he visitado; No visites *a tu abuela* / No *la* visites.** When the object pronoun precedes a conjugated verb it is a separate word.

D Prepositional pronouns

Subject pronouns	Prepositional pronouns
yo	mí
tú	ti
Ud., él, ella	Ud., él, ella; sí*
nosotros/as	nosotros/as
vosotros/as	vosotros/as
Uds., ellos, ellas	Uds., ellos, ellas; sí*

*__Sí__ is the reflexive form of __Ud./Uds., él/ellos,__ and __ella(s)__ used after a preposition: __Ellos piensan demasiado en sí__ (*They think too much about themselves*).

> *__Nota gramatical:__* The prepositional pronoun __mí__ carries a written accent mark to distinguish it from the possessive adjective __mi__ *my*: __por mí__ *for me* vs __por mi amiga__ *for my friend*. The pronoun __ti,__ on the other, does not carry a written accent mark because there is no other word __ti__ having a different meaning. See also Appendix B: Written Accent Marks.

1. Prepositional pronouns have the same forms as the subject pronouns, except for __mí__ and __ti.__

No se molesten Uds. por __nosotros.__	*Don't bother on our account.*
Pensamos mucho en __ti__ y en __ella.__	*We thought a lot about you and her.*

2. After the preposition __con, mí__ and __ti__ have the special forms __conmigo__ and __contigo,__ respectively. The third person reflexive pronoun __sí__ becomes __consigo__ after the preposition __con.__

Ud. puede contar __conmigo.__	*You can count on me.*
Estoy enojado __contigo.__	*I'm mad at you.*
¿Trae Ud. el dinero __consigo?__	*Are you bringing the money with you?*

3. The prepositions __entre, hasta, excepto,__ and __según__ require a subject, and not a prepositional pronoun.

Esto debe quedar **entre tú y yo.**	*This must remain between you and me.*
Según tú, ¿cuál sería la explicación?	*According to you, what would the explanation be?*
Todos están de acuerdo, **hasta yo.**	*They all agree, even me.*

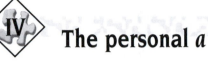

The personal *a*

A Before a direct object referring to people

1. A direct object that refers to a specific person or persons is normally preceded by the preposition **a.** Remember that when followed by the definite article **el,** the contraction **al** is used.

| —¿**A quién** quiere Ud. ver? | *Whom do you want to see?* |
| —Deseo ver **al gerente.** | *I wish to see **the manager.*** |

> ***Nota gramatical:*** English sentences of the type *The patient consults the doctor* and *The doctor consults the patient* have different meanings because the position of the noun phrases before or after the verb identify the subject and the direct object of the sentence, respectively. In equivalent sentences of this type in Spanish, the personal **a** identifies the direct object, regardless of position, which in Spanish is much freer than in English: **El paciente consulta al doctor; Consulta el paciente al doctor; Consulta al doctor el paciente** vs **El doctor consulta al paciente; Consulta el doctor al paciente; Consulta al paciente el doctor.**

2. A direct object that refers to a domestic animal or a personified thing or idea is also usually preceded by the preposition **a.**

| ¿Has visto **a** mi gato esta mañana? | *Have you seen my cat this morning?* |
| Los soldados honran **a** su patria. | *The soldiers honor their fatherland.* |

3. When the direct object refers to an indefinite person, the preposition **a** is not used.

Necesitaban **vendedores** en nuestra compañía y hace una semana contrataron **dos personas.**	*They needed salespeople in our company and a week ago they hired two people.*

4. After the verbs **tener** and **haber** the preposition **a** is normally not used before a direct object referring to a person. But if **tener** is equivalent to *to hold* or *to be,* the personal **a** is used.

Tengo **dos hermanas.**	*I have two sisters.*
Tengo **a ese líder de la comunidad** en gran estima.	*I hold that community leader in high esteem.*
Tenemos **a un importante escritor** con nosotros esta tarde.	*We have an important writer with us this afternoon. / An important writer is with us this afternoon.*

B ▸ Before indefinite expressions

1. The preposition **a** always precedes **alguien** (*someone*) and **nadie** (*no one*) when they are used as direct objects.

—¿Conoces **a alguien** en ese grupo?	*Do you know someone in that group?*
—No, no conozco **a nadie.**	*No, I don't know anyone.*

2. The preposition **a** also precedes **todo, alguno,** and **ninguno** when they refer to people and are used as direct objects.

—Quiero presentarte **a algunas** de mis amigas.	*I want to introduce some of my friends to you.*
—No necesitas hacerlo. Conozco **a todas** estas personas, aunque no veo **a ninguna** frecuentemente.	*You don't need to. I know all these people, even though I don't see any of them frequently.*

See Chapter 3, Section V, p. 65 for further information on indefinite expressions.

Constructions with *gustar* and verbs like *gustar*

A Constructions with *gustar*

The verb **gustar** corresponds in meaning, but not in grammatical structure, to the English verb *to like*. In English, the person who likes something is the subject of the verb, whereas the thing liked is the direct object. In Spanish, however, the person who likes something is the indirect object of the verb **gustar,** while what is liked is its subject.

Indirect object	*gustar*	Subject	Subject	*to like*	Direct object
(A mí) me	gustan	los deportes.	*I*	*like*	*sports.*
A mis hijos les	gusta	nadar.	*My children*	*like*	*to swim.*

1. **Gustar** is closer in structure to the English expression *to be pleasing* than to the verb *to like*.

Nos	gustan	los deportes.
(to us	are pleasing	sports) ↬
Sports	*are pleasing*	*to us.*
(= *We*	*like*	*sports.*)

Nota gramatical: Sentences in which the subject precedes the verb are also grammatical: **Los deportes nos gustan.** In these structures, it is more common that the subject follows the verb: **Nos gustan los deportes.** If the indirect object that precedes the verb contains a noun or a prepositional pronoun, an indirect-object pronoun must also be used: ***A nosotros nos* gustan los deportes, *A mis amigos les* gustan los deportes.**

2. **Gustar** is generally used with third person subjects. If the subject is plural, the plural form of **gustar** must be used. The subject usually follows the verb in sentences with **gustar.**

> A ella le **gusta** el teatro, pero no le **gustan** las piezas experimentales.

> *She likes theater, but she does not like experimental plays.*

3. When the subject of **gustar** is an infinitive or an infinitive phrase, the verb is always singular.

> Me **gusta** pasear y también me **gusta** hacer paseos en bicicleta.
> A nosotros nos **gusta** nadar y jugar al tenis.

> *I like to stroll and I also like to go for bike rides.*
> *We like to swim and play tennis.*

4. Since Spanish does not have a subject pronoun for inanimate objects, the pronoun *it* is never expressed when it is the subject of the verb **gustar.**

> A mi novio le gustó la película de Almodóvar, pero a mí no me gustó.

> *My fiancé liked the movie by Almodóvar, but I didn't like **it.***

5. An indirect-object phrase may be used in addition to the indirect-object pronoun for emphasis, contrast, or clarification.

> **A ti te** gusta la nieve mientras que **a mí me** gusta la lluvia.
> **A ellas** no **les** gustan las telenovelas.

> *You like snow, whereas I like rain.*
> *They don't like soap operas.*

B▷ Verbs similar to *gustar*

1. Some verbs that are similar to **gustar** describe how a person reacts to something, to someone, or to an event, by using the same *indirect object + verb + subject* pattern.

> Nos **sorprendió** la decisión de nuestros gobernantes.
> Me **preocupan** los problemas ambientales.
> ¿Te **dolieron** los pies después del largo paseo?

> *Our leaders' decision surprised us.*
> *Environmental problems concern me.*
> *Did your feet ache after the long walk?*

The following are some common verbs like **gustar:**

agradar	encantar	molestar
asombrar	enojar	ofender
disgustar	fascinar	preocupar
doler (ue)	indignar	sorprender

Some of these verbs may also be used, although with a different meaning, with reflexive pronouns. (Consult Chapter 6, Section III, p. 121 for further discussion.)

2. Other commonly used verbs that follow the same pattern as the **gustar** construction are **bastar, convenir (ie, i), faltar, hacer daño, importar, interesar, quedar,** and **sobrar.** They may also be used without an indirect object to form impersonal statements. Use of the indirect object personalizes the statement or emphasizes the person affected by the action.

Faltan algunos documentos.	*Some documents are missing.*
Nos faltan algunos documentos.	*We are missing some documents.*
No **importa** la opinión de los políticos por ahora.	*The politicians' opinion doesn't matter for the time being.*
No **nos importa** la opinión de los políticos por ahora.	*The politicians' opinion doesn't matter to us for the time being.*
El café **hace daño.**	*Coffee is harmful.*
El café **me hace daño.**	*Coffee is bad (harmful) for me.*

VI Foco en el léxico: Spanish equivalents of *to realize*

1. In Spanish, several verbs are used to express the range of meanings of *to realize*. **Darse cuenta (de)** means *to realize* in the sense of being or becoming aware of something. **Comprender** is synonymous with **darse cuenta (de)** when it expresses understanding or realizing something that was not understood before.

Nos damos cuenta de la necesidad de preservar el medio ambiente.	*We realize the need to preserve our environment.*

Ella **se da cuenta de**l valor de la educación.	*She realizes the value of education.*
Yo **comprendo (me doy cuenta de)** lo importante que es asistir a la escuela.	*I understand (realize) how important it is to attend school.*

2. **Realizar** means *to realize* in the sense of accomplishing or achieving a goal or fulfilling a desire. **Llevar a cabo** also expresses realizing or accomplishing in the sense of carrying out or completing a goal or project.

Estudiaré para poder **realizar** mis ambiciones en el futuro.	*I will study so as to be able to accomplish my goals in the future.*
Es una tarea formidable, pero puedo **llevarla a cabo** en el plazo dado.	*It is a very large task, but I can accomplish it in the time given.*

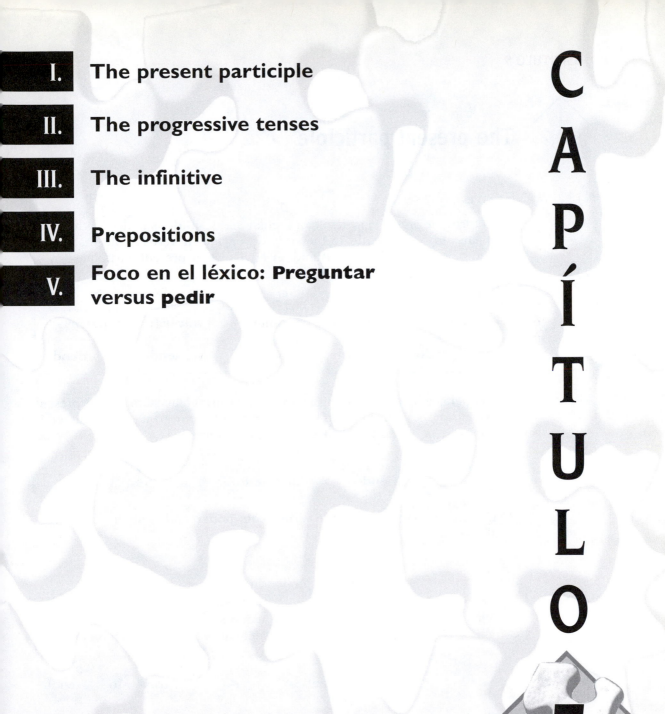

CAPÍTULO

5

The present participle

A Forms

1. To form the present participle of regular verbs, **-ando** is added to the stem of **-ar** verbs and **-iendo** to the stem of **-er** and **-ir** verbs. Note that stem-changing verbs ending in **-ar** and **-er** have regular present participles.

-ar		*-er*		*-ir*
preparar	**pensar (ie)**	**comer**	**volver (ue)**	**partir**
prepar**ando**	pens**ando**	com**iendo**	volv**iendo**	part**iendo**

2. Stem-changing verbs ending in **-ir** have an irregular stem in the present participle: the **e** of the stem changes to **i** and the **o**, to **u.** (See Chapter 1, Section I, p. 3 for a list of **-ir** stem-changing verbs.)

prefer**ir** (ie, i)	dorm**ir** (ue, u)	ped**ir** (i, i)
prefir**iendo**	durm**iendo**	pid**iendo**

3. The present participles of the verbs **decir, poder,** and **venir** have an irregular stem.

decir	poder	venir
dic**iendo**	pud**iendo**	vin**iendo**

4. When the stem of **-er** and **-ir** verbs ends in a vowel, the present participle ending is **-yendo,** not **-iendo.** The present participle of the verb **ir** is **yendo.**

caer	creer	leer	oír	construir	ir
ca**yendo**	cre**yendo**	le**yendo**	o**yendo**	constru**yendo**	**yendo**

5. The present participle ending of the few **-er** and **-ir** verbs whose stems end in **ll** or in **ñ** is **-endo,** not **-iendo:** bullir ↪ bull**endo,** reñir (i) ↪ riñ**endo.**

B Uses

1. The present participle together with the verb **estar** form the progressive tenses, which are used to emphasize that an action is in progress. (See Section II of this chapter, p. 92 on the progressive tenses.)

No nos molestes. **Estamos preparando** unos tacos.

Don't bother us. We are preparing some tacos.

Nota gramatical: Remember that in Spanish the simple present indicative and the imperfect also indicate action in progress. (See Section II of this chapter, pp. 92–93).

—**¿Qué lees?** *What are you reading?*
—**Leo una receta de cocina.** *I'm reading a recipe.*
—**¿Qué hacías ayer a las seis de la tarde?** *What were you doing yesterday at six o'clock?*
—**Cocinaba.** *I was cooking.*

---

2. The present participle, alone or in a phrase, may be used with an adverbial function to indicate manner, cause, reason, time, or the condition under which an action is carried out.

Entró en la cocina **cantando.**

He entered the kitchen singing.

Dedicando más tiempo a tus estudios, mejorarás tus notas.

By devoting more time to your studies, you'll improve your grades.

Siguiendo consejos de su médico, Carlos evitaba alimentos salados.

Following his doctor's advice, Carlos avoided salty foods.

Anoche, **saliendo** del restaurante, nos encontramos con dos viejos amigos.

Last night, (while) leaving the restaurant, we ran into two old friends.

3. When the present participle has an adverbial function, it may be used with a subject as well as with object and reflexive pronouns. A subject noun or pronoun is placed after the present participle. Object and reflexive pronouns are attached to the participle, forming one word, and a written accent is required on the **a** or **e** of the participle ending to retain the original stress.

Caminando el hombre por el viejo mercado, fue abordado por dos desconocidos.

The man, while walking through the old market, was approached by two strangers.

Diciéndonos que lo siguiéramos, el camarero nos llevó hasta nuestra mesa.

Telling us to follow him, the waiter took us to our table.

4. The present participle cannot be used as a noun in Spanish as the English *-ing* form can. In Spanish, only the infinitive form of a verb can function as a noun. (See Section III of this chapter, p. 94 for use of the infinitive.)

> **Preparar** platos deliciosos no es difícil.

> *Preparing delicious dishes is not hard.*

5. The present participle cannot be used as an adjective in Spanish to directly modify a noun, as the English *-ing* form can. A relative clause is the most common Spanish equivalent of the English *-ing* form in these cases.

> La muchacha **que compra** tortillas es mi prima Ángela.

> *The girl **buying** tortillas is my cousin Ángela.*

The progressive tenses

A Forms

The progressive tenses are formed with the auxiliary **estar** + a present participle. The present participle is invariable, but the verb **estar** may be conjugated in any tense. The full conjugations of the present, imperfect, and preterit progressive tenses follow.

Present progressive	Imperfect progressive	Preterit progressive
estoy trabajando	estaba comiendo	estuve discutiendo
estás trabajando	estabas comiendo	estuviste discutiendo
está trabajando	estaba comiendo	estuvo discutiendo
estamos trabajando	estábamos comiendo	estuvimos discutiendo
estáis trabajando	estabais comiendo	estuvisteis discutiendo
están trabajando	estaban comiendo	estuvieron discutiendo

> **Estoy leyendo** acerca de la historia de la cocina mexicana.

> *I'm reading about the history of Mexican cuisine.*

> Anoche **estuvimos hablando** de temas políticos durante la cena.

> *Last night we were discussing political topics during supper.*

No podremos cenar contigo mañana porque **estaremos viajando** hacia Nuevo México.	*We will not be able to have dinner with you tomorrow because we will be traveling to New Mexico.*

B ## Uses

1. The progressive tenses are used to describe an action or event in progress or being performed. They are much less common in Spanish than in English. Use of the progressive tenses stresses an action that is, was, or will be in progress. If no such emphasis is intended, the simple tenses are preferred.

Estoy haciendo mis ejercicios en estos momentos.	*I am doing my exercises right now.*
Cuando me llamaste por teléfono ayer, **estaba comiendo** una enchilada.	*When you called me on the phone yesterday, I was eating an enchilada.*
¿Qué **lees** con tanto interés?	*What are you reading with so much interest?*

2. The progressive tenses refer to actions and events and are generally not used if the verb refers to a condition or state. A simple tense is preferred to describe a condition or state.

Me siento contento porque mi hermana viene a visitarme.	*I am feeling happy because my sister is coming to visit me.*

3. In contrast to English, the present progressive is never used in Spanish for anticipated future action. The simple present tense is used to convey anticipated future action in Spanish.

Gabriela y Rubén **se gradúan** el próximo mes.	*Gabriela and Rubén are graduating next month.*
Dentro de dos días **salimos** para Ciudad de México.	*In two days we are leaving for Mexico City.*

C ## Alternatives to *estar* in the progressive construction

1. **Estar** + a present participle is the construction most commonly used to emphasize action in progress; however, the verbs of motion **andar, ir,** and **venir** may also be used with the present participle to refer to actions in progress. Use of **andar** emphasizes the unfocused, random repetition of an action; **ir** stresses the early stages of a long-lasting action; and **venir** highlights the fact that an action that began in the past has continued for some time.

Unos compañeros tuyos **andan hablando** mal de ti.	*Some of your classmates are going around speaking badly of you.*
Ahora la situación económica **va empeorando.** Hace años que los precios **vienen subiendo.**	*Now the economic situation is growing worse. Prices have been going up for years.*

2. The present participle is also used in Spanish after the verbs **seguir (i)** and **continuar** to indicate continuation of an action in progress.

La situación económica **sigue empeorando.** Los precios **continúan subiendo.**	*The economic situation keeps on growing worse. Prices continue rising. (Prices continue to rise.)*

 D ## Position of object and reflexive pronouns

The two elements of the compound verb in progressive tenses, the verb **estar** and the present participle, cannot be separated. Pronouns either precede the conjugated verb or are attached to the end of the present participle, forming one word. When a pronoun is attached, a written accent is required on the participle ending to retain the original stress.

Ramiro **está contándonos (nos está contando)** otra de sus historias. Todos **se están riendo (están riéndose).**	*Ramiro is telling us another one of his tales. Everybody is laughing.*

 # The infinitive

 A ## Forms

1. Spanish verbs are grouped into three conjugations depending on the ending of the simple infinitive: **-ar, -er,** and **-ir.** Verbs ending in **-ar** form the largest group. The perfect infinitive consists of the infinitive of the auxiliary verb **haber** followed by the past participle of a verb.

	-ar verbs	*-er* verbs	*-ir* verbs
Simple infinitive	visit**ar**	com**er**	recib**ir**
Perfect infinitive	**haber** visit**ado**	**haber** com**ido**	**haber** recib**ido**

2. Object pronouns are attached to the infinitive, forming one word. If the infinitive is preceded by a verb or verb phrase such as **deber, ir a, necesitar, poder, querer,** and **tener que,** the object pronouns may also be placed before this verb or verb phrase.

Seguimos una dieta estricta para mantener**nos** en forma.	We follow a strict diet to keep in shape.
Siento haber**te** molestado con mis preguntas.	I'm sorry to have bothered you with my questions.
No puedo invitar**te** a cenar esta noche. (No **te** puedo invitar a cenar esta noche.)	I cannot invite you to dinner this evening.

B ▸ Uses

The infinitive as subject

1. The infinitive functioning as a noun can be used as the subject of a sentence. This subject usually follows the main verb or the verbal expression. The definite article **el** may precede an infinitive subject.

Es indispensable **ahorrar dinero. (Ahorrar dinero** es indispensable.)	It is essential to save money. (Saving money is essential.)
Nunca me ha interesado **coleccionar recetas de cocina (el coleccionar recetas de cocina).**	I have never been interested in collecting cooking recipes.
Viajar (El viajar) nos enriquece.	Traveling enriches us.

Nota gramatical: The following two sentences mean the same in English: *It is amusing to cook with friends*; *To cook with friend is amusing*. In the first sentence the real subject *to cook with friends* follows the main verb, which is preceded by the subject pronoun *it*. The first sentence is more commonly used than the second. Similarly in Spanish one can say either **Es divertido cocinar con amigos** or **Cocinar con amigos es divertido,** with the subject after or before the verb. As in English, the first sentence is more commonly used than the second. No equivalent of the English subject pronoun *it* is used in Spanish.

2. Impersonal expressions and verbs that describe states of mind are the two most common ways to use infinitives as subjects.

Es necesario **enviar** esa carta pronto.	*It is necessary to send that letter soon.*
A mí me encanta **caminar** por el parque.	*I love to walk in the park.*

The following are some common verbs referring to states of mind. (Consult Chapter 7, Section II, p. 140 for a list of impersonal expressions.)

aburrir *to bore*	gustar *to be pleasing, to like*
agradar *to please*	indignar *to irritate*
alegrar *to make happy*	molestar *to bother*
asustar *to scare*	sorprender *to surprise*
enojar *to make angry*	

The infinitive as object

1. The infinitive may be used as the direct object of a verb if the person performing the action expressed by the infinitive is the same as the subject of the main verb.

Deseo **ir** a un restaurante mexicano el sábado próximo.	*I wish to go to a Mexican restaurant next Saturday.*
Espero **estar** libre dentro de dos horas.	*I hope to be free in two hours.*

The following are some frequently used verbs that may be directly followed by an infinitive.

deber *to have to*	pensar *to think; to plan*
decidir *to decide*	poder *to be able*
desear *to desire*	preferir *to prefer*
esperar *to hope; to expect*	querer *to want*
necesitar *to need*	saber *to know how*
parecer *to seem*	

2. With verbs such as **dejar** (*to let*), **mandar** (*to order*), **permitir, prohibir,** and **recomendar,** the person performing the action expressed by an infinitive is the same as the direct- or indirect-object pronoun of the main verb.

Gastón, **te** recomiendo **discutir** el asunto con tu jefe.	*Gastón, I recommend that you discuss the matter with your boss.*
Te prohíbo volver a **mencionar** ese tema delante de mí.	*I forbid you to mention that topic again in front of me.*

> **Nota gramatical:** Instead of an infinitive, these verbs also allow a verb in the subjunctive preceded by the conjunction **que: Te prohíbo** *volver* **a mencionar ese tema delante de mí** or **Te prohíbo** *que vuelvas* **a mencionar ese tema delante de mí.** See Chapter 7, Section I, p. 135 for the use of the subjunctive with these verbs.

3. Some verbs, such as the ones that follow, require a preposition (**a, de, en,** or **con**) before the infinitive.

Verb + *a*	Verb + *de*
aprender a *to learn to*	acabar de *to have just*
ayudar a *to help to*	acordarse (ue) de *to remember*
comenzar (ie) a *to begin*	cansarse de *to tire*
decidirse a *to decide*	dejar de *to fail; to stop, cease*
empezar (ie) a *to begin*	pensar (ie) de *to think* (opinion)
enseñar a *to teach*	quejarse de *to complain about*
prepararse a *to prepare*	tratar de *to try*
volver (ue) a *to do something again*	tratarse de *to be a question of*
Verb + *en*	**Verb + *con***
consistir en *to consist of*	contar (ue) con *to count on*
insistir en *to insist on*	soñar (ue) con *to dream of*
pensar (ie) en *to think about*	

Comenzó **a llover.**	*It began to rain.*
Pedro insiste **en pagar** la cuenta.	*Pedro insists on paying the bill.*
Trataré **de buscar** esa receta mañana.	*I'll try to look for that recipe tomorrow.*
Sueño **con entrevistar** a un jefe de cocina famoso.	*I dream of interviewing a famous chef.*

The infinitive after prepositions

1. An infinitive may be used after a preposition when there is no change in subject. The prepositional phrase functions as an adverb, expressing ideas of time, manner, purpose, or condition. Notice that although in English the *-ing* form of the verb is used after a preposition, this is not the case in Spanish, where an infinitive must be used.

Piensa bien **antes de responder.**	*Think carefully before answering.*
Nada lograrás **con esperar** tanto.	*You won't achieve anything by waiting so long.*
Trabajaré este verano **para ahorrar** dinero para mis estudios.	*I will work this summer to save money for my studies.*
No saldré **hasta terminar** el trabajo de investigación.	*I won't go out until I finish my research paper.*

2. The construction **al** + infinitive expresses an action that happens at the same time as that of the main clause. English equivalents include *upon/on* + the *-ing* form of the verb, and *when/as* + a conjugated verb.

Al llegar al restaurante, Felipe descubrió que estaba cerrado.	*Upon arriving at the restaurant, Felipe found out it was closed.*
Al despertarme, todavía me sentía cansado.	*When I woke up, I still felt tired.*

3. The construction **de** + infinitive is equivalent to a conditional **si** clause. (See Chapter 10, Section I, p. 193 on conditional **si** clauses.)

De tener los medios, cenaría en un restaurante diferente cada día.	*If I had the means, I would have dinner in a different restaurant every day.*

The infinitive modifying an adjective or a noun

As a modifier of an adjective or a noun, the infinitive is preceded by a preposition, usually **de.**

Mis platos favoritos son **difíciles de preparar.**	*My favorite dishes are hard to prepare.*
Estamos **deseosos de aprender** a cocinar.	*We are eager to learn how to cook.*
Hay muchos otros **temas por discutir.**	*There are many other topics yet to discuss.*

The infinitive as a command

1. The infinitive may be used to express a command. This construction is frequently used to give impersonal instructions.

Mezclar todos los ingredientes.	*Mix all the ingredients.*
No **fumar.**	*No smoking.*

2. The infinitive as a command may be preceded by the preposition **a,** especially in colloquial language.

Y ahora, todos **a callar** y **a trabajar.**	*And now, everybody be quiet and work.*

Summary of the uses of the infinitive

Usage	Example
Subject	**Cocinar** es divertido.
Verbal complement	Necesito **ahorrar** más dinero.
In a prepositional phrase	**Al salir** del trabajo, encontré a una amiga de mis años de secundaria.
Modifier of an adjective or a noun	Tus defectos son fáciles **de tolerar.**
Command	**Comer** con moderación. **No fumar.**

Prepositions

This section presents a list of simple and compound prepositions; a more detailed discussion of the prepositions **a, de, en, para,** and **por;** and a Spanish-English contrast regarding the use of prepositions after verbs.

A Simple prepositions

a *at, to*	Nos sentamos **a** la mesa.
ante *before, in the presence of*	El acusado está **ante** el juez.
bajo *under*	Mi perrito se escondió **bajo** la mesa.
con *with*	Ven **con** nosotros.
contra *against*	Una buena dieta protege **contra** las enfermedades.
de *of, from*	Viene **de** Ecuador.
desde *from, since*	Viven aquí **desde** el tres de enero.
durante *during*	Llovió **durante** tres días.
en *in, on*	Pepe está **en** su cuarto.
entre *between, among*	Estoy **entre** amigos.
excepto *except*	Todos saben cocinar, **excepto** yo.
hacia *toward*	Vamos **hacia** la playa.
hasta *until, up to*	Trabajamos **hasta** las seis.
para *for*	El ejercicio es bueno **para** la salud.
por *for, by, through*	Pasamos **por** muchas calles estrechas.
según *according to*	**Según** los expertos, debemos evitar la grasa.
sin *without*	Salí de casa **sin** dinero.
sobre *upon, on, above, around*	Coloca ese paquete **sobre** la mesa, por favor.
tras *behind*	El sol se esconde **tras** las montañas.

B Compound prepositions

a través de *across, through*	Caminamos **a través de** la multitud.
acerca de *about, concerning*	Asistí a una charla **acerca de** la dieta ideal.
además de *besides*	¿Quién vendrá, **además de** Uds. dos?
al lado de *next to, beside*	Vivimos **al lado de** un restaurante.
alrededor de *around*	Había guardias **alrededor de** la plaza mayor.
antes de *before*	Llegamos **antes de** las siete de la mañana.
cerca de *near*	Estamos **cerca del** museo.
debajo de *under*	Nos quedamos **debajo de** un árbol.
delante de *in front of, ahead of*	Te espero **delante de** la iglesia.
dentro de *inside*	Estaremos **dentro de** la sala.
después de *after*	Ven a verme **después de** la clase.
detrás de *behind*	El garaje está **detrás de** la casa.
encima de *on top of*	Coloca esa caja **encima de** la mesa, por favor.
enfrente de *in front of, facing*	El coche se estacionó **enfrente del** hospital.
frente a *opposite to, facing*	La oficina de correos queda **frente a** la catedral.
fuera de *outside; except*	Mis padres están **fuera de** la ciudad.
junto a *next to, near*	Me senté **junto a** Rosana.
lejos de *far from*	Vivo **lejos de** la universidad.

C The preposition *a*

A is used in the following ways:

1. before direct objects that refer to people. This use of the preposition **a** is called the personal **a.** (See Chapter 4, Section IV, p. 83 for more information on the personal **a.**)

   Conocí **a** tu hermana anoche.   *I met your sister last night.*

2. before indirect objects, especially if needed to emphasize or clarify an indirect-object pronoun.

   —¿Le doy esta receta **a** tu hermana?   *Shall I give this recipe to your sister?*
   —No, dámela **a** mí, por favor.   *No, give it to me, please.*

3. with verbs of motion to indicate direction or destination.

Viajamos **a** la capital todos los lunes.	*We travel to the capital every Monday.*
Llegaré **a** tu casa a las ocho.	*I'll arrive at your house at eight.*

4. to indicate a point in time.

Mi primera clase comienza **a** las ocho.	*My first class begins at eight.*
Llegamos al cine **a** la hora, pero **a** los diez minutos estábamos muy aburridos.	*We reached the cinema on time, but ten minutes later we were very bored.*

5. in certain expressions that indicate the manner in which something is done or the means by which it is done.

Este suéter está hecho **a** mano.	*This sweater is made by hand.*
A Ramiro le gusta pintar **al** óleo.	*Ramiro likes to paint in oils.*

6. to introduce prices and rates.

Las sandías están **a** veinte centavos la libra.	*Watermelons cost twenty cents a pound.*
—¿**A** qué velocidad conduces por la autopista?	*How fast do you drive on the freeway?*
—**A** ciento diez kilómetros por hora.	*One hundred and ten kilometers an hour.*

7. in the contraction **al** + an infinitive to express simultaneity. The English equivalent of **al** + an infinitive is *on/upon* + the *-ing* form of the verb, or a phrase beginning with *when* followed by a conjugated verb.

Al salir de la cafetería, nos encontramos con Martín.	*Upon leaving (When we left) the cafeteria, we ran into Martín.*

8. in some common idiomatic expressions:

a casa *at home*	a la derecha *to the right*
a causa de *because of*	a la izquierda *to the left*
a eso de *around, about, approximately*	a la vez *at the same time*
a fin de *so that*	al comienzo de *at the beginning of*
a fondo *thoroughly*	
a fuerza de *by dint of, by force of*	al contrario *on the contrary*
a gusto *at will, at ease*	al fin *finally*

al menos *at least*

a lo mejor *probably, maybe*

a mano *by hand*

a menudo *often*

a oscuras *in the dark*

a pesar de *in spite of*

a pie *on foot*

a principios de *at the beginning of*

a tiempo *on (in) time*

a veces *sometimes, at times*

poco a poco *little by little*

A menudo me junto con un grupo de amigos y salimos a cenar **al menos** una vez por semana. Nos gusta cenar **a eso de** las seis, pero raras veces lo hacemos **a tiempo.**	*I often get together with a group of friends and we go out to eat at least once a week. We like to have dinner around six o'clock, but we rarely get to eat on time.*

D The preposition *de*

De is used in the following ways:

1. to indicate origin and source. With verbs of motion, **de** signals the point of departure.

Nos visitan unos amigos **de** México.	*Some friends from Mexico are visiting us.*
Salieron **de** Guadalajara hace una semana.	*They left Guadalajara a week ago.*

2. to locate an hour in the day and a date in the month.

Son las tres **de** la tarde.	*It's three in the afternoon.*
Hoy estamos a 4 **de** diciembre.	*Today is the fourth of December.*

3. to indicate possession, including close association or relationship between objects. In Spanish, possession or ownership must be indicated by the construction *noun* + **de** + *noun* (*owner*). In phrases indicating authorship of a work, the preposition **de,** not **por,** is used.

¿Podremos usar el coche **de** tus padres este fin de semana?	*Will we be able to use your parents' car this weekend?*
Encontré esta piedra en la orilla **del** río.	*I found this rock on the bank of the river.*
Estoy leyendo un cuento **de** Borges. Es interesantísimo.	*I am reading a short story by Borges. It is most interesting.*

4. to indicate the contents of a receptacle.

> Quiero un plato **de** sopa, un vaso **de** agua y más tarde una taza **de** café.
>
> *I want a bowl of soup, a glass of water, and later a cup of coffee.*

5. to link two nouns in order to indicate the material of which something is made. The English equivalent of this construction may be an adjective or a prepositional phrase with *of*.

> Quiero comprarme una camisa **de** seda.
>
> *I want to buy myself a silk shirt.*
>
> Esta mesa es **de** roble.
>
> *This table is (made) of oak.*

6. to form adjectival phrases that call attention to the distinctive characteristic(s) of a person or object. When **de** introduces a descriptive phrase, it frequently corresponds to the English word *with*.

> Nos recibió un muchachito **de** ojos vivos y **de** cara risueña.
>
> *A little boy with lively eyes and a smiling face greeted us.*
>
> ¿Conoces a la señora **de**l vestido azul?
>
> *Do you know the lady in the blue dress?*
>
> Hace frío; debes ponerte una camisa **de** manga larga.
>
> *It is cold; you should put on a long-sleeved shirt.*

7. in some common idiomatic expressions:

de buen/mal humor *in a good/bad mood*

de buena/mala gana *willingly/ unwillingly*

de esta/esa manera (*in*) *this/that way*

de manera/modo *in a manner/way*

de memoria *by heart*

de nada *you're welcome*

de nuevo *again*

de pie *standing up*

de prisa *in a hurry*

de pronto *suddenly*

de repente *suddenly*

de todos modos *anyway, in any case*

de veras *really, truly*

de vez en cuando *from time to time*

> **De vez en cuando** voy a la cafetería de la universidad. Ayer por ejemplo no había mesas disponibles y tuve que comer **de pie** y **de prisa.** Eso me puso **de mal humor.**
>
> *From time to time, I go to the university cafeteria. Yesterday, for instance, there were no tables available and I had to eat standing up and in a hurry. That put me in a bad mood.*

E The preposition *en*

En is used in the following ways:

1. to indicate location when no motion is involved. **En** signals a point in space enclosed within boundaries, corresponding in general to the English words *in*, *within*, or *at*.

> Hay miles de personas **en** el estadio.
>
> *There are thousands of people in the stadium.*
>
> Vamos a juntarnos **en** la cafetería de la universidad.
>
> *We are going to meet at the university cafeteria.*

2. to mean *on* when referring to position. **Sobre** and **encima de** (*on, on top of*) are also used to refer to position, particularly when emphasizing location.

> Deja tus libros **en (sobre)** ese escritorio.
>
> *Leave your books on that desk.*
>
> La carta que buscas está **en (encima de)** la mesa de plástico.
>
> *The letter you are looking for is on (on top of) the plastic table.*

> *Nota gramatical:* Note that in English the verb *to be* can be omitted in adjectival clauses indicating location: *Please pass me the books **that are** on the table.* ➝ *Please pass me the books on the table.* In Spanish the verb **estar** cannot be omitted; the equivalent of the preceding two sentences is: **Páseme, por favor, los libros *que están* sobre la mesa.**

3. to indicate the time when something takes place.

> La boda de mi prima tuvo lugar **en** julio pasado. **En** aquel tiempo yo vivía muy cerca de ella.
>
> *My cousin's wedding took place last July. At that time, I lived very near her.*

4. with a means of transportation. **Por** can also be used with means of transportation.

> Prefiero viajar **en (por)** avión. He viajado **en (por)** tren y es demasiado lento.
>
> *I prefer to travel by plane. I have traveled by train and it is too slow.*

5. in certain idiomatic expressions.

en cambio *on the other hand*	en cuanto a *as far as ... is concerned*
en casa *at home*	en lugar/vez de *instead of*
en medio de *in the middle of*	en seguida *right away*
en punto *on the dot*	en voz alta *aloud*

Pablo va a preparar unos platillos mexicanos **en casa.** Necesita tu ayuda **en vez de** la mía. Y la necesita **en seguida.**

Pablo is going to prepare some Mexican dishes at home. He needs your help instead of mine. And he needs it right away.

◇ F ▷ The preposition *para*

Para is used in the following ways:

1. to introduce phrases that indicate movement or direction toward a destination or goal, or that designate the recipient.

La semana próxima salimos **para** Chicago.

We're leaving for Chicago next week.

Ese autobús va **para** la universidad.

That bus is going to the university.

¿Hay mensajes **para** nosotros?

Are there messages for us?

Trabajo **para** la biblioteca de la universidad.

I work for the university library.

2. in phrases that express purpose and the use for which something is intended.

Este es un recipiente **para** almacenar fruta seca.

This is a container to store dry fruit.

Hablaré con mi jefe **para** pedirle un aumento de sueldo.

I'll talk with my boss to ask him for a raise in salary.

3. in phrases that refer to a specific time limit or a fixed point in time.

Debo terminar este informe **para** el jueves próximo.

I need to finish this report by next Thursday.

No dejes tus tareas **para** el último momento.

Don't leave your homework for the last minute.

To indicate the duration of a period of time, **por** is used. (See p. 108.)

Estudié **por** dos horas.	*I studied for two hours.*

4. to express an implied comparison of inequality when a member of a group is singled out as different from other members of the group.

Ella muestra mucha madurez **para** ser tan joven.	*She shows a great deal of maturity for being so young.*
Preparas platos deliciosos **para** alguien que recién aprende a cocinar.	*You prepare delicious meals for someone who is just beginning to learn how to cook.*

5. to introduce the person holding an opinion or making a judgment.

Para mí, tú cometiste un grave error.	*In my opinion, you made a serious mistake.*
Para mi padre, la familia es muy importante.	*For my father, family is very important.*

◇G◇ The preposition *por*

Por is used in the following ways:

1. to express the cause, reason, or motive of an action.

No fui a clase **por** estar (**por**que estaba) enferma.	*I didn't go to class because I was ill.*
No asistí a la conferencia **por** una emergencia de última hora.	*I didn't attend the lecture because of a last-minute emergency.*

> *Nota gramatical:* Both **por** and **para** can be used before an infinitive. **Por** indicates motive whereas **para** indicates purpose: **No vine por tener demasiado trabajo.** *I didn't come because I had too much work.* **No vine para contarte chistes.** *I didn't come (in order) to tell you jokes.*

2. in passive sentences, to express the agent of an action. (See Chapter 6, Section IV, p. 127 for a discussion of passive constructions.)

Esa novela no fue escrita **por** Carlos Fuentes sino **por** Julio Cortázar.	*That novel was not written by Carlos Fuentes but by Julio Cortázar.*

3. to express motion along or through a place; also to indicate an indefinite location.

Me gusta caminar **por** el río.	*I like to walk along the river.*
Esa pizzería está **por** la Avenida Juárez.	*That pizza place is near Juárez Avenue.*

4. to express a means of transportation or communication.

Mis padres salen para España **por** avión.	*My parents are leaving for Spain by plane.*
Beatriz dice que te va a mandar los libros **por** correo aéreo.	*Beatriz says she's going to send you the books by air mail.*

5. with expressions of time, to indicate the duration or the amount of time something lasts. **Durante** may also be used with the same meaning, or no preposition at all need be used.

Ayer estudié **por** tres horas seguidas.	*Yesterday I studied for three hours in a row.*
Estaré fuera de la ciudad **(por, durante)** dos días.	*I will be out of town for two days.*

6. to express the exchange or substitution of one thing for another.

Pagamos cincuenta dólares **por** una bicicleta usada.	*We paid fifty dollars for a used bicycle.*
Quiero cambiar mi coche **por** uno más nuevo.	*I want to exchange my car for a newer one.*

7. to express a price rate or a rate or unit of measure.

En mi clase de literatura tengo que leer tres novelas **por** mes y escribir un ensayo **por** novela.	*In my literature class I have to read three novels a month and write one essay per novel.*

8. to indicate the person(s) or object(s) *instead of, on behalf of, for the sake of,* or *in favor of* whom or what something is done.

Como mi hermana estaba enferma, yo fui a trabajar **por** ella.	*Since my sister was sick, I went to work for (instead of) her.*
Mi candidato lucha **por** una mejor distribución de la riqueza. Voy a votar **por** él.	*My candidate fights for (on behalf of) a better distribution of wealth. I am going to vote for (in favor of) him.*

9. to introduce the object of an errand after a verb of motion, such as **ir, venir, mandar, regresar, salir,** and **volver.**

Fui por arroz al supermercado.	*I went to the supermarket for rice.*
Me **mandaron** a la farmacia **por** remedios.	*They sent me to the drugstore for medicines.*

10. in common expressions:

por ahora *for the time being*	por lo menos *at least*
por cierto *of course*	por lo tanto *therefore*
por consiguiente *consequently*	por más (mucho) que *however much*
por ejemplo *for example*	por otra parte *on the other hand*
por eso *that's why*	por poco *almost*
por favor *please*	por supuesto *of course*
por fin *finally*	por último *finally*

Por ahora no me interesa cocinar. **Por eso** voy a restaurantes a menudo. **Por supuesto** gasto bastante dinero en comida. **Por lo menos** como bien.	*For the time being, I am not interested in cooking. That's why I often go to restaurants. Of course, I spend plenty of money on food. At least, I eat well.*

H The structure *verb + (preposition) + noun object*

No preposition in Spanish versus preposition in English

In contrast to English, the frequently used verbs **buscar, escuchar, esperar, mirar, pagar,** and **pedir (i)** do not require a preposition before a direct object to complete their meaning. The preposition **a,** or personal **a,** must be used, however, when the direct object is a person. Notice the use of *for* and *at* in the English examples.

<table>
<tr><td>Miro la manifestación.</td><td>I'm looking at the demonstration.</td></tr>
<tr><td>Miro a los manifestantes, quienes piden reformas.</td><td>I'm looking at the demonstrators, who are asking for reforms.</td></tr>
<tr><td>—¿Buscas a alguien?
—Sí, busco a Teresa.</td><td>Are you looking for someone?
Yes, I am looking for Teresa.</td></tr>
</table>

Preposition in Spanish versus no preposition in English

In the case of some verbs, Spanish requires a preposition before a noun object, whereas English does not. The following are some of these verbs.

Verb + preposition *a*	**Verb + preposition *de***
acercarse a *to approach*	abusar de *to abuse*
asistir a *to attend*	acordarse (ue) de *to remember*
jugar (ue) a *to play* [*a game*]	cambiar de *to change*
parecerse a *to resemble*	carecer de *to lack*
renunciar a *to give up*	desconfiar de *to mistrust*
Verb + preposition *con*	disfrutar de/con *to enjoy*
casarse con *to marry*	dudar de *to doubt*
cumplir con *to carry out*	fiarse de *to trust*
Verb + preposition *en*	gozar de/con *to enjoy*
entrar en/a *to enter*	salir de *to leave* [*a place*]
fijarse en *to notice*	olvidarse de *to forget*
confiar en *to trust*	
influir en *to influence*	

<table>
<tr><td>Ayer cambié de opinión y no asistí a mi clase de cocina.</td><td>Yesterday I changed my mind and did not attend my cooking class.</td></tr>
<tr><td>Ese señor carece de gusto. Goza con platos que no saben a nada.</td><td>That gentleman lacks any taste. He enjoys dishes that don't taste of anything.</td></tr>
</table>

Nota gramatical: Spanish verbs such as **buscar, escuchar, esperar, mirar, pagar,** and **pedir** are transitive verbs, i.e., they take a direct object, an object without a preposition. The equivalent English verbs are not transitive; they require a preposition before their object. Likewise, English verbs such as *to abuse, to enjoy, to lack, to leave, to mistrust,* and *to trust* are transitive; they take a direct object, an object without a preposition. The equivalent Spanish verbs are not transitive; they require a preposition before their object. Dictionaries usually use an abbreviation to indicate whether a verb is transitive or not: *v. t.,* for example.

Verbs with different prepositions in Spanish and English

Some Spanish verbs require a preposition that is not a direct translation of the preposition used in English. Compare the following frequently used verbs and prepositions with their English equivalents.

Verb + preposition *con*	**Verb + preposition *en***
contar (ue) con *to count on*	consistir en *to consist of*
soñar (ue) con *to dream of*	pensar (ie) en *to think of/about*
Verb + preposition *de*	**Verb + preposition *por***
admirarse de *to be amazed at*	decidirse por *to decide on*
depender de *to depend on*	felicitar por *to congratulate on*
despedirse (i) de *to say good-by to*	inquietarse por/con *to worry about*
enamorarse de *to fall in love with*	preguntar por *to inquire about*
hablar de *to talk about*	
reírse (i) de *to laugh at*	
servir (i) de *to serve as*	

El éxito de nuestro plan **depende de** ti. **Contamos con** tu apoyo.

Te **felicitamos por** tu matrimonio. **Te enamoraste de** esa joven, **soñabas con** casarte con ella y ahora todo es realidad.

*The success of our plan **depends on** you. We **count on** your support.*

*We **congratulate** you **on** your marriage. You **fell in love with** that young lady, you **dreamed of** marrying her, and now everything has all become reality.*

Summary of important uses of *a*, *de*, *en*, *para*, and *por*

	Usage	Example
a	Direct object referring to people (personal **a**)	Invité **a** Adriana a nuestra fiesta.
	Indirect object	Le pasé el libro **a** tu compañero.
	Direction (*toward*)	Viajaremos **a** Río de Janeiro.
	Time (point in time)	El concierto es **a** las siete.
	Means, manner	Debes escribir el informe **a** máquina.
	Price, rate	Las manzanas están **a** $2 el kilo.
	Simultaneous action	**A**l llegar a casa, vi un accidente.
de	Origin, point of departure	Somos **de** Venezuela.
	Time (of day, dates)	Volvimos a las seis **de** la tarde.
	Possession, close association, authorship	Iré a la casa **de** mis padres. Leo una novela **de** Vargas Llosa.
	Contents	Bebió un vaso **de** vino.
	Material something is made of	Compré un escritorio **de** metal.
	Characteristics	Hable con el señor **de** la camisa azul.
en	Location (*in, on, at*)	Mi hermana está **en** Sevilla. Te veo mañana **en** la universidad.
	Time when something occurs	Estaré de vacaciones **en** julio.
	Means of transportation	Viajo **en** tren.
para	Destination	Salgo **para** Buenos Aires mañana.
	Purpose, goal	Ahorro dinero **para** comprar un coche.
	Time limit; fixed point in time	Veré a mi familia **para** Navidad.
	Implied comparison	Hace calor **para** este mes del año.
	Opinion	**Para** mí, la salud no tiene precio.
por	Cause, reason, motive	Él no vota **por** no tener dieciocho años.
	Agent of an action	El bandido fue detenido **por** la policía.
	Motion along or through a place	El ladrón entró **por** la ventana.
	Means of transportation	Prefiero viajar **por** avión.
	Duration	Estudié **por** cuatro horas.
	Exchange	Te cambio mi coche **por** el tuyo.
	Price, rate	Puedo caminar cuatro millas **por** hora.
	Beneficiary (*on behalf of*)	Hago este sacrificio **por** ti.
	Object of an errand	Pablo vino **por** su chaqueta.

Foco en el léxico: *Preguntar versus pedir*

1. Both **preguntar** and **pedir** mean *to ask*.

2. The verb **preguntar** is used to request information.

Voy a **preguntar** a qué hora abren.	*I am going to ask what time they open.*
¿**Preguntaste** si tienen una sección de no fumar?	*Did you ask if they have a nonsmoking section?*

3. The expression **hacer una pregunta** means *to ask a question.*

Le **hice unas preguntas** sobre el menú.	*I asked him some questions about the menu.*

4. **Preguntar por** means to *inquire about someone or something,* and the reflexive form **preguntarse** expresses *to ask oneself* or *to wonder.*

Preguntemos por Graciela.	*Let's inquire about Graciela.*
Me pregunto si aceptan tarjetas de crédito aquí.	*I wonder if they accept credit cards here.*

5. **Pedir (i)** expresses the English meanings *to ask for, to request someone to do something,* and *to order* (in a restaurant, etc.). Observe in the following examples that **pedir** means *to ask for* and does not require the preposition **por** or **para** to complete its meaning.

¿**Pediste** té con limón?	*Did you order tea with lemon?*
Pediré más pan.	*I'll ask for more bread.*
Le voy a **pedir** a mi profesor que me escriba una carta de recomendación.	*I'm going to ask my professor to write a letter of recommendation for me.*

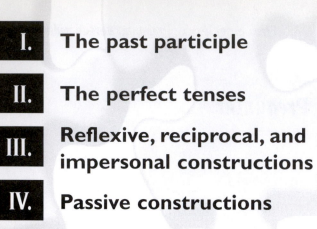

CAPÍTULO

6

The past participle

A Forms

1. The past participle of regular verbs is formed by adding **-ado** to the stem of **-ar** infinitives, and **-ido** to the stem of **-er** and **-ir** infinitives.

-ar verbs	*-er* verbs	*-ir* verbs
mejorar	**establecer**	**decidir**
mejor**ado**	establec**ido**	decid**ido**

When the infinitive stem of an **-er** or **-ir** verb ends in **a, e,** or **o,** a written accent is required on the **i** of the past participle ending **-ido.**

caer	caído	oír	oído
creer	creído	reír	reído
distraer	distraído	roer	roído
leer	leído	traer	traído

2. The following are some of the most common verbs with completely irregular past participles.

Infinitive	Past participle	Infinitive	Past participle
abrir	**abierto**	morir	**muerto**
cubrir	**cubierto**	poner	**puesto**
decir	**dicho**	resolver	**resuelto**
escribir	**escrito**	romper	**roto**
hacer	**hecho**	ver	**visto**
ir	**ido**	volver	**vuelto**

The past participles of verbs with stems similar to the ones in the preceding list have the same irregularities.

Model verb	Related verb	Irregular past participle
abrir	reabrir *to reopen*	reabierto
cubrir	descubrir *to discover*	descubierto
escribir	describir *to describe*	descrito
	inscribir *to inscribe; to register*	inscrito
	transcribir *to transcribe*	transcrito
hacer	deshacer *to undo*	deshecho
	rehacer *to redo*	rehecho
	satisfacer *to satisfy*	satisfecho
poner	componer *to compose*	compuesto
	imponer *to impose*	impuesto
	suponer *to suppose*	supuesto
volver	devolver *to return, give back*	devuelto
	revolver *to stir*	revuelto

 B **Uses**

1. Together with the auxiliary verb **haber,** the past participle forms the perfect tenses. **Haber** agrees with the subject in person and number, but the past participle is invariable. (See Section II, p. 118 of this chapter on the perfect tenses for the conjugations of **haber.**)

La globalización **ha facilitado** el progreso tecnológico, **ha abierto** nuevas oportunidades económicas y **ha traído** beneficios a los consumidores.	*Globalization has facilitated technological progress, has opened up new economic opportunities, and has brought benefits to consumers.*
He recibido la solicitud de trabajo, pero todavía no la **he llenado** porque hasta ayer tú no me **habías dado** más detalles sobre el puesto.	*I have received the job application form, but I haven't filled it out yet because until yesterday you had not given me more details on the position.*

2. Together with **ser,** the past participle forms the passive voice. The participle agrees in gender and number with the subject of the sentence. (See Section IV, p. 127 of this chapter on passive constructions.)

Unos economistas **fueron entrevistados** por los periodistas del periódico local.

Some economists were interviewed by the journalists of the local newspaper.

Las relaciones internacionales **han sido fortalecidas** por la globalización.

International relations have been strengthened by globalization.

3. **Estar** + a past participle is used to express a condition or state that is the result of a previous action. The past participle agrees in gender and number with the subject. (See Chapter 3, Section I, p. 49 on **ser** and **estar** + a past participle.)

Rompí el jarrón de porcelana. El jarrón de porcelana **está** roto.

I broke the china vase. The china vase is broken.

Los gases de los vehículos contaminan el aire. El aire **está** contaminado.

The fumes from vehicles contaminate the air. The air is contaminated.

Solucionamos los problemas ambientales. Los problemas ambientales **están** solucionados.

We solved the environmental problems. The environmental problems are solved.

4. The past participle can be used as an adjective. As such, it agrees in gender and number with the noun it modifies.

La conferencia **planeada** para el viernes próximo ha sido aplazada.

The lecture planned for next Friday has been postponed.

Las nuevas medidas económicas **tomadas** por el gobierno han sido bien recibidas.

The new economic measures taken by the government have been well received.

Los artículos **publicados** en el periódico de hoy son muy polémicos.

The articles published in today's newspaper are very controversial.

5. The past participle can also be used to introduce an adverbial phrase that expresses time or reason. If the participle has an object, that object comes after the participle.

Terminados los análisis del mercado, abrieron el nuevo negocio.	*Once the market analyses were finished, the new business opened.*
Recibido el mensaje, lo contestamos de inmediato.	*Once the message was received, we answered it right away.*

> ***Nota gramatical:*** This construction is seldom found in the spoken language. To convey the same message, an adverbial clause is more common: **Una vez que terminaron los estudios del mercado, abrieron el negocio** or **Cuando terminaron los estudios del mercado, abrieron el negocio.**

The perfect tenses

The perfect tenses are formed by combining the auxiliary verb **haber** with the past participle of the principal verb. For the present perfect, the auxiliary verb **haber** is conjugated in the present tense; for the past perfect, **haber** is conjugated in the imperfect; and for the future perfect, in the future.

 A Forms

Present perfect	Past perfect	Future perfect
he trabajado	**había** trabajado	**habré** trabajado
has trabajado	**habías** trabajado	**habrás** trabajado
ha trabajado	**había** trabajado	**habrá** trabajado
hemos trabajado	**habíamos** trabajado	**habremos** trabajado
habéis trabajado	**habíais** trabajado	**habréis** trabajado
han trabajado	**habían** trabajado	**habrán** trabajado

Nota gramatical: The perfect tenses conjugated above are three commonly used ones. Perfect tenses not included in the chart above are the conditional perfect and the perfect tenses of the subjunctive. The use of the conditional perfect **(yo habría trabajado)** in **si** clauses is covered in Chapter 10, Section I, p. 193. The present perfect subjunctive **(yo haya trabajado)** and the past perfect subjunctive **(yo hubiera/hubiese trabajado)** are studied in Chapter 9, Section I, p. 175.

1. Regardless of the gender or number of the subject of the perfect tense, the past participle is invariable; it always ends in **-o.**

La globalización **ha acelerado** el progreso económico, pero las diferencias entre países ricos y pobres no **han desaparecido.**	*Globalization has accelerated economic progress, but the differences between rich and poor countries have not disappeared.*

2. No word may come between **haber** and the past participle. Thus, object pronouns are placed before the auxiliary, as is the adverb **no** (**no** precedes object pronouns). Other adverbs, such as **ya, todavía,** and **recientemente,** may either precede the auxiliary or come after the past participle.

La contaminación de los ríos no **ha desaparecido** totalmente todavía, pero creen que para dentro de cinco años ya **habrá disminuido.**	*River pollution has not totally disappeared yet, but they think that in five years it will have already decreased.*
He pensado en el trabajo de investigación que voy a hacer, pero no lo **he escrito** todavía.	*I've thought about the research paper I'm going to do, but I haven't written it yet.*

B Uses

Use of the present perfect

1. The present perfect is used to refer to past events that have been completed prior to the present moment and that have some bearing on the present. (Consult Chapter 2, Section II, p. 39 for the use of **hacer** in ongoing events.)

Le **hemos enviado** a tu abogado los documentos que pidió. ¿Los **ha recibido** ya?	*We have sent your lawyer the documents he requested. Has he received them yet?*

Ha aumentado mucho últimamente el número de empresas multinacionales.	*The number of multinational companies has increased a lot lately.*

2. The present perfect is also used with time references such as **hoy, esta semana, este mes,** and **este año,** when the reference is to a present time that has not yet ended. However, the simple preterit is used when the speaker views the action as finished and therefore detached from the current moment.

—Yo no **he visto** a Yolanda esta mañana. ¿Tú la **has visto?**	*I haven't seen Yolanda this morning. Have you seen her?*
—Sí, la **vi** muy temprano esta mañana, pero ya **se fue.**	*Yes, I saw her very early this morning, but she left.*
Ud. no **ha recibido** ninguna carta hoy.	*You haven't received any letters today. (Mail delivery not over)*
Ud. no **recibió** ninguna carta hoy.	*You didn't receive any letters today. (Mail delivery over)*

Use of the past perfect

The past perfect tense is used to show that a past action was completed prior to the start of another past action (stated or implied) or prior to a specific time in the past. (Consult Chapter 2, Section II, p. 39 for the use of **hacer** in actions continuing in the past.)

Ayer vi varias calles inundadas porque la noche anterior **había llovido** mucho.	*Yesterday I saw several flooded streets because it had rained a lot the night before.*
Ayer antes de las diez de la mañana el correo ya **había llegado.**	*Yesterday before 10 A.M. the mail had already arrived.*

Use of the future perfect

The future perfect is used to show that a future action will have been completed prior to the start of another future action or prior to a specific time in the future.

El viernes a más tardar ya **habrán descontaminado** la laguna del Parque Central.	*By next Friday at the latest they will have already decontaminated the lagoon in Central Park.*

| Yo volveré a casa el domingo y se supone que mi compañero de cuarto **habrá llegado** el día anterior. | *I will return home Sunday, and it is expected that my roommate will have arrived the day before.* |

See Chapter 10, Section I, p. 193 for use of the conditional perfect in **si** clauses and Chapter 9, Section I, p. 175 for use of the perfect tenses of the subjunctive.

Reflexive, reciprocal, and impersonal constructions

A ▸ Reflexives

Forms and position

Subject pronouns	Corresponding reflexive pronouns
yo	me
tú	te
él, ella; Ud.	**se**
nosotros/as	nos
vosotros/as	os
ellos, ellas; Uds.	**se**

Reflexive pronouns have the same positions as direct- and indirect-object pronouns: They precede the conjugated verb in simple and compound tenses and in negative commands; they are attached to the end of the verb in affirmative commands; in a sequence of a conjugated verb followed by an infinitive or a present participle, they may be attached to the infinitive or to the present participle, or they may precede the conjugated verb. A reflexive pronoun comes before direct- or indirect-object pronouns. (See Chapter 4, Section III, p. 77 for the position of object pronouns.)

Me levanto temprano; siempre **me** he levantado temprano.

¡No te sientes aquí! ¡Siénta**te** en esa silla!

Nos debemos controlar mejor. / Debemos controlar**nos** mejor.

Sofía **se** lavó el pelo y ahora **se lo** está peinando. / Sofía **se** lavó el pelo y ahora está peinándo**selo.**

I get up early; I have always gotten up early.

Don't sit here! Sit down on that chair!

We should control ourselves better.

Sofía washed her hair and is now combing it.

Uses

1. Reflexive pronouns are used to indicate that the direct or indirect object in a sentence is the same as its subject, thus showing that the subject both performs and receives the action. Observe the difference in meaning of the following nonreflexive and reflexive constructions.

Nonreflexive	Reflexive
Paco defiende a Tomás. **Lo** defiende. *Paco defends Tomás. He defends him.*	Paco **se** defiende. **Se** defiende. *Paco defends himself. He defends himself.*
Ana enoja a Rita. **La** enoja. *Ana makes Rita mad. She makes her mad.*	Ana se enoja. **Se** enoja. *Ana gets mad. She gets mad.*
Paco **le** lava la cara al bebé. *Paco washes the baby's face.*	Paco **se** lava la cara. *Paco washes his (own) face.*
Le compré un regalo a mi hermanita. *I bought a present for my little sister.*	**Me** compré un regalo. *I bought a present for myself.*

2. In the case of some verbs, the reflexive pronoun is an integral part of the verb and does not indicate that the action goes back to the subject. The pronoun **se** placed immediately after the infinitive identifies such verbs as reflexive.

abstenerse *to abstain*	arrepentirse (ie, i) *to repent*	atreverse *to dare*
ausentarse *to be absent*	dignarse *to deign*	jactarse *to boast*

quejarse *to complain*

rebelarse *to revolt*

suicidarse *to commit suicide*

Muchos **se quejan** de las empresas multinacionales y **se rebelan** contra la globalización.

Many complain about multinational companies and rebel against globalization.

3. Many verbs that indicate a change in body position or a mental or physical change are reflexive in Spanish but not in English.

Change in body position	Mental change	Physical change
acostarse (ue) *to go to bed*	aburrirse *to get bored*	cansarse *to get tired*
agacharse *to crouch*	alegrarse *to become happy*	debilitarse *to weaken, grow weaker*
arrodillarse *to kneel down*	avergonzarse (üe) *to be ashamed*	desmayarse *to faint*
hincarse *to kneel down*	enojarse *to get mad, angry*	enfermar(se) *to get sick*
inclinarse *to bow; to lean*	enorgullecerse *to be proud*	enrojecer(se) *to blush*
levantarse *to get up*	entristecerse *to become sad*	fatigarse *to get tired*
pararse *to stand up; to stop*	indignarse *to become indignant*	fortalecerse *to get strong*
sentarse (ie) *to sit down*	ofenderse *to feel offended*	resfriarse *to get a cold*
	preocuparse *to worry*	
	sorprenderse *to be surprised*	

Note that in the case of mental and physical change, the English equivalent is often *to become* or *to get* + an adjective. (See also Chapter 3, Section VI, p. 68.)

Los padres **se enojaron** porque el niño **se acostó** tarde.

The parents got mad because the child went to bed late.

El hombre **se inclinó** hacia adelante y luego **se desmayó.**

The man leaned forward and then he fainted.

4. Other verbs change in meaning when used reflexively.

Nonreflexive	Reflexive
acercar *to bring near*	acercarse *to approach*
acordar (ue) *to agree on*	acordarse (ue) *to remember*
comportar *to entail; to endure*	comportarse *to behave*
enterar *to inform*	enterarse *to find out*
equivocar *to mistake (A for B)*	equivocarse *to be mistaken*
ir *to go*	irse *to leave*
llamar *to call*	llamarse *to be called (named)*
morir (ue, u) *to die*	morirse (ue, u) *to die (nonviolently)*
parecer *to seem*	parecerse *to resemble*
preguntar *to ask (a question)*	preguntarse *to wonder*

Acércate; acerca esa silla.

Come near me; bring that chair near.

Julia **se parece** a su mamá; **parece** que eso no le gusta mucho.

Julia resembles her mother; it seems that she doesn't like that too much.

5. The reflexive pronoun **se** is used in sentences that describe unintentional, unplanned occurrences that are the result of chance rather than of conscious decision. The person involved in the action or who inadvertently caused it to happen is viewed as the indirect object (the person to whom something happens); the inanimate object is the grammatical subject of the action and normally appears at the end of the sentence. The initial phrase beginning with **a** in the following diagram is optional. The verb is always in the third person singular or plural.

(*a* + noun/ pronoun)	Reflexive pronoun *se*	Indirect-object pronoun	Verb	Subject	
A mi hermano	se	le	perdió	el anillo.	*My brother lost his ring.*
A mí	se	me	rompieron	las gafas.	*I broke my glasses.*
	Se	nos	quebró	un jarrón.	*A vase broke on us. / We broke a vase.*
	Se	te	olvidaron	las llaves.	*You forgot your keys.*

Verbs that are frequently used to express accidental or unplanned events include **acabar, caer, descomponer, ocurrir, olvidar, perder (ie), quebrar (ie),** and **romper.**

¡A Tano **se le ha ocurrido** una idea genial!	*Tano has come up with a brilliant idea!*
Se nos acabó la gasolina.	*We ran out of gas.*
Se me descompuso el coche.	*My car broke down on me.*

Nota gramatical: The reflexive construction in unplanned occurrences signals that the person involved in the action (the indirect object) is not really responsible for that action. Thus, the sentence **Rompí el jarrón** may indicate a deliberate or an accidental action depending on the context, whereas **Se me rompió el jarrón** can only refer to an accident.

B Reciprocals

1. The plural reflexive pronouns **nos, os,** and **se** are also used to indicate reciprocal actions. In English, *each other* or *one another* expresses reciprocal action. Some common verbs used in reciprocal constructions include **abrazarse, amarse, ayudarse, besarse, casarse, comprometerse, darse la mano, despedirse (i), escribirse, felicitarse, saludarse,** and **telefonearse.**

Las dos empresarias **se dieron la mano** y **se felicitaron** después de firmar el convenio.	*The two businesswomen shook hands and congratulated each other after signing the agreement.*

Mónica y Benito **se aman;** si no
se ven, se telefonean o **se
escriben.**

*Mónica and Benito love each
other; if they don't see each
other, they phone or write each
other.*

2. Although structurally a reciprocal construction is identical to a reflexive
construction with a plural subject, in actual communication the specific
context or the meaning of the verb generally indicates which meaning
(either reflexive or reciprocal) is intended. However, if clarification
becomes necessary, phrases such as **uno/a/s a otro/a/s, entre sí,** or **mutua-
mente** may be used for the reciprocal construction; **a sí mismo/a/os/as,** for
the reflexive construction.

Los hermanos **se abrazaron;**
pronto iban a **separarse.**

*The brothers embraced each
other; they would soon part
company.*

Los miembros del equipo **se
miraron** con asombro
cuando llegó el nuevo dueño.
¡Era una mujer!

*The team members looked at
each other with astonishment
when the new owner arrived.
It was a woman!*

Los atletas **se miraron.**

*The athletes looked at
themselves/at each other.*

Los atletas **se miraron unos a
otros.**

The athletes looked at each other.

Los atletas **se miraron a sí
mismos.**

The athletes looked at themselves.

◇ C ◇ Impersonal *se*

1. The pronoun **se** with a singular verb can be used to indicate that a sentence
has an indefinite subject or that no individual in particular performs an
action.

Se vive bien en este país.
Se dice que el consumismo
continuará.
No **se permite** estacionar aquí.

People live well in this country.
*They say consumerism will
continue.*
*One is not allowed to park here. /
Parking is not allowed here.*

2. There are several English equivalents of the impersonal construction with **se.**

Se trabaja mucho en esta oficina.	*People work a lot in this office.* *They (indeterminate) work a lot in this office.* *One works a lot in this office.* *You (indeterminate) work a lot in this office.*

3. The word **uno** is used to express an impersonal statement with reflexive verbs in order to differentiate between a personal subject (*he, she, you*) and the indefinite use of **se** (*one, people,* etc.).

Se siente bien después de hacer ejercicio. (= Él/Ella/Ud. se siente bien…)	*He/She feels good after exercising. / You feel good after exercising.*
Uno se siente bien después de hacer ejercicio.	*One feels good after exercising.*

See Section IV, below, of this chapter for use of passive **se.**

IV Passive constructions

A Active versus passive constructions

1. The *active voice* is used when the subject performs the action expressed by the verb and the direct object is the element acted upon. This construction places the main focus of interest on the performer of the action (= active subject) rather than on the receiver (= direct object).

Active voice		
Subject	**Action**	**Element acted upon**
Cervantes	**escribió**	*El Quijote.*
La directora	**despidió**	a varios empleados.

2. The *passive voice* is used when the element acted upon is the grammatical subject of the sentence. The direct object has been turned into a passive subject to show that the main focus of interest has shifted from the performer to the receiver of the action.

Passive voice		
Element acted upon	**Passive action**	**Agent**
El Quijote	**fue escrito**	por Cervantes.
Varios empleados	**fueron despedidos**	por la directora.

3. The passive construction takes a form of **ser** + a past participle. The performer of the action (agent), if mentioned, is expressed by a prepositional phrase introduced by **por.**

Varios empleados **fueron despedidos por** la nueva directora.	*Several employees were fired by the new director.*
El término "globalización" **fue usado** primero en contextos económicos.	*The term "globalization" was first used in economic contexts.*

4. The past participle in the passive construction functions as an adjective and, therefore, agrees in gender and number with the subject of the sentence.

Las compañías multinacionales son **alabadas** por unos, **criticadas** por otros.	*Multinational companies are praised by some, criticized by others.*
Todas las carreteras serán **reparadas** el próximo verano.	*All of the highways will be repaired next summer.*

Nota gramatical: Both **ser** and **estar** may be followed by a past participle. **Ser** describes an action, a passive action; **estar** describes the result of the action. **El aire es contaminado diariamente por los miles de vehículos que circulan por la ciudad y, como resultado, el aire está contaminado.** *The air is contaminated daily by the thousands of vehicles that travel through town and, as a result, the air is (has become) contaminated.* See Chapter 3, Section I, p. 49 for **ser** and **estar** followed by a past participle.

B Alternatives to the passive voice

The passive voice is used much less frequently in Spanish than in English. As a consequence, active alternatives such as the **se** construction, a verb in the third person plural, or the reversal of the normal subject + verb + direct object word order are generally preferred as substitutes.

Se construction

1. The pronoun **se** (without its reflexive meaning) is frequently used in situations in which the performer of the action is irrelevant, too indefinite to pinpoint, or unknown and, therefore, not mentioned. Note the several English equivalents of this **se** construction.

Se gasta más dinero hoy que antes.	*More money is spent now than before.* *They* (impersonal) *spend more money now than before.* *You* (impersonal) *spend more money now than before.* *People spend more money now than before.* *One spends more money now than before.*

2. The **se** construction is formed by the pronoun **se** + a verb in the third person. A noun referring to an inanimate object or objects, or to an anonymous person or persons functions as the subject of the **se** construction and normally follows the verb; the verb agrees with the subject.

Hoy **se publicó** sólo un artículo sobre la crisis financiera actual. Ayer **se publicaron** cinco artículos sobre el mismo tema.	*Today only one article on the current financial crisis was published. Yesterday five articles on the same subject were published.*
En esta oficina no **se necesita** sólo una secretaria; **se necesitan** tres por lo menos.	*In this office they don't need just one secretary; they need at least three.*

3. A noun referring to a specific person or persons functions as the direct object of the **se** construction and is preceded by the preposition **a;** the verb is always conjugated in the third person singular.

No **se ha designado a** la investigadora de mercado de nuestra empresa; dicen que **se nombrará a** una administradora europea.	*The market researcher of our company has not been selected; they say a European administrator will be appointed.*

Nota gramatical: The preposition **a** indicates that the following noun phrase is a direct object, not a subject, thus preventing ambiguity in some cases. In sentences such as **Se defendió la supervisora** (without the preposition **a**) the noun phrase **la supervisora** is interpreted as the subject, the pronoun **se** is a reflexive pronoun, and thus the sentence means only *The supervisor defended herself*. In sentences such as **Se defendió *a* la supervisora** (with the preposition **a**) the noun phrase **la supervisora** is interpreted as a direct object, the pronoun **se** is not reflexive, indicating that the agent is irrelevant, and the sentence means *The supervisor was defended* or *They* (indeterminate) *defended the supervisor*.

4. Both passive **se** and impersonal **se** indicate that the performer of an action is unknown or irrelevant; thus, the distinction in meaning is minimal.

Se cultiva trigo aquí.	*Wheat is grown here (passive). / People grow wheat here (impersonal).*

There is, however, a grammatical distinction: Passive **se** is used with verbs that take a direct object, whereas impersonal **se** can be used with any type of verb. Also, passive **se** is used with verbs conjugated in the third person *singular or plural*, impersonal **se** with verbs conjugated in the third person *singular only*. The table that follows summarizes the grammatical classification.

With verbs that take a direct object		
Singular nonhuman noun	Aquí **se** culti**va** trigo.	passive or impersonal **se**
Plural nonhuman noun	Aquí **se** culti**van** papas.	passive **se** only (plural verb)
Singular or plural human noun	**Se** castig**ó** al criminal/ a los criminales.	passive or impersonal **se**
With verbs that do not take a direct object		
	Se vive bien aquí.	impersonal **se** only

Verb in the third person plural form

When the performer of an action is not mentioned, another alternative frequently used is an active construction with the indefinite third person plural form of the verb.

Construirán una nueva carretera en este lugar.	*They will build a new highway in this place. / A new highway will be built in this place.*
No **permiten** estacionar aquí.	*Parking is not allowed here. / They don't allow parking here.*
Necesitan una secretaria en la oficina. **Han entrevistado** a cinco personas para el puesto.	*They need a secretary in the office. They have interviewed five people for the position.*

Nota gramatical: A verb in the third person plural without a subject pronoun may refer to specific individuals or undetermined, unknown ones, depending on context. Compare the following two contexts:

El negocio de Ernesto y Pilar marcha mal; *despidieron* **a muchos trabajadores** (or *ellos despidieron* **a muchos trabajadores**). *Ernesto and Pilar's business is not doing well; they (= Ernesto and Pilar) fired many workers.*

La economía marcha mal; *despidieron* **a muchos trabajadores.** *The economy is not doing well; they* (indefinite) *fired many workers* (or *many workers were fired*).

The subject pronoun **ellos** cannot be used in this last sentence; the verb alone conveys the idea that no specific person is doing the firing.

Reversal of *subject + verb + direct object* word order

An active sentence in which normal word order (subject + verb + direct object) is reversed (direct object + verb + subject) is sometimes used rather than the passive voice. When this happens, a redundant direct-object pronoun must be added before the verb to show that what precedes it, though in an initial position, is not the subject but the direct object of the verb.

La manifestación contra las compañías transnacionales la organizó un sindicato de trabajadores.	*The demonstration against transnational companies was organized by a worker's union.*

Las elecciones municipales no **las** ganaron los socialistas.

A estos empleados los supervisa la señora Avendaño. **A aquéllos los** supervisa el señor Gutiérrez.

The municipal elections weren't won by the socialists.

These employees are supervised by Mrs. Avendaño. Those are supervised by Mr. Gutiérrez.

Foco en el léxico: Spanish equivalents of *to miss*

The Spanish verbs and expressions **perder(se) (ie), faltar, hacer falta, echar de menos,** and **extrañar** can each express the English verb *to miss* or *to be missing,* even though they may also have other meanings. Which verb is used depends upon the context. Note that although these five expressions are the ones most frequently used to express *to miss,* other verbs can also be used.

1. **Perder** is used to refer to missing a means of transportation or an opportunity. Some sense of responsibility for the loss is expressed or implied.

Llegué tarde al aeropuerto y **perdí** mi vuelo.

Sin una buena educación, los jóvenes **pierden** muchas oportunidades.

I arrived late at the airport and missed my flight.

Without a good education, young people miss many opportunities.

2. **Perderse** is used in the sense of missing an event, an activity, or a moment, especially something pleasant or exciting, or of special interest to the person(s) affected. **Perderse** expresses an emotional involvement or intensity that is lacking with **perder.**

—Si vas a Miami, **te perderás** la cena de bienvenida para el nuevo director.

—Lo malo es que **voy a perderme** el primer partido de fútbol de mi hijo.

If you go to Miami, you'll miss out on the banquet to welcome the new director.

What's really bad is that I'll miss my son's first soccer game.

3. **Faltar (a)** means *to miss* in the sense of simply not attending a class, an appointment, or some other event; no sense of responsibility is implied. **Faltar** is used to indicate that someone or something is not present.

¿Por qué **faltaron** tantos estudiantes a clase ayer?	*Why did so many students miss class yesterday?*
Fue una reunión muy caótica; en primer lugar, **faltaron** muchas sillas.	*It was a very chaotic meeting; in the first place, a lot of chairs were missing.*

4. **Hacer falta** is used to indicate that something is lacking, although desired or needed. **Hacer falta,** in the sense of *to miss* or *to be missing,* implies a certain degree of need for the absent person or thing.

Para mí, **hace falta** más comprensión de nuestro sistema económico.	*In my opinion, more understanding of our economic system is needed.*
Juan no estuvo allí; nos **hizo falta** su sentido del humor.	*Juan wasn't there; we missed his sense of humor.*

5. To miss someone or something in an emotional way is most often expressed with **echar de menos** or **extrañar.** Both suggest regret for the absence. Although **hacer falta** can also be used with this meaning, it occurs much less frequently.

Ya me gradué, pero **echo de menos** la rutina académica.	*I just graduated, but I miss the academic routine.*
También **extraño** mucho a mis compañeros de clase.	*I also miss my classmates a great deal.*
Me **hace falta** el ambiente universitario.	*I miss the university environment.*

CAPÍTULO

7

The forms of the present subjunctive

The subjunctive and the indicative are the two main verbal moods in Spanish. *Mood* is used to indicate the speaker's point of view regarding the action expressed. When a verbal action is presented as true to objective reality, the *indicative* mood is used to express it. On the other hand, when the action is presented as hypothetical, doubtful, not having any reality outside of the speaker's mind, or colored by the speaker's subjectivity, the *subjunctive* mood is chosen.

A Endings

1. All verbs use the following endings in the present subjunctive.

	-ar verbs	*-er* and *-ir* verbs
yo	**-e**	**-a**
tú	**-es**	**-as**
él, ella; Ud.	**-e**	**-a**
nosotros/as	**-emos**	**-amos**
vosotros/as	**-éis**	**-áis**
ellos, ellas; Uds.	**-en**	**-an**

2. Note that the present subjunctive endings are similar to the present indicative endings. The present subjunctive endings are characterized by a vowel shift: endings of **-ar** verbs all begin with the vowel **e**; endings of **-er** and **-ir** verbs all begin with the vowel **a**.

B Normally derived stems

The present subjunctive stem of most verbs is formed by dropping the **-o** ending of the first person singular present indicative and adding the appropriate **-e** endings in the case of **-ar** verbs, and **-a** endings in that of **-er** and **-ir** verbs. This applies to regular verbs, to some verbs that have a spelling change in the present indicative, and to verbs that have an irregular first person in the present indicative. (See Chapter 1, Section I, p. 2 for verbs with spelling changes and for a more complete list of verbs with irregularities in the present indicative.)

	Present indicative: yo form	Present subjunctive
Regular verbs		
viajar	viaj**ø**	viaje, viajes, viaje, viajemos, viajéis, viajen
beber	beb**ø**	beba, bebas, beba, bebamos, bebáis, beban
decidir	decid**ø**	decida, decidas, decida, decidamos, decidáis, decidan
Verbs with a spelling change in the present indicative		
continuar	contin**ú**ø	continúe, continúes, continúe, continuemos, continuéis, continúen
conven**c**er	conven**z**ø	convenza, convenzas, convenza, convenzamos, convenzáis, convenzan
ele**g**ir	eli**j**ø	elija, elijas, elija, elijamos, elijáis, elijan
prote**g**er	prote**j**ø	proteja, protejas, proteja, protejamos, protejáis, protejan
distin**gu**ir	distin**g**ø	distinga, distingas, distinga, distingamos, distingáis, distingan
incluir	inclu**y**ø	incluya, incluyas, incluya, incluyamos, incluyáis, incluyan
Verbs with an irregular first person singular in the present indicative		
conocer	conozc**ø**	conozca, conozcas, conozca, conozcamos, conozcáis, conozcan
hacer	hag**ø**	haga, hagas, haga, hagamos, hagáis, hagan
oír	oig**ø**	oiga, oigas, oiga, oigamos, oigáis, oigan
poner	pong**ø**	ponga, pongas, ponga, pongamos, pongáis, pongan
salir	salg**ø**	salga, salgas, salga, salgamos, salgáis, salgan
traducir	traduzc**ø**	traduzca, traduzcas, traduzca, traduzcamos, traduzcáis, traduzcan
ver	ve**ø**	vea, veas, vea, veamos, veáis, vean

Es necesario que **camines** más, que no **bebas** tanto café y que **hagas** lo que dice el médico. Habla conmigo cuando **decidas** comprar un coche. Es importante que **elijas** un buen modelo.

It's necessary for you to walk more, not drink so much coffee, and do what the doctor says. Talk to me when you decide to buy a car. It's important for you to choose a good model.

C Irregularities

Spelling changes in the present subjunctive

Some verbs require a spelling change to preserve the pronunciation of the final stem consonant. In the present subjunctive, these changes affect all persons. (Consult Chapter 1, Section I, p. 2 for verbs with a spelling change in the present indicative.)

Verbs affected	Spelling change	Model verb		Other verbs
-car	**c → qu**	sa**car**		atacar
		sa**que**	sa**que**mos	buscar
		sa**que**s	sa**qué**is	indicar
		sa**que**	sa**que**n	tocar
-gar	**g → gu**	lle**gar**		entregar
		lle**gue**	lle**gue**mos	jugar (ue)
		lle**gue**s	lle**gué**is	pagar
		lle**gue**	lle**gue**n	rogar (ue)
-zar	**z → c**	alcan**zar**		almorzar (ue)
		alcan**ce**	alcan**ce**mos	comenzar (ie)
		alcan**ce**s	alcan**cé**is	empezar (ie)
		alcan**ce**	alcan**ce**n	lanzar
-guar	**u → ü**	averi**guar**		apaciguar
		averi**güe**	averi**güe**mos	atestiguar
		averi**güe**s	averi**güé**is	
		averi**güe**	averi**güe**n	

Es necesario que no **busques** excusas y que **pagues** tus cuentas.	*It's necessary for you not to look for excuses and for you to pay your bills.*
Es urgente que **averigüe** Ud. a qué hora llega el avión.	*It is urgent that you find out what time the plane is arriving.*

Stem-changing verbs in the present subjunctive

Stem-changing verbs ending in **-ar** and **-er** have the same pattern in the subjunctive as in the present indicative: The stem change affects all persons except for the **nosotros** and **vosotros** forms. (See Chapter 1, Section I, p. 3 for a more complete list of stem-changing verbs in the present indicative.)

	pensar (e → ie)		volver (o → ue)	
Model verbs	piense		vuelva	
	pienses		vuelvas	
	piense		vuelva	
	pensemos		volvamos	
	penséis		volváis	
	piensen		vuelvan	
Other verbs	comenzar	perder	contar	poder
	defender	querer	devolver	recordar
	encender	recomendar	jugar (u → ue)	resolver
	entender	sentar(se)	oler (o → hue-)	soñar

Stem-changing verbs ending in **-ir** show the same changes in the present subjunctive as in the present indicative and an additional change (**e → i; o → u**) that affects the **nosotros** and **vosotros** forms. (See Chapter 1, Section I, p. 3 for a more complete list of stem-changing verbs in the present indicative.)

	preferir (e → ie, i)		dormir (o → ue, u)	pedir (i → i)	
Model verbs	prefiera		duerma	pida	
	prefieras		duermas	pidas	
	prefiera		duerma	pida	
	prefiramos		durmamos	pidamos	
	prefiráis		durmáis	pidáis	
	prefieran		duerman	pidan	
Other verbs	adquirir (i → ie)	mentir	morir	conseguir*	reír**
	divertir	sentir		corregir*	seguir*
				elegir*	sonreír**

*These verbs also have spelling changes in the present indicative as described in the table on p. 136.

****Reír** and **sonreír** conjugate in the present subjunctive as follows: **ría, rías, ría, riamos, riáis, rían.**

Quiero que **piense** en mi oferta y
que **vuelva** mañana, si le
interesa.

*I want you to think about my
offer and to come back
tomorrow, if it interests you.*

Espero que te **diviertas** en la
reunión de tu club de turismo
y que no te **duermas** durante
la película, como la última vez.

*I hope you have a good time at
your tourist club meeting and
that you won't fall sleep during
the movie, like last time.*

Irregular verbs

The following six verbs are irregular in the present subjunctive. Note that the
first person singular of the present indicative of these verbs does not end in **-o.**

haber	ir	saber	ser	dar*	estar*
haya	vaya	sepa	sea	dé	esté
hayas	vayas	sepas	seas	des	estés
haya	vaya	sepa	sea	dé	esté
hayamos	vayamos	sepamos	seamos	demos	estemos
hayáis	vayáis	sepáis	seáis	deis	estéis
hayan	vayan	sepan	sean	den	estén

*__Dar__ and **estar** are considered irregular because of the accent marks some
of the forms carry. Although one-syllable words do not generally require a
written accent, the first and third person singular forms of **dar (dé)** have
an accent to distinguish them from the preposition **de.** See also Appendix
B: Written Accent Marks.

No creo que **haya** una buena
explicación para el misterio de
los moais.

*I don't think there is a good
explanation for the mystery of
the moais.*

Es importante que el hotel **sea**
espacioso y que **esté** cerca del
mar.

*It is important that the hotel be
spacious and that it be near
the sea.*

Nota gramatical: What is irregular in the present subjunctive of the
verbs **haber, ir, saber,** and **ser** is the stem: **hay-, vay-, sep-,** and **se-,**
respectively. The endings are the regular endings of **-er** and **-ir** verbs: **-a,
-as, -a, -amos, -áis, -an.**

The subjunctive in noun clauses

1. The subjunctive is used very frequently in Spanish, mostly in dependent clauses. A dependent clause is a group of words that contains a conjugated verb but that cannot stand alone as a sentence. Dependent clauses function as nouns (noun clauses), adjectives (adjective or relative clauses), or adverbs (adverbial clauses).

noun	Quiero ese **libro.** *I want that book.*
noun clause	Quiero **que me pases ese libro.** *I want you to pass me that book.*
adjective	¿Ves el puente **destruido** allí? *Do you see the destroyed bridge there?*
adjective clause	¿Ves el puente **que han destruido** allí? *Do you see the bridge they have destroyed there?*
adverb	Hablaremos **pronto.** *We'll talk soon.*
adverbial clause	Hablaremos **tan pronto como tú regreses.** *We'll talk as soon as you return.*

2. Generally, an expression that reflects doubt, disbelief, emotion, desires, or suggestions made to influence another person's actions is followed by the subjunctive in a dependent clause.

Indicative mood	**Subjunctive mood**
Sé que la Isla de Pascua **pertenece a Chile.**	Dudo que la Isla de Pascua **pertenezca** a Perú.
I know that Easter Island belongs to Chile.	*I doubt that Easter Island belongs to Peru.*
Veo que **caminas** más cada día.	Te recomiendo que **camines** más.
I see that you are walking more every day.	*I recommend that you walk more.*
Es verdad que **viajaré** a Chile pronto.	Es estupendo que **visite** Santiago pronto.
It is true that I'll soon travel to Chile.	*It is great that I'll visit Santiago soon.*

This section deals with the main uses of the subjunctive in noun clauses. See Chapter 8, Section III, p. 171 for use of the subjunctive in adjective clauses and Chapter 9, Section III, p. 182 for use of the subjunctive in adverbial clauses.

A Attempting to influence behavior

1. The subjunctive is used in a dependent clause after a verb or an expression that shows an attempt to influence someone's behavior or attitude. Verbs and expressions of influencing may be as strong as commands or demands, or as mild as recommendations, suggestions, and pleadings. Expressions of desire or hope are also means of influencing. In each case, the subject of the main verb expresses the desire or preference that someone do something or that something take place.

Mi doctor quiere que **deje** de fumar.	*My doctor wants me to quit smoking.*
Es mejor que **vuelvas** a la una.	*It's better that you come back at one o'clock.*
Voy a pedirle al camarero que nos **traiga** la cuenta.	*I am going to ask the waiter to bring us the check.*
Es esencial que nos **respetemos** los unos a los otros.	*It is essential for us to respect one another.*

The following are some of the most common expressions used to reflect attempts at influencing behavior.

aconsejar *to advise*

decir *to say; to tell*

dejar *to let, allow*

desear *to wish; to desire*

esperar *to hope*

exigir *to require*

hacer *to have* (*someone do something*)

mandar *to order*

es esencial *it is essential*

es importante *it is important*

es mejor *it is better*

pedir (i) *to ask, request*

permitir *to allow*

preferir (ie, i) *to prefer*

prohibir *to prohibit, forbid*

querer *to want*

recomendar (ie) *to recommend*

rogar (ue) *to beg*

sugerir (ie, i) *to suggest*

es necesario *it is necessary*

es preciso *it is necessary*

es urgente *it is urgent*

2. Verbs of communication such as **decir, escribir, indicar, insistir,** or **repetir (i)** are followed by the indicative if they simply convey information, but they require the subjunctive in the dependent clause when they express attempts at influencing.

Information: Indicative	Influencing: Subjunctive
Mi supervisor me dice que **tendré** vacaciones en un mes.	Tomás me dice que **vaya** a Chile para mis vacaciones.
My supervisor tells (informs) me that I will have my vacation in a month.	*Tomás tells (orders, suggests) me to go to Chile on my vacation.*
Carolina insiste que yo **soy** un mentiroso.	Carolina insiste que yo **diga** la verdad.
Carolina insists (states again) that I am a liar.	*Carolina insists (demands) that I tell the truth.*

3. Notice in the following examples that influencing requires that the subject of the main clause be different from that of the subordinate verb. If this is not the case, the infinitive should be used.

Different subjects: Subjunctive	Same subject: Infinitive
Elena quiere que **su hija vaya** a Perú este verano.	Elena **quiere ir** a Perú este verano.
Elena wants her daughter to go to Peru this summer.	*Elena wants to go to Peru this summer.*
Esper**o** que **tú colabores** en el proyecto.	**Espero colaborar** en el proyecto.
I hope you will collaborate on the project.	*I hope to collaborate on the project.*

B ▸ **Emotional response and subjective viewpoint**

1. The subjunctive is used in a dependent clause after verbs or expressions that convey an emotional response or a subjective viewpoint regarding the information contained in the dependent clause.

Me alegro de que **vayas** a Sudamérica este verano.	*I'm glad you are going to South America this summer.*
Me molesta que ese señor **hable** en voz tan alta.	*It bothers me that that gentleman speaks in such a loud voice.*
Me sorprende que no **encuentres** trabajo todavía.	*I'm surprised that you haven't found a job yet.*

The following are some common verbs used to express an emotional reaction.

alegrar(se) *to be happy*	molestar *to bother*
deplorar *to deplore*	quejarse *to complain*
gustar *to please*	sentir (ie, i) *to be sorry*
lamentar *to regret*	sorprender *to surprise*

2. Impersonal expressions that may indicate emotion, subjectivity, the coloring of facts with one's own view, opinions, and prejudices also use the subjunctive in a dependent clause. The following are some common impersonal expressions of this type.

es agradable *it is nice*	es lamentable *it is a pity*
es bueno *it is good*	es una lástima *it is a pity*
es curioso *it is odd, unusual*	es malo *it is bad*
es deplorable *it is deplorable*	es natural *it is natural*
es estupendo *it is great*	es normal *it is normal*
es extraño *it is strange*	es raro *it is strange*
es increíble *it is unbelievable*	es vergonzoso *it is shameful*

Es curioso que nadie **sepa** quiénes construyeron los moais.	*It's odd that nobody knows who built the moais.*
Es estupendo que **vayas** a pasar unos días en la Isla de Pascua.	*It's great that you are going to spend a few days on Easter Island.*
Es increíble que **esté** nevando en pleno verano.	*It's incredible that it's snowing in the middle of the summer.*

Nota gramatical: With verbs and expressions of influencing the action described in the dependent clause is unrealized: **Te recomiendo que estudies informática. / Es importante que estudies informática.** *I recommend that you study computer science. / It is important that you study computer science.* The addressee does not study computer science; the speaker simply recommends that the listener consider taking up this field of study in the future. With verbs and expressions denoting emotional reaction, the action described in the dependent clause generally does take place: **Me alegro de que/Es curioso que estudies informática.** *I'm happy/It is odd that you are studying computer science.* Even though there is no doubt that the addressee studies computer science, the emotion expressed by the verb or expression in the main clause—**alegrarse, ser curioso**—triggers the use of the subjunctive.

3. After verbs of emotion, the infinitive is used instead of the subjunctive if the subject of the main verb is the same as that of the dependent clause.

Different subjects: Subjunctive	Same subject: Infinitive
Lamento que **Roberto tenga** que irse hoy.	**Lamento tener** que irme hoy.
I regret that Roberto has to leave today.	*I regret having to leave today.*
Siento que **mi hermanito siga** interrumpiendo nuestra conversación.	**Siento tener** que interrumpir nuestra conversación.
I'm sorry my little brother keeps interrupting our conversation.	*I'm sorry to have to interrupt our conversation.*

C▷ Doubt, disbelief, and denial

1. The subjunctive is used in a dependent clause after all expressions of doubt, uncertainty, disbelief, or denial regarding the information contained in the dependent clause.

Dudo que **descubran** quiénes construyeron las estatuas de la Isla de Pascua.

I doubt that they'll discover who built the statues on Easter Island.

Es posible que **volemos** a Argentina la semana que viene.	*It is possible that we'll fly to Argentina next week.*
Niego que la verdad científica **sea** la única verdad.	*I deny that scientific truth is the only truth.*

2. Notice the contrast between some common expressions of doubt and disbelief, which are followed by the subjunctive, and expressions of certainty and belief, which are followed by the indicative.

Indicative: Belief/certainty	Subjunctive: Disbelief/doubt
creer *to believe*	no creer
no dudar *to not doubt*	dudar
estar seguro *to be sure*	no estar seguro
no negar *to not deny*	negar
pensar *to think*	no pensar
es claro *it is clear*	no es claro
es cierto *it is certain*	no es cierto
es evidente *it is evident*	no es evidente
es indudable *it is without doubt*	no es indudable
es seguro *it is sure, certain*	no es seguro
es verdad *it is true*	no es verdad

Es evidente que mi primo **es** uno de los sospechosos, pero **no es evidente** que **sea** culpable.	*It is evident that my cousin is one of the suspects, but it is not evident that he is guilty.*
Pienso que **deben** reducir el acceso a sitios arqueológicos, pero **no pienso** que lo **deban** eliminar.	*I think they should reduce access to archeological sites, but I do not think they should eliminate it.*
Estoy seguro de que te **graduarás. No estoy seguro** de que te **gradúes** el mayo próximo.	*I am sure you will graduate. I am not sure you will graduate next May.*

Nota gramatical: The use of a positive or negative statement with these verbs and expressions correlates with more or less certainty regarding the action or state described in the dependent clause. Sometimes the distinction between doubt and certainty is clear, as with the verb **dudar.** A sentence such as **Dudo que esa persona tenga veintidós años** *I doubt that person is twenty-two years old* conveys the speaker's obvious doubt. A sentence such as **No dudo que esa persona tiene veintidós años** *I don't doubt that person is twenty-two years old* conveys the speaker's absence of doubt, i.e., the speaker's certainty. With verbs such as **pensar** and **creer,** however, the distinction is not as patent. The sentences **Creo que esa persona tiene veintidós años** and **No creo que esa persona tenga veintidós años** both indicate that there is a certain amount of doubt in the speaker's mind; however, the negative sentence implies more doubt than the affirmative sentence, hence the subjunctive.

3. In interrogative sentences, the speaker's intent, viewpoint, or attitude determines whether the subjunctive or the indicative is to be used in the dependent clause after expressions of certainty and belief. When the speaker wishes to convey some degree of doubt or disbelief or when the question is about something unknown, the subjunctive is used; otherwise, the indicative.

Speaker doesn't know: Indicative	Speaker is doubtful: Subjunctive
¿Estás seguro de que tu explicación **es** válida?	¿Estás seguro de que tu explicación **sea** válida?
Are you sure your explanation is valid? (I don't know.)	*Are you sure your explanation is valid? (I doubt it.)*
¿Crees que tu candidato **ganará** la elección?	¿Crees que tu candidato **gane** la elección?
Do you think your candidate will win the election? (I don't have an opinion.)	*Do you think your candidate will win the election? (I don't think he will.)*

Summary of the uses of the subjunctive in noun clauses

Influencing behavior	Te **sugiero** que **confíes** en tus compañeros.
Emotional reaction to facts	¡**Es una lástima** que no **puedas** venir a mi fiesta!
Subjective viewpoints, opinions	Es la una de la tarde. **Es extraño** que esas tiendas **estén** cerradas.
Doubt, disbelief, and denial	**Dudo** que tu explicación **sea** aceptable. Además, **no creo** que **satisfaga** a los expertos.

The subjunctive in independent clauses

The subjunctive is found mainly in dependent clauses; in a few instances, however, the subjunctive is found in independent clauses:

1. in set exclamations, such as ¡**Viva(n)!** and ¡**Muera(n)!,** or in sentences that express desire or hope, in which a main verb such as **espero** is implied.

¡**Viva** la revolución!	*Long live the revolution!*
¡**Mueran** los traidores!	*Death to traitors!*
Que te mejores. (Espero que te mejores.)	*I hope you get better.*
Que te diviertas.	*Have a good time.*

> **Nota gramatical:** English sentences such as *Long live the Queen!* are also in the subjunctive, as indicated by the verb form *live* and not *lives*.

2. to express wishes after **ojalá** (*May God [Allah] grant*). In modern usage, **ojalá** is the equivalent of *I hope.*

Ojalá (que) **consigas** un nuevo empleo pronto.	*I hope you get a new job soon.*
Ojalá (que) **pueda** ir de vacaciones pronto.	*I hope I can go on vacation soon.*

3. to emphasize doubt or uncertainty in independent clauses after **probablemente** (*probably*) and **a lo mejor, acaso, quizá(s),** and **tal vez** (*maybe, perhaps*). Use of the indicative after these words implies a greater likelihood that what follows will take place.

Less doubtful: Indicative	More doubtful: Subjunctive
Federico no vino a clase. **Quizá está** enfermo.	Federico no vino a clase. **Quizá esté** enfermo.
Federico did not come to class. He is sick, maybe.	*Federico did not come to class. Maybe he is sick.*
Probablemente Jorge **escribe (escribirá)** un ensayo sobre Borges.	**Probablemente** Jorge **escriba** un ensayo sobre Borges.
Jorge is probably writing (will probably write) an essay on Borges.	*Jorge will probably write an essay on Borges.*
Tal vez Raquel **está** de vacaciones.	**Tal vez** Raquel **esté** de vacaciones.
It's likely that Raquel is on vacation.	*It's possible that Raquel is on vacation.*

4. The subjunctive is also used in independent clauses to express indirect commands intended for a third person or persons. (See p. 152 in this chapter for indirect commands.)

—Sara quiere que le pases su trabajo a máquina.

Sara wants you to type her paper.

—Que lo **haga** ella. Yo no tengo tiempo.

Let her do it. I don't have the time.

Summary of the subjunctive in independent clauses

In set exclamations and expressions in which a verb like **espero** is implied	**¡Viva** el candidato progresista! **Que te mejores.**
After **ojalá**	**Ojalá** (que) **puedas** ir de vacaciones.
After **quizá(s), tal vez, acaso, a lo mejor, probablemente** to emphasize doubt or uncertainty	**Probablemente** Ramón **esté** de vacaciones. **Quizá** todo **se solucione** sin mayor problema.
In indirect commands	Yo no voy a tomar notas por ti; **que las tome** tu compañero de cuarto.

Direct and indirect commands

A Direct commands

With *Ud., Uds.,* and *tú*

1. The **Ud.** and **Uds.** forms of affirmative and negative commands, as well as negative **tú** commands, are expressed with the corresponding present subjunctive forms of the verb. Affirmative **tú** commands take the same form as the third person singular present indicative.

	-ar verbs comprar		*-er* verbs vender		*-ir* verbs decidir	
	Affirmative	**Negative**	**Affirmative**	**Negative**	**Affirmative**	**Negative**
Ud.	compre	no compre	venda	no venda	decida	no decida
Uds.	compren	no compren	vendan	no vendan	decidan	no decidan
tú	**compra**	no compres	**vende**	no vendas	**decide**	no decidas

Señor Gálvez, **vaya** de paseo este fin de semana.
Muchachos, **decidan** pronto qué quieren hacer.
Ana, no **decidas** nada hoy.
Juan, **compra** tus billetes de avión pronto.

Mr. Gálvez, go for a stroll this weekend.
Boys, decide soon what you want to do.
Ana, don't decide anything today.
Juan, buy your plane tickets soon.

2. The following verbs have irregular forms for the affirmative **tú** command.

decir	**di**	salir	**sal**
hacer	**haz**	ser	**sé**
ir	**ve**	tener	**ten**
poner	**pon**	venir	**ven**

Sé bueno. **Ve** al comedor y **pon** la mesa.
Haz un esfuerzo. **Di** todo lo que recuerdas. Pero **no digas** mentiras.

Be good. Go to the dining room and set the table.
Make an effort. Say everything you remember. But don't tell any lies.

3. Use of the subject pronoun is optional with all Spanish commands. The subject pronoun, if there is one, follows the verb. It is used for emphasis, to indicate contrast, or as a matter of courtesy.

Espere (Ud.), por favor; lo atiendo de inmediato.	*Please wait; I'll help you right away.*
—¿Dónde debo firmar esta solicitud de crédito?	*Where should I sign this credit application?*
—**Firme Ud.** aquí, por favor.	*Sign here, please.*

When enumerating a series of commands, a sentence may use the subject pronoun with the first command, but omit it thereafter.

Suba (Ud.) al terzcer piso, **busque** la agencia de empleos y **hable** con el señor Gómez.	*Go up to the third floor, look for the employment agency, and speak to Mr. Gómez.*

4. In affirmative commands, reflexive and object pronouns are attached to the verb, forming a single word. When pronouns are attached to a command form, a written accent is required when the stressed syllable is the third or fourth from the end. Note that a command form such as **dé** retains the written accent whether or not pronouns are attached.

¿Ves ese folleto que está a tu derecha? **Pásamelo**, por favor.	*Do you see that brochure on your right? Pass it to me, please.*
La llamaré mañana, señora. **Déme** su número de teléfono, por favor y **dígame** a qué hora puedo llamar.	*I will call you tomorrow, madam. Give me your telephone number, please, and tell me what time I can call.*

5. In negative commands, reflexive and object pronouns precede the verb and remain separate words.

Entiendo la situación perfectamente. No **me la expliques**.	*I understand the situation perfectly. Don't explain it to me.*
Necesitas llegar temprano al aeropuerto mañana; no **te levantes** tarde.	*You need to arrive at the airport early tomorrow; don't get up late.*

With *vosotros*

1. To form the affirmative **vosotros** command, the **-r** of the infinitive is replaced by **-d: comprar** → **comprad.** The negative **vosotros** command is identical to the second person plural of the present subjunctive. Remember that **vosotros** is primarily used in Spain; in Hispanic America **Uds.** forms are used for familiar plural commands.

-ar verbs comprar		-er verbs vender		-ir verbs insistir	
Affirmative	**Negative**	**Affirmative**	**Negative**	**Affirmative**	**Negative**
comprad	no compréis	vended	no vendáis	insistid	no insistáis

No **uséis** este aparato de inmediato. **Leed** las instrucciones primero.

Don't use this machine right away. Read the directions first.

Hablad con Julio personalmente; no **llaméis** por teléfono.

Speak with Julio personally; don't call on the phone.

2. As with other command forms, reflexive and object pronouns follow and are attached to affirmative **vosotros** commands; they precede the verb in negative commands. When pronouns are attached to an affirmative command, a written accent may be required on the stressed syllable of the stem to reflect proper stress.

El televisor se descompuso. **Mandadlo** a reparar. **No lo reparéis** vosotros mismos.

The TV set broke down. Send it to be repaired. Don't repair it yourselves.

Cuando llegue el contrato, **enviádmelo** de inmediato.

When the contract arrives, send it to me immediately.

3. When the reflexive pronoun **os** is attached to an affirmative **vosotros** command, the final **d** of the verb is dropped and a written accent is added to the **i** of **-ir** verbs: **limpiad, limpiaos; poned, poneos; vestid, vestíos.** Exception: **id, idos.**

No os **vayáis** tan temprano. **Idos** más tarde. **Quedaos** unos minutos más.

Don't leave so early. Leave later. Stay a few more minutes.

With *nosotros*

1. In a command with **nosotros,** which corresponds to the English word *let's* + a verb, the speaker invites another person or a group to participate in an activity or a type of behavior. A **nosotros** command can be expressed either with **vamos a** + an infinitive or, more commonly, with the **nosotros** form of the present subjunctive.

Vamos a comprar pan francés para el picnic. / **Compremos** pan francés para el picnic.

Let's buy French bread for our picnic.

Juguemos al voleibol esta tarde.

Let's play volleyball this afternoon.

No escuchemos música clásica; **escuchemos** jazz.

Let's not listen to classical music; let's listen to some jazz.

2. Reflexive and object pronouns follow and are attached to the present subjunctive **nosotros** form in affirmative commands; they precede the verb in negative commands. As with **Ud.** and **Uds.** commands, a written accent is required when the stressed syllable is the third or fourth from the end. (Note in the last two examples that when the pronoun **se** or the reflexive pronoun **nos** is attached to a **nosotros** command, the final **s** of the verb is dropped: **apuremos + nos ➜ apurémonos.**)

Allí va Beatriz. **Llamémosla. Hablémosle** del concierto del sábado.

There goes Beatriz. Let's call her. Let's talk to her about Saturday's concert.

David no tiene la culpa. No **lo critiquemos.** No **lo ofendamos.**

It's not David's fault. Let's not criticize him. Let us not offend him.

Miguel no ha visto este folleto sobre un viaje a Machu Picchu; **mostrémoselo.**

Miguel hasn't seen this brochure about a trip to Machu Picchu; let's show it to him.

Estamos atrasados. **Apurémonos.**

We are late. Let's hurry.

3. The present indicative, not the present subjunctive, is used to express an affirmative **nosotros** command with **ir** (*to go*) and **irse** (*to leave*).

—**Vamos** de compras al centro.
—Sí, **vámonos** ya. Pero **no vayamos** a la zapatería.

Let's go shopping downtown. Yes, let's leave now. But let's not go to the shoe store.

B Indirect commands

1. Direct commands are addressed directly to a particular person or persons. Indirect commands are intended to be conveyed to a third person or persons and are formed by **que** + a third person singular or plural verb form in the present subjunctive.

No puedo ir al aeropuerto contigo. **Que te acompañe Jaime;** él tiene la tarde libre.

I cannot go to the airport with you. Let Jaime go with you; he has the afternoon free.

Yo no voy a firmar esa petición. **Que la firmen los otros.**

I am not going to sign that petition. Let the other people sign it.

Nota gramatical: The subjunctive is used in this type of sentence because a verb of influencing is implied: **Que lo haga ella.** = **Prefiero / Quiero que lo haga ella.** See Section II, p. 147 of this chapter for the use of the subjunctive after verbs of influencing.

2. Object pronouns precede the verb in indirect commands. The subject (that is, the person or persons who are supposed to carry out the indirect command) follows the verb or verb phrase.

—¿Quién puede escribir estas facturas?

—**Que las escriba Inés**; ella tiene mucha experiencia. Por favor, **que no se ocupe Benito** de ellas; la última vez cometió muchos errores.

Who can write these invoices?

Let Inés write them; she has a lot of experience. Please, don't let Benito take care of them; last time he made many mistakes.

Nota gramatical: With the exception of the affirmative **tú** and **vosotros** direct commands, command forms use the same forms as the present subjunctive forms, as can be seen in the following illustration with the verb **viajar.**

	Present subjunctive	**Command forms**
tú	viajes	**¡viaja!**; ¡no viajes!
Ud.	viaje	¡viaje!; ¡no viaje!
él	viaje	¡que (no) viaje él!
nosotros	viajemos	¡(no) viajemos!
vosotros	viajéis	**¡viajad!**; ¡no viajéis!
Uds.	viajen	¡viajen!; ¡no viajen!
ellos	viajen	¡que (no) viajen ellos!

Foco en el léxico: *Trabajar, funcionar, and similar verbs*

Several Spanish verbs may be used to express the variety of meanings possible in the English terms *to work* and *to operate*. The most frequently used are **trabajar** and **funcionar.**

1. **Trabajar** is used to express *to work* in the general sense of doing physical labor or fulfilling the requirements of a job.

En algunas familias los dos padres **trabajan** para pagar las cuentas.	*In some families both parents work in order to pay the bills.*
Adela **trabajó** allí tres años antes de comenzar a **trabajar** en la Compañía Sandoval.	*Adela worked there three years before beginning to work at the Sandoval Company.*

2. Several verbs in Spanish may be used to express putting into motion or operating a machine or device. **Conducir** (preferred in Spain) or **manejar** (preferred in Latin America) is used more frequently with means of land transportation (motorcycle, car, bus, etc.). **Operar** and **hacer funcionar** are used more frequently with other types of machines and devices.

Ana **conduce (maneja)** un coche sport.	*Ana drives (operates) a sports car.*
Dudo que la niña sepa **hacer funcionar** este aparato.	*I doubt the girl knows how to run (work) this device.*
Ojalá que pronto me dejen **operar** esta máquina.	*I hope they soon let me operate (work) this machine.*

3. The verbs most frequently used to refer to the functioning of a machine or device are **funcionar** and **andar. Caminar** and **marchar** are used to a lesser degree. **Funcionar** may also refer to the performance of a system or a program.

Llama a la sección de reparaciones; no **funciona** bien este teléfono.	*Call the repair department; this telephone is not working properly.*
Compremos otra caja registradora; ésta nunca **anda** bien.	*Let's buy another cash register; this one never works well.*

A mí me parece que los programas de servicios sociales **funcionan** bien aquí.	*It seems to me that the social service programs work well here.*

4. **Hacer trabajar** is used to express the idea of making someone else work.

Rodolfo dejó de trabajar allí porque creía que lo **hacían trabajar** demasiado.	*Rodolfo stopped working there because he thought they made him work too much.*

CAPÍTULO 8

The imperfect subjunctive

 A Forms

1. The stem of the imperfect subjunctive of all verbs is formed by dropping **-ron** from the third person plural form of the preterit.

2. The imperfect subjunctive has two sets of endings. The **-ra** endings are used more frequently both in Spain and in Hispanic America; the **-se** endings are used primarily in Spain and are more common in the written than in the spoken language. Notice that first and third person singular forms are identical and that first person plural forms have a written accent.

	-ar verbs **trabajar**	**-er verbs** **entender**	**-ir verbs** **vivir**
Stem:	ellos trabaja~~ron~~	ellos entendie~~ron~~	ellos vivie~~ron~~
	-ra endings		
	trabaja**ra**	entendie**ra**	vivie**ra**
	trabaja**ras**	entendie**ras**	vivie**ras**
	trabaja**ra**	entendie**ra**	vivie**ra**
	trabajá**ramos**	entendié**ramos**	vivié**ramos**
	trabaja**rais**	entendie**rais**	vivie**rais**
	trabaja**ran**	entendie**ran**	vivie**ran**
	-se endings		
	trabaja**se**	entendie**se**	vivie**se**
	trabaja**ses**	entendie**ses**	vivie**ses**
	trabaja**se**	entendie**se**	vivie**se**
	trabajá**semos**	entendié**semos**	vivié**semos**
	trabaja**seis**	entendie**seis**	vivie**seis**
	trabaja**sen**	entendie**sen**	vivie**sen**

3. All verbs that have changes in spelling, stem changes, or irregular stems in the third person plural form of the preterit maintain that same irregularity

in the imperfect subjunctive. (Consult Chapter 2, Section I, p. 29 for a complete list of irregularities in the preterit.)

Verb	Preterit: *ellos* form	Imperfect subjunctive
leer	le**y**eron	yo leyera (leyese)
dormir (ue, u)	du**r**mieron	yo durmiera (durmiese)
mentir (ie, i)	m**i**ntieron	yo mintiera (mintiese)
pedir (i)	p**i**dieron	yo pidiera (pidiese)
dar	**di**eron	yo diera (diese)
decir	**dij**eron	yo dijera (dijese)
estar	**estuv**ieron	yo estuviera (estuviese)
hacer	**hic**ieron	yo hiciera (hiciese)
poder	**pud**ieron	yo pudiera (pudiese)
querer	**quis**ieron	yo quisiera (quisiese)
saber	**sup**ieron	yo supiera (supiese)
tener	**tuv**ieron	yo tuviera (tuviese)
venir	**vin**ieron	yo viniera (viniese)

El jefe nos pidió que **estudiáramos** las ventas del mes y que **hiciéramos** un informe.

The boss asked us to study the monthly sales and to make a report.

Nunca pensé que **estuvieras** tan ocupada que no **pudieras** venir a verme.

I never thought you'd be so busy that you couldn't come to see me.

4. The verbs **ir** and **ser,** which have identical forms in the preterit, also have identical forms in the imperfect subjunctive. Context determines which verb is meant.

	Preterit: *ellos* form	Imperfect subjunctive
ir	ellos fueron (al cine)	yo fuera (fuese) al cine
ser	ellos fueron (felices)	yo fuera (fuese) feliz

Ricardo me pidió que no **fuera** antipático y que **fuera** al cine con él ayer.

Ricardo asked me not to be disagreeable and to go to the movies with him yesterday.

Nota gramatical: In most instances, sentences using the **-ra** and the **-se** imperfect subjunctive endings are synonymous: **Era importante que yo encontrara trabajo. / Era importante que yo encontrase trabajo.** One instance in which only the **-ra** ending can be used is in sentences implying politeness: **¿Quisieras (and not Quisieses) salir con nosotros esta tarde?** See below for this use of the imperfect subjunctive.

B Uses of the imperfect subjunctive

1. The imperfect subjunctive is used under the same circumstances as the present subjunctive when the situation referred to is in the past. In independent clauses, it is used after **ojalá, quizá(s), probablemente, a lo mejor,** and in indirect commands. In noun clauses, it is used to attempt to influence other people's behavior, and to report emotional reactions to facts, subjective viewpoints, or doubts.

Present subjunctive	Imperfect subjunctive
Es lamentable que no **tengas** tiempo para visitar a tu familia. *It is regrettable that you don't have time to visit your family.*	Era lamentable que no **tuvieras** tiempo para visitar a tu familia. *It was regrettable that you didn't have time to visit your family.*
Me han recomendado que **trabaje** menos y que **descanse** más. *They have recommended that I work less and rest more.*	Me recomendaron que **trabajara** menos y que **descansara** más. *They recommended that I work less and rest more.*
En este puesto será muy importante que yo **aumente** las ventas. *In this job, it will be very important that I increase sales.*	En mi último puesto era muy importante que yo **aumentara** las ventas. *In my last job, it was very important that I increase sales.*
Me sorprende que nadie **haga** preguntas. *I'm surprised that nobody asks questions.*	Cuando estaba en mi primer año de secundaria, me sorprendía que nadie **hiciese** preguntas. *When I was in my first year of high school, I was surprised that nobody would ask questions.*

See Chapter 7, Section III, p. 147 for use of the present subjunctive in independent clauses; Chapter 7, Section II, p. 140 for use of the present subjunctive in noun clauses; Chapter 9, Section III, p. 182 for use of the present subjunctive in adverbial clauses; and p. 171 in this chapter for use of the subjunctive in adjective clauses.

2. The imperfect subjunctive, with **-ra** endings only, is used with **deber, poder,** and **querer** to phrase a statement or a question in an especially polite way. The conditional tense can also be used for this purpose. (See Chapter 4, Section II, p. 138 for use of the conditional to express politeness.)

¿**Pudiera (Podría)** Ud. indicarme cómo llegar a la oficina de correos?	*Could you tell me how to get to the post office?*
Quisiera (Querría) entrevistarme con el director de la empresa.	*I would like to have an interview with the director of the company.*

3. The imperfect subjunctive is also used to express contrary-to-fact or highly unlikely circumstances.

¡Ojalá que yo **pudiera** trabajar desde mi casa!	*I wish I could work from home!* (The speaker doesn't work from home.)
Si **estuviera** libre esta tarde, te ayudaría.	*If I were free this afternoon, I would help you.* (But I probably won't be.)
Si **salieras** temprano del trabajo, podríamos ir a casa de Carolina.	*If you were to leave work early, we could go to Carolina's house.* (It's highly unlikely that the person will leave work early.)
Tú hablas como si **fuese** muy fácil aprender a usar todas estas nuevas máquinas de la oficina.	*You speak as if it were so easy to learn how to use all these new office machines.* (The speaker implies it is not easy.)

 C **Sequence of tenses**

The choice between the present subjunctive and the imperfect subjunctive is determined by the tense of the verb in the main clause.

Main clause (Indicative)	Subordinate clause (Subjunctive)
Present Present perfect Future	Present subjunctive Imperfect subjunctive
Imperfect Preterit Conditional	Imperfect subjunctive

1. If the verb of the main clause is in either the present, the present perfect, or the future tense, any subjunctive tense is possible in the subordinate clause, provided that the combination is logical. The present subjunctive is, however, more common.

Dudo que él **tenga** autodisciplina ahora. Dudo que él **tuviera** autodisciplina el año pasado.	*I doubt he has self-discipline now. I doubt he had self-discipline last year.*
Es imperativo que **dediques** más tiempo a la reflexión.	*It is imperative that you devote more time to reflection.*
Le pediré a Rodrigo que me **preste** su computadora portátil.	*I will ask Rodrigo to lend me his laptop computer.*
Elena nunca ha negado que **seamos** amigas.	*Elena has never denied that we are friends.*

2. If the verb in the main clause is in any of the past tenses or in the conditional, the imperfect subjunctive is used in the subordinate clause.

Cuando estaba en la secundaria, mis padres querían que yo **estudiara** informática.	*When I was in high school, my parents wanted me to study computer science.*
Lamenté que no **pudieras** venir al picnic de la oficina.	*I regretted that you couldn't come to the office picnic.*
¿Qué tal si le hacemos una pequeña fiesta a Teresa? Preferiría que **fuera** una sorpresa. Me gustaría que no le **dijeran** nada a ella.	*How about if we have a small party for Teresa? I would prefer that it be a surprise. I'd like for you not to say anything to her.*
Anoche hubo disturbios en el centro y fue necesario que **interviniera** la policía.	*Last night there were disturbances downtown, and it was necessary for the police to intervene.*

See Chapter 9, Section I, p. 175 for use of the perfect tenses of the subjunctive.

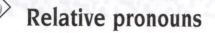

Relative pronouns

A Relative pronouns and restrictive and nonrestrictive relative clauses

1. Relative pronouns introduce dependent adjective (or relative) clauses. Both the pronoun and the rest of the adjective clause refer back to an antecedent. The antecedent is a noun or pronoun found in the main clause. In contrast to English, the relative pronoun cannot be omitted in Spanish.

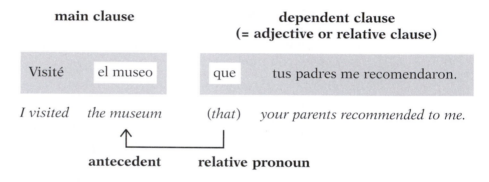

main clause		**dependent clause (= adjective or relative clause)**	
Visité	el museo	que	tus padres me recomendaron.
I visited	*the museum*	*(that)*	*your parents recommended to me.*

antecedent   relative pronoun

2. Within the relative clause the relative pronoun can function as a subject, a direct or an indirect object, or the object of a preposition.

Subject	Busco el camino **que va al parque.** *I am looking for the road that goes to the park.*	= **el camino** va al parque
Direct object	Leí el informe **que tú me diste.** *I read the report (that) you gave me.*	= tú me diste **el informe**
Indirect object	No veo al empleado **a quien le pedí información.** *I do not see the employee from whom I requested information.*	= le pedí información **al empleado**
Object of a preposition	Tú no conoces a la señora **de quien hablamos.** *You don't know the woman we're talking about.*	= hablamos **de la señora**

Nota gramatical: Formal English distinguishes between *who* subject and *whom* direct object in sentences such as: *I know the man who greeted you* (*who* subject), and *I know the man whom you greeted* (*whom* direct object). In colloquial English, *whom* direct object appears as *who* or can be omitted altogether: *I know the man who you greeted* or *I know the man you greeted*. *Who* subject is never omitted. The Spanish equivalents of these two sentences are: **Conozco al hombre que te saludó** (**que** subject) and **Conozco al hombre que saludaste / Conozco al hombre a quien saludaste** (**que** direct object; **a quien,** direct object preceded by personal **a**).

3. As in English, a dependent clause introduced by a relative pronoun can be either restrictive or nonrestrictive. A restrictive clause gives information necessary to identify an antecedent and is essential to the meaning of the sentence. It is not set off by commas.

Los empleados **que llegaron atrasados** fueron amonestados por el supervisor.	*The employees who arrived late were admonished by the supervisor.* (Only those employees who were late were admonished.)
El joven **que entró** es mi primo Rubén.	*The young man who came in is my cousin Rubén.*

A nonrestrictive clause gives parenthetical, nonessential information about a specific antecedent and is set off by commas.

Los empleados, **que llegaron atrasados,** fueron amonestados por el supervisor.	*The employees, who arrived late, were admonished by the supervisor.* (All employees were late, and they were all admonished.)
Rubén, **quien vive en Colorado,** es primo mío.	*Rubén, who lives in Colorado, is a cousin of mine.*

B The relative pronoun *que*

1. The relative pronoun **que** (*that, which, who, whom*) refers back to both personal and nonpersonal antecedents. **Que,** which is used in both restrictive and nonrestrictive relative clauses, is the relative pronoun used most frequently.

El director **que** me entrevistó
es muy joven.

*The director who interviewed me
is very young.*

El colega **que** conocí ayer vivió
muchos años en Venezuela.

*The colleague I met yesterday lived
in Venezuela for many years.*

Están reparando la autopista
que lleva a la capital.

*They are repairing the freeway
that leads to the capital.*

El puesto **que** obtuve me
agrada mucho.

*The position I got pleases me a
lot.*

El alcalde, **que** ha tenido un
excelente desempeño, se
presentará a la reelección.

*The mayor, who has had an
excellent record, will seek
reelection.*

Esas montañas, **que** están
cubiertas de nieve todo el
año, son difíciles de escalar.

*Those mountains, which are
covered with snow year-round,
are hard to climb.*

Esta computadora, **que** acabo
de comprar, es rapidísima.

*This computer, which I just
bought, is very fast.*

Nota gramatical: In restrictive relative clauses, English *who* subject is rendered by **que,** not **quien(es),** in Spanish: *The workers who received a raise were happy.* **Los trabajadores que recibieron un aumento de sueldo estaban felices.** In nonrestrictive relative clauses, set off by commas, English *who* subject can be rendered by **que** or **quien(es):** *The workers, who received a raise, were happy.* **Los trabajadores, que/quienes recibieron un aumento de sueldo, estaban felices.**

2. When referring back to a nonpersonal antecedent, **que** is used after the common prepositions **a, de, con,** and **en.** In contrast to English, the preposition always precedes the relative pronoun in Spanish.

Las entrevistas **a que** me
presenté fueron agotadoras.

*The interviews I went to were
exhausting.*

El tema **de que** trata ese
programa no te interesará.

*The topic that program deals with
will not interest you.*

No es mucho el dinero **con
que** contamos.

*The money we are counting on is
not much.*

Los detalles **en que** te fijas
son nimios.

*The details to which you pay
attention are trivial.*

> ***Nota gramatical:*** In formal English the preposition precedes the relative pronoun, as it does in Spanish: *The details to which you pay attention are trivial.* **Los detalles en que te fijas son nimios.** Colloquial English prefers to omit the relative pronoun, and the preposition, in this case, follows the verb of the dependent clause: *The details **you pay attention to** are trivial.* This last structure does not exist in Spanish.

C The relative pronoun *quien(es)*

1. The relative pronoun **quien(es)** (*who, whom*) refers only to people and agrees with its antecedent in number.

La señora a **quien** saludaste esta mañana es la nueva secretaria.	*The lady you greeted this morning is the new secretary.*
No te asocies con personas a **quienes** no respetas.	*Don't associate with people you do not respect.*

2. As the personal subject of a nonrestrictive clause, **quien(es)** is used interchangeably with **que. Quien(es)** cannot be the subject of a restrictive clause; **que** is used instead.

Esteban, **quien (que)** odia las máquinas, acaba de comprarse una computadora portátil.	*Esteban, who hates machines, has just bought himself a laptop computer.*
Los empleados, **quienes (que)** trabajaron durante el fin de semana, recibirán un sobresueldo.	*The employees, who worked during the weekend, will receive a bonus.*
Los empleados **que** trabajaron durante el fin de semana recibirán un sobresueldo.	*The employees who worked during the weekend will receive a bonus.*
La policía detuvo al hombre **que** asaltó el Banco Industrial.	*The police arrested the man who robbed the Industrial Bank.*

Nota gramatical: In restrictive relative clauses, English *who(m)* direct object is in Spanish a simple **que** or **a quien(es),** with personal **a** preceding **quien(es):** *The employees who(m) we hired start working today. / The employees we hired start working today.* **Los empleados que contratamos comienzan a trabajar hoy. / Los empleados a quienes contratamos comienzan a trabajar hoy.**

3. **Quien(es)** can be used after simple prepositions.

No conozco a la chica **a quien (con quien, de quien)** hablabas ayer.	*I don't know the girl to whom (with whom, about whom) you were talking yesterday.*
No he escogido el colega **con quien** voy a trabajar.	*I have not chosen the colleague with whom I am going to work.*
Mónica, **con quien** salía a menudo durante mis años universitarios, vendrá a visitarme.	*Mónica, with whom I used to go out frequently during my university years, will come to visit me.*

D The relative pronouns *el cual* and *el que*

1. **El cual** (*which, who, whom*) and **el que** (*which, who, whom*) may be used to refer to both personal and nonpersonal antecedents. They agree in gender and number with the antecedent.

Mi supervisora, con **la cual** me entiendo muy bien, está ahora de vacaciones.	*My supervisor, with whom I get along very well, is on vacation now.*
Los parques de la ciudad, **los que** se mantienen muy limpios, están llenos de gente los fines de semana.	*The city parks, which are kept very clean, are full of people on weekends.*

2. **El cual** may be used instead of **que** or **quien** in nonrestrictive relative clauses, although this use is less common. However, when more than one noun, each of a different gender or number, precedes the relative pronoun, **el cual** is used instead of **que** or **quien** in order to avoid ambiguity.

Mi cuñado, **el cual (quien, que)** se encuentra en Europa, dice que nos ha comprado muchos regalos.	*My brother-in-law, who is in Europe, says that he has bought many presents for us.*

La novia de mi hermano, **la cual** estudia arquitectura, trabaja para una compañía multinacional.	*My brother's fiancée, who (= the fiancée) studies architecture, is working for a multinational company.*
El periódico de la ciudad, **el cual** se fundó en 1895, tiene instalaciones modernas.	*The newspaper of our city, which (= the newspaper) was founded in 1895, has modern equipment.*

3. **El que** may also be used in nonrestrictive clauses, usually with the meaning of *the one(s) who* or *the one(s) that*. With this use it is not interchangeable with **el cual.** Notice the difference in meaning in the following examples.

Mi hermana, **la que** se interesa en los negocios, es ahora la propietaria de la Mueblería La Mundial. (There may be more than one sister.)	*My sister, the one that is interested in business, is now owner of the La Mundial Furniture Store.*
Mi hermana, **la cual** se interesa en los negocios, es ahora la propietaria de la Mueblería La Mundial. (There is only one sister.)	*My sister, who is interested in business, is now owner of the La Mundial Furniture Store.*

4. **El que** is often used to refer to an unexpressed antecedent when that antecedent has been mentioned previously or when context makes it clear.

—¿Has visto antes a ese empleado?	*Have you seen that employee before?*
—¿**El que** lleva una boina vasca?	*The one who is wearing a Basque beret?*
El que* se esfuerza triunfará.	*The one who tries harder will succeed.*

5. **El cual** and **el que** may both be used after simple and compound prepositions, though **el cual** is more common.

Todavía creo en las causas **por las cuales (por las que)** lucho.	*I still believe in the causes for which I fight.*

*Note: **Quien** or **quienes** may replace a form of **el que** when the understood noun is a person or persons: **Quien se esfuerza triunfará** (*He who tries harder will succeed*). **Quien** is preferred in generic statements, such as the ones found in proverbs: **Quien adelante no mira, atrás se queda** (*He who does not look ahead, lags behind*).

¿Qué te parece si nos juntamos en la puerta del almacén **frente al cual (frente al que)** estacionaste el coche?

How about meeting at the door of the store across from which you parked your car?

No encuentro el libro **encima del cual** dejé la cartera.

I can't find the book on top of which I left my purse.

Hay varios problemas **sobre los que** nadie quiere hacer comentarios.

There are several problems about which nobody wants to comment.

Ese estudiante, **delante del cual** me siento en clase, quiere ser astrónomo.

That student, in front of whom I sit in class, wants to be an astronomer.

> **Nota gramatical:** To generalize, one could say that **que** is preferred after the simple, frequently used prepositions **a, con, de,** and **en.** A form of **el cual** is preferred after the rest of the simple prepositions as well as after all compound prepositions. **Una cualidad** *de que* **depende el éxito del teletrabajo es la autodisciplina.** *A quality on which the success of telework depends is self-discipline.* / **Una cualidad** *acerca de la cual* **quiero hablarte es la autodisciplina.** *A quality about which I want to talk to you is self-discipline.*

6. The neuter relative pronoun **lo que** is used in restrictive relative clauses to refer to an indefinite antecedent. In this usage, **lo que** corresponds to the English word *what*, in the sense of *that which.*

—No me has dicho **lo que** quieres como regalo de cumpleaños.

You haven't told me what you want as a birthday present.

—**Lo que** quiero es que me des una sorpresa.

What I want is for you to surprise me.

7. The neuter relative pronouns **lo cual** and **lo que** may be used in nonrestrictive relative clauses to refer to an antecedent that is an entire clause. In this usage they correspond to the English pronoun *which.*

El jefe no ha hablado con nadie esta mañana, **lo cual (lo que)** es muy extraño. ¿Sabes qué le pasa?

The boss hasn't spoken with anyone this morning, which is very strange. Do you know what's the matter with him?

Las tasas de interés siguen bajando, **lo que (lo cual)** nadie parece entender.

Interest rates keep on going down, which nobody seems to understand.

E The relative pronoun *cuyo*

The relative pronoun **cuyo** (*whose, of which*) expresses possession. **Cuyo** precedes the noun that is possessed and agrees with that noun in gender and number. In questions, however, **de quién,** not **cuyo,** expresses *whose.*

Hoy hablé con el vecino **cuya hija** estudia contabilidad.	*Today I spoke with the neighbor whose daughter studies accounting.*
Hay pocos partidos políticos **con cuyos principios** yo concuerdo.	*There are few political parties whose principles I agree with.*
Esta librería, **cuyo dueño** es amigo mío, tiene un buen surtido de libros en español.	*This bookstore, whose owner is a friend of mine, has a good selection of books in Spanish.*
Borges, **cuyas historias** leo una y otra vez, es uno de mis autores favoritos.	*Borges, whose stories I read over and over again, is one of my favorite authors.*
¿**De quién** es esa computadora portátil?	*Whose laptop computer is that?*

Summary of the uses of relative pronouns

Que, quien, el cual, and *el que* in restrictive relative clauses

As subject: que	El muchacho **que** entró trabaja aquí. Voy a la tienda **que** está en la esquina.
As direct object: que, a quien	No me gustó el chico **a quien (que)** conocí ayer. Me desagradó el museo **que** visité ayer.
As indirect object: a quien, al que, al cual	Ése es el empleado **a quien (al cual, al que)** le pasé las llaves. Devolví el libro **al que (al cual)** le faltaban hojas.
After **a, de, con, en:** que/quien,* el cual, el que	Regálale algo bonito a la muchacha **con quien (con la cual, con la que)** sales. Debes comprarte la cámara **de que (de la cual, de la que)** te hablé.

*****Que** is used when the antecedent is a thing or an idea; **quien** is used with personal antecedents.

Summary of the uses of relative pronouns (cont.)

After other simple prepositions:
el cual, el que, quien

Ésa es la supervisora **para la cual (para la que, para quien)** trabajo.

No abandonaré los principios **por los cuales (por los que)** lucho.

After compound prepositions:
el cual, el que

Esa es la muchacha **detrás de la cual** me siento en clase.

Vamos hacia la tienda **frente a la cual (frente a la que)** dejamos el auto.

Que, quien, el cual, and *que* in nonrestrictive relative clauses

As subject:
que, quien, el cual

Mis padres, **que (quienes, los cuales)** están en Buenos Aires, vendrán a verme pronto.

El periódico local, **que (el cual)** fue fundado hace cincuenta años, ha ganado muchos premios.

As direct object:
que, quien, el cual, el que

Admiro mucho a Cortázar, **a quien (al cual, al que)** leo a menudo.

El telecentro Nuevos Horizontes, **que (el cual)** visitamos ayer, es grandísimo.

As indirect object:
a quien, al cual, al que

Raúl, **a quien (al cual, al que)** no le gustan los apartamentos, se comprará una casa grande.

Esta novela, **a la cual (a la que)** la censura le ha quitado unas páginas, se vende muy bien.

After simple prepositions:
el cual, el que, quien

La directora de la compañía, **con quien (con la cual, con la que)** converso a menudo, se jubilará pronto.

Este pueblo, **del cual (del que)** seguramente has oído hablar, es muy antiguo.

After compound prepositions:
el cual (el que)

Ese estudiante, **delante del cual** me siento en clase, se especializa en bioquímica.

Voy a caminar hacia el estadio, **detrás del cual** dejé el coche.

Possessive relative pronoun

cuyo, -a, -os, -as

Hay pocas compañías **cuya política económica** aplaudo.

Bill Gates, **cuya compañía** aparece a menudo en las noticias, es un hombre de negocios genial.

The subjunctive in adjective clauses

1. Subordinate clauses introduced by a relative pronoun and modifying a noun (the antecedent) are called adjective or relative clauses. (See the diagram on p. 162 of this chapter.) The nature of the antecedent determines whether to use the subjunctive or the indicative in an adjective clause. If the antecedent is specific and known to exist, the indicative is used in the adjective clause; if the antecedent is unknown and may or may not exist, the subjunctive is used.

Known antecedent: Indicative	Unknown antecedent: Subjunctive
Busco a la secretaria que **trabaja** en este piso. *I am looking for the secretary who works on this floor.*	Busco una secretaria que **domine** el español y el inglés. *I am looking for a secretary who is fluent in Spanish and English.*
Aquí hay alguien que **entiende** de computadoras. *Here is someone who understands computers.*	¿Hay alguien aquí que **entienda** de computadoras? *Is there anyone here who understands computers?*
Yo vivía en una ciudad que no **estaba** contaminada. *I used to live in a city that was not polluted.*	Me gustaría vivir en un pueblo que no **estuviera** contaminado. *I would like to live in a village that was not polluted.*

Note: The personal **a** is often not used before a direct object that is indefinite or whose existence is unknown. The personal **a** is always used, however, before the indefinite words **alguien, alguno, nadie,** and **ninguno.**

Busco dependientes que tengan experiencia.	*I'm looking for salespeople who have experience.*
Necesito encontrar **a alguien** que me reemplace durante mis vacaciones.	*I need to find someone who can replace me during my vacation.*
¿Recuerdas **a algunos** de los compañeros con quienes nos reuníamos los jueves?	*Do you remember some of the friends with whom we used to get together on Thursdays?*

2. The subjunctive is also used in adjective clauses that modify an antecedent that is nonexistent or unknown within the speaker's realm of experience.

No conozco a nadie que se **interese** por la contabilidad.	*I don't know anyone who is interested in accounting.*
Aquí no hay nada que **valga** la pena comprar.	*There is nothing here that is worth buying.*
Ayer no recibí ninguna carta que **trajera** noticias importantes.	*Yesterday, I didn't get a single letter that brought important news.*

3. Use of the subjunctive or the indicative in an adjective clause may depend upon context.

Mi mejor vendedor pide un aumento del 10%. No me importa lo que **tengo** que pagarle.	*My best salesperson is asking for a ten percent raise. It doesn't matter what I (do) have to pay him.* (**Lo** refers to a known amount; use of the indicative implies that the speaker knows how much to pay.)
Necesitamos otro vendedor urgentemente. No me importa lo que **tenga** que pagarle.	*We need another salesperson urgently. It doesn't matter what I (may) have to pay him.* (**Lo** refers to an unknown amount.)
Tranquilízate. Haré lo que tú **dices.**	*Calm down. I'll do what you say.*
Tranquilízate. Haré lo que tú **digas.**	*Calm down. I'll do whatever you (might) say.*

IV Foco en el léxico: Spanish equivalents of *to save*

Ahorrar, guardar, and **salvar** are the main equivalents of the English verb *to save.*

1. **Ahorrar** usually refers to saving money or time, often conveying the idea of storing up something. In a reflexive construction, it is used in the sense of sparing oneself something or saving time or work.

Trato de **ahorrar** el diez por ciento del dinero que gano.

I try to save ten percent of the money I earn.

Martín dice que **ahorra** tiempo si se organiza bien antes de escribir informes.

Martín says that he saves time if he gets well organized before writing reports.

Me ahorré mucho trabajo aprendiendo a usar un programa de procesamiento de textos.

I saved a great deal of work by learning how to use a word-processing program.

2. **Guardar** expresses *to save* in the sense of putting aside or keeping something for someone.

No te olvides de **guardar** todos tus recibos.

Don't forget to keep all your receipts.

Le estoy **guardando** un asiento a Tere.

I'm saving a seat for Tere.

3. **Salvar** means *to save* in the sense of rescuing someone or something from danger, harm, or destruction.

A pesar del peligro del diluvio, pudieron **salvar** a toda la gente.

In spite of the danger from the flood, they managed to save all the people.

Ese doctor le **salvó** la vida a mi hijo.

That doctor saved my son's life.

Tu llegada me **salvó** del aburrimiento que sentía.

Your arrival saved me from the boredom I was feeling.

CAPÍTULO 9

The perfect tenses of the subjunctive

A Forms

Present perfect	Past perfect (*-ra*)	Past perfect (*-se*)
haya viajado	hubiera viajado	hubiese viajado
hayas viajado	hubieras viajado	hubieses viajado
haya viajado	hubiera viajado	hubiese viajado
hayamos viajado	hubiéramos viajado	hubiésemos viajado
hayáis viajado	hubierais viajado	hubieseis viajado
hayan viajado	hubieran viajado	hubiesen viajado

1. The present perfect subjunctive is formed with the present subjunctive of the auxiliary verb **haber** + a past participle. (See Chapter 6, Section 1, p. 115 for regular and irregular past participles.)

Es posible que Ricardo **haya decidido** cancelar su viaje.	*It is possible that Ricardo has decided to cancel his trip.*
Lamento que **hayas perdido** tus documentos y que no los **hayas recuperado** todavía.	*I regret that you have lost your documents and that you have not recovered them yet.*

2. The past perfect subjunctive is formed with the imperfect subjunctive of **haber** + a past participle. Either the **-ra** or **-se** endings of the imperfect subjunctive of **haber** may be used; however, the **-ra** endings are more common, especially in the spoken language.

Como tu avión no llegaba, temíamos que **hubieras tenido** un accidente.	*Since your plane didn't arrive, we were afraid that you had had an accident.*
Todos se alegraron de que el desastre ecológico del mes pasado no **hubiera causado** más daños.	*Everyone was happy that last month's ecological disaster had not caused greater damage.*

<table>
<tr><td>El periódico nos informó que no había nadie que **hubiese propuesto** un aumento de las actividades turísticas.</td><td>*The newspaper informed us that that there was nobody who had proposed an increase in tourist activities.*</td></tr>
</table>

3. The negative adverb **no** and the object pronouns precede the conjugated form of the auxiliary verb **haber,** which is directly followed by the past participle. Other adverbs such as **ya, todavía,** and **frecuentemente** either precede the auxiliary or follow the past participle.

<table>
<tr><td>Es increíble que el gobierno local todavía no se **haya preocupado** (no se **haya preocupado** todavía) de regular el turismo masivo.</td><td>*It's unbelievable that the local government has not taken any interest in regulating mass tourism yet.*</td></tr>
<tr><td>—Aprobaron varias medidas para acelerar la economía local, ¿verdad?</td><td>*Several measures to accelerate the local economy were approved, right?*</td></tr>
<tr><td>—Sí, pero a todos les sorprendió que no las **hubieran aplicado** de inmediato.</td><td>*Yes, but it surprised everyone that they hadn't applied them immediately.*</td></tr>
</table>

◆B◆ Uses

Use of the present perfect subjunctive

The present perfect subjunctive may be used in a dependent clause that requires the subjunctive. The main verb may be in the present, present perfect, future, or future perfect, or in a command form.

<table>
<tr><td>Esperamos que **hayas tenido** un buen viaje.</td><td>*We hope you have had a good trip.*</td></tr>
<tr><td>No conozco a nadie que **haya visitado** un bosque tropical.</td><td>*I don't know anybody who has visited a rain forest.*</td></tr>
<tr><td>Nos ha sorprendido que el consejo municipal **haya aprobado** una propuesta tan desventajosa para el medio ambiente.</td><td>*We are surprised that the city council has approved a proposal so disadvantageous for the environment.*</td></tr>
</table>

Estoy seguro de que más adelante dudaremos que esta aventura extraordinaria **haya sucedido.**	*I am sure that later on we will doubt that this extraordinary adventure has ever happened.*
No decidas todavía qué excursión tomar; espera que la agente de viajes te **haya dado** más opciones primero.	*Don't decide yet what trip to take; wait until the travel agent has given you more options first.*

Use of the past perfect subjunctive

The past perfect subjunctive may be used in dependent clauses that require the subjunctive. The main verb may be in the past (preterit, imperfect, past perfect) or in the conditional or conditional perfect.

Cuando visitamos a tu tío ayer, se quejó de que sus hijos no lo **hubieran invitado** a ir con ellos en el crucero que tomaron.	*When we visited your uncle yesterday, he complained that his children had not invited him to go with them on the cruise they took.*
No era verdad que nosotros no **hubiéramos respetado** el contrato.	*It wasn't true that we had not honored the contract.*
Hasta ese momento los detectives habían dudado de que el sospechoso **hubiera salido** del país.	*Up until that moment, the detectives had doubted that the suspect had left the country.*
Habríamos preferido que, antes de llamar a la policía, tú nos **hubieses llamado** a nosotros primero.	*We would have preferred that, before calling the police, you would have called us first.*

See Chapter 10, Section I, p. 193 for use of the past perfect subjunctive in contrary-to-fact **si** clauses.

Nota gramatical: As in English, a perfect tense in Spanish is used when the action or state described by the dependent clause precedes in time the action or state described in the main clause. The two most frequent combinations are shown in the table that follows.

Main clause (indicative)	Dependent clause (subjunctive)	
present	present perfect	En esta reunión no **hay** nadie que **haya visitado** un bosque tropical. *At this meeting there is nobody who has visited a tropical rain forest.*
preterit or imperfect	past perfect	En la última reunión no **conocí** a nadie que **hubiera visitado** un bosque tropical. *At the last meeting, I didn't meet anyone who had visited a tropical rain forest.*

Sequence of tenses

In sentences with dependent clauses, there must be a logical correlation between the tense of the main verb and that of the dependent verb. The following are the most common combinations.

A Main verb and dependent verb in the indicative

Main clause	Dependent clause
Present	Present perfect
Imperfect	Past perfect
Preterit	Preterit perfect
Future	Future perfect
Conditional	Conditional perfect

1. When both the verb of the main clause and that of the dependent clause are in the indicative (any of the tenses above), the verbs can be in any tense, as long as the combination is logical.

> **Afirman** que el turismo **es** la industria principal de muchos países.

> *They assert that tourism is the main industry of many countries.*

> Algunos estudiosos **han sugerido** que el ecoturismo **beneficiará** la economía y **conservará** los recursos naturales.

> *Some experts have suggested that ecotourism will benefit the economy and will preserve natural resources.*

> Mis padres **dijeron** que **habían perdido** el avión esa tarde y que la agente de la aerolínea les **había dicho** que como no **había** más vuelos ese día **podrían** continuar su viaje el día siguiente.

> *My parents said that they had missed their plane that afternoon and that the airline agent had told them that since there were no more flights that day they could continue their trip the next day.*

2. Command forms may combine with the present, the future, the past, or the conditional.

> **Dime** qué **haces** en este momento / **harás** mañana / **hiciste** ayer / **hacías** ayer a las dos / **harías** con un millón de dólares.

> *Tell me what you are doing now / will do tomorrow / did yesterday / were doing yesterday at two o'clock / would do with a million dollars.*

B Main verb in the indicative, dependent verb in the subjunctive

1. If the main verb in the sentence is in the present, present progressive, present perfect, future, future perfect indicative, or is a command, the verb in the dependent clause may be in the present, the present perfect, the imperfect, or the past perfect subjunctive. In the latter two cases, the event expressed by the dependent clause occurred prior to that of the main clause.

Main verb (Indicative)	Dependent verb (Subjunctive)
Present	
Present progressive	Present
Present perfect	Present perfect
Future	Imperfect
Future perfect	Past perfect
Command	

Pareces agobiado. Te **sugiero** que **trabajes** menos horas.

You seem overburdened. I suggest that you work fewer hours.

Dudo que mis vecinos **hayan salido** de la ciudad este fin de semana.

I doubt that my neighbors have gone out of town this weekend.

Estoy esperando que el mecánico **termine** de arreglar el coche para ir de paseo.

I'm waiting for the mechanic to finish fixing the car in order to go for a ride.

Será bueno que **aumenten** el número de parques de estacionamiento público.

It will be good if they increase the number of public parking lots.

Siempre me **ha sorprendido** que muchos turistas no **puedan** dejar de usar su cámara.

I have always been surprised by the fact that many tourists are not able to stop using their cameras.

No **esperes** que yo te **solucione** tus problemas.

Don't expect me to solve your problems.

Lamento que mi tarjeta postal nunca te **llegara.**

I am sorry my postcard never reached you.

Dudo que para esa fecha yo ya **hubiera comenzado** a pensar en hacerme guía turística.

I doubt that by that date I had already started thinking of becoming a tour guide.

Nota gramatical: To include the most frequently used tense combinations, one could say that a main clause in the present or future combines with a dependent clause in the present subjunctive: **Es bueno que regulen el turismo. / Será bueno que regulen el turismo.** *It is good that they regulate tourism. / It will be good that they regulate tourism.* A main clause in the present combines also with a dependent clause in the present perfect subjunctive: **Me alegro de que hayan convertido esta área en parque nacional.** *I'm happy they have turned this area into a national park.*

2. If the main verb is in any of the past tenses, or in the conditional or the conditional perfect, the verb of the dependent clause must be either in the imperfect subjunctive or the past perfect subjunctive.

Main verb (Indicative)	Dependent verb (Subjunctive)
Imperfect	
Past perfect	
Preterit	Imperfect
Conditional	Past perfect
Conditional perfect	

Todos **pidieron** que **construyeran** más parques en la ciudad.	*Everybody requested that they build more parks in the city.*
Mi hermana **quería** trabajar para una compañía que se **especializara** en biotecnología.	*My sister wanted to work for a company that specialized in biotechnology.*
Hasta hace poco, los contribuyentes todavía se **quejaban** de que les **hubieran aumentado** los impuestos.	*Until recently, taxpayers were still complaining that their taxes had been raised.*
Le dije a Tito que me **había molestado** que nadie me **hubiera advertido** la cancelación de la reunión.	*I told Tito that it had upset me that nobody had advised me about the cancellation of the meeting.*
Sería bueno que **resolvieran** pronto el problema de las especies en vías de extinción.	*It would be good if they would solve the problem of endangered species soon.*

Nota gramatical: Just as the future lines up with the tenses of the present, so the conditional lines up with the tenses of the past. One can then say that a main clause in the past (imperfect, preterit, or conditional) combines with a dependent clause in the imperfect subjunctive. **Fue bueno que regularan el turismo. / Sería bueno que regularan el turismo.** *It was good that they regulated tourism. / It would be good for them to regulate tourism.* A main clause in the preterit or imperfect combines also with a dependent clause in the past perfect subjunctive: **Me alegré de que hubieran convertido esta área en parque nacional.** *I was happy they had turned this area into a national park.*

The subjunctive in adverbial clauses

1. An adverbial clause modifies the verb of the main (independent) clause of a sentence and is introduced by conjunctions such as **cuando, como, aunque,** and **porque.** An adverbial clause conveys information about the time, place, manner, condition, cause, purpose, or result of the main action. An adverbial clause may also express a supposition or uncertainty about the main action.

> Saldré de viaje **cuando termine el semestre.**
>
> *I will leave on a trip when the semester is over.*
>
> **Aunque pierda dinero,** no aceptaré esas condiciones.
>
> *Even though I may lose money, I will not accept those conditions.*
>
> Protejamos las bellezas naturales **para que todos podamos disfrutarlas.**
>
> *Let's protect our natural beauty spots so that we can all enjoy them.*

2. Both the indicative and the subjunctive are used in adverbial clauses. The indicative is used to express an action, an event, or a situation that does happen, has happened, or is certain to happen. The subjunctive is used if an adverbial clause conveys doubt, uncertainty, or possibility, or if the adverbial clause refers to an action that has not yet taken place. Compare the use of the indicative and the subjunctive in the following adverbial clauses.

Prefiero no viajar en esta época porque **hace** frío.	*I prefer not to travel during this time because it is cold.*
Viajaré cuando no **haga** frío.	*I will travel when it is not cold.*
Como **estaba** enferma, no fue a trabajar.	*Since she was sick, she didn't go to work.*
Aunque yo **tuviera** fiebre, yo iría a trabajar.	*Even though I might have a fever, I would go to work.*

A Conjunctions always followed by the indicative

1. The indicative is always used in an adverbial clause that gives the reason for a situation or for the occurrence of an action or event.

No pudimos cenar en el restaurante Neptuno porque **estaba** cerrado por reparaciones.	*We were unable to have dinner at the Neptuno Restaurant because it was closed for repairs.*
Ya que no **podré** asistir a la boda de Yolanda, le he enviado un regalo por correo.	*Since I will not be able to attend Yolanda's wedding, I have mailed her a present.*
Como no me **dieron** permiso en el trabajo, tuve que cancelar el viaje a Acapulco.	*Since they didn't give me permission at work, I had to cancel my trip to Acapulco.*

2. The following are some of the conjunctions that indicate reason or cause.

como *since*	puesto que *since, because*
porque *because*	ya que *since, because*

> ***Nota gramatical:*** The conjunction **como** also indicates manner, in which case it can be followed by either the indicative or subjunctive. See p. 187.

B Conjunctions always followed by the subjunctive

1. The subjunctive is always used in an adverbial clause to refer to an event that has not yet taken place at the time indicated by the tense of the main verb. Consequently, the subjunctive is always used after the following conjunctions.

a fin de que *in order that*

a menos (de) que *unless*

a no ser que *unless*

antes (de) que *before*

con tal (de) que *provided that*

en caso de que *in case that*

para que *so that*

sin que *without*

Dame tu dirección electrónica antes de que te **olvides.**

> Give me your email address before you forget.

Necesito verte para que **planeemos** las próximas vacaciones.

> I need to see you so that we can plan our next vacation.

En caso de que **vengas** en dirección a mi casa, tráeme el disco compacto que me prometiste.

> In case you are coming toward my house, bring me the compact disc you promised me.

A menos que **ocurra** un milagro, voy a salir mal en mi examen de cálculo.

> Unless there is a miracle, I am going to flunk my calculus exam.

Nota gramatical: Antes (de) que is always followed by a verb in the subjunctive: **Antes de que** *salgas* **del trabajo, llámame.** *Before you leave from work, call me.* Its antonym **después (de) que** behaves like a conjunction of time and may be followed by either the indicative or subjunctive. Indicative: **Después de que yo** *llegué,* **nadie dijo nada.** *After I arrived, nobody said anything.* Subjunctive: **Después de que** *llegues* **a casa, llámame por teléfono.** *After you get home, give me a ring.* See p. 185 of this section for the use of indicative or subjunctive after conjunctions of time.

---

2. **Antes de, después de, para,** and **sin** are followed by an infinitive when the subject of the main verb is the same as that of the dependent clause.

Almorzaremos **antes de ir** a clase.

> We'll eat lunch before going to class.

Nunca viajo **sin llevar** mi cámara.

> I never travel without taking my camera.

Estudio **para aprender.**

> I study so that I will learn.

C Conjunctions followed by either the indicative or the subjunctive

Conjunctions of time

1. The following conjunctions of time may be followed by either the indicative or the subjunctive.

cuando *when*	hasta que *until*
después (de) que *after*	mientras que *while; as long as*
en cuanto *as soon as*	tan pronto como *as soon as*

Cuando **voy** a Sevilla, me alojo en casa de unos amigos.

When I go to Seville, I stay at some friends' house. (I do this on a regular basis.)

Cuando **vaya** a Sevilla, me alojaré en casa de unos amigos.

When I go to Seville, I will stay at some friends' house. (I have not yet gone to Seville.)

Partiré tan pronto como **pueda.**

I'll leave as soon as I can.

2. Conjunctions of time that refer to habitual events, present or past, or to actions that have taken place in the past are followed by the indicative.

Tan pronto como **termino** de trabajar, tomo el metro y regreso a casa. Antes, cuando **terminaba** de trabajar, iba a un café con los amigos.

As soon as I finish working, I catch the metro and return home. Before, when I finished working, I used to go to a coffeehouse with my friends.

Después de que **leí** un artículo sobre las islas Galápagos, pensé en ir allí en mi próximo viaje.

After I read an article on the Galapagos Islands, I thought of going there on my next trip.

3. Conjunctions of time that refer to future or anticipated events are followed by the subjunctive.

Mientras Ud. **siga** este régimen, no tendrá problemas de peso.

As long as you keep to this diet, you will not have problems with your weight.

Estaré en la ciudad hasta
que se **acabe** el semestre,
pero en cuanto **termine** el
último examen, saldré
para la casa de mis padres.

*I will be in town until the
semester is over, but once I
finish my last exam, I will
leave for my parents' home.*

De modo que, de manera que

The conjunctions **de modo que** (*so that*) and **de manera que** (*so that*) may
convey two different meanings: the result of an action or the purpose of an
action. They are followed by the indicative to imply result and by the subjunctive to imply purpose. When used to imply purpose, **de modo/manera
que** are synonymous with **para que.**

Me apuré **de modo que**
terminé pronto. (*result:
indicative*)

*I hurried up so that I finished
soon.*

Apúrate **de modo que**
termines pronto. (*purpose:
subjunctive*)

*Hurry up so that you can finish
soon.*

Hablé en voz alta **de modo que**
todos me **oyeron/oyeran.**

*I spoke in a loud voice so that
everyone heard me/could hear
me.*

Aunque, a pesar (de) que

1. The conjunctions **aunque** (*although, even though, even if*) and **a pesar (de)
   que** (*in spite of*) are followed by the indicative to introduce facts or situations viewed as facts.

   Aunque necesito una
   videocámara, no compraré
   una todavía.

   *Even though I need a
   videocamera, I won't buy one
   yet.*

   A pesar de que estaba
   lloviendo, Susana y yo
   jugamos al tenis.

   *In spite of the fact that it was
   raining, Susana and I played
   tennis.*

2. When **aunque** or **a pesar de que** introduce a clause that expresses a supposition or a conjecture, the conjunction is followed by the subjunctive.

Aunque el ecoturismo **ayude** al crecimiento económico, puede tener consecuencias negativas para el medio ambiente.	*Even though ecotourism may help economic growth, it may have negative consequences for the environment.*
Aunque tuviera dificultades económicas en el futuro, nunca les pediría dinero prestado a mis padres.	*Even though I might have economic hardships in the future, I would never ask my parents for money.*

3. The verb in the clause introduced by **aunque** may be conjugated in the subjunctive if it refers to a fact that the speaker considers irrelevant to the main point being made in the sentence.

Sé que es tarde, pero **aunque sea** tarde, voy a llamar a Gonzalo porque necesito hablar con él urgentemente.	*I know it's late, but even though it is late, I will call Gonzalo because I need to talk with him urgently.*

Como, donde, según

The conjunctions **como** (*as, in any way*), **donde** (*where, wherever*), and **según** (*according to*) are used in adverbial clauses referring to place and manner. The indicative is used in clauses that refer to a specific, known place or manner; the subjunctive is used to refer to a nonspecific or unknown place or manner.

¿Coloco el paquete **donde** tú me **pediste?**	*Do I place the package where you asked me to?* (a specific place)
Colócalo **donde haya** lugar.	*Put it wherever there's room.* (any place)
¿Lo coloco **como** me **dijiste,** de costado?	*Do I place it the way you told me, on its side?* (a specific way)
Colócalo **como quieras,** no importa.	*Put it any way you want, it doesn't matter.* (any way)

Summary of the indicative versus the subjunctive in adverbial clauses

Conjunctions	Followed by	Examples
como (*reason*) porque puesto que ya que	Indicative: reason	**Como quiero** pasar un semestre en el extranjero, ahorro dinero. Haré ese trabajo **porque** me **pagarán** bien.
a fin de que a menos (de) que a no ser que antes (de) que con tal (de) que en caso (de) que para que sin que	Subjunctive: not yet realized	Te acompañaré al cine **a menos de que deba** trabajar sobretiempo. Vámonos a casa **antes de que comience** a nevar. Salí de la conferencia **sin que** nadie se **diera** cuenta.
cuando después (de) que en cuanto hasta que mientras (que) tan pronto como	Indicative: occurs or occurred Subjunctive: anticipated (not realized)	**Cuando vengo** a este centro comercial, siempre paso por la tienda de música. **Cuando venga** a este centro comercial otra vez, pasaré más tiempo en la tienda de ropa. Te llamaré por teléfono **en cuanto esté** libre.
a pesar de que aunque	Indicative: fact Subjunctive: supposition, conjecture; irrelevant fact	**Aunque hace** frío, no llevo abrigo. **Aunque haga** frío mañana, iré a jugar al tenis. **Aunque tuviera** mucho dinero, seguiría trabajando.
de manera que de modo que	Indicative: result Subjunctive: purpose	Ella enuncia claramente **de modo que** todos la **entienden.** Enuncia claramente, por favor, **de modo que** todos te **entiendan.**
como (*manner*) donde según	Indicative: specific, known Subjunctive: nonspecific, unknown	Deja ese paquete **donde** te **indiqué.** Deja ese paquete **donde encuentres** lugar.

IV The conjunctions *pero, mas,* and *sino (que)*

A Pero and *mas*

The conjunction **pero** establishes a contrast between two parts of a sentence; it corresponds to the English word *but* in the sense of *however.* **Mas,** written without an accent, is a synonym of **pero** used mainly in written Spanish.

Esta universidad no es grande, **pero** es una de las mejores en mi campo de especialización.	*This university isn't big, but it is one of the best in my field.*
Pedí una beca, **pero** no sé todavía si me la darán.	*I asked for a scholarship, but I don't know yet if they'll give it to me.*
Se puede seguir este curso el primer año, **mas** se requiere una preparación académica en historia del arte moderno.	*This course can be taken the first year, but it requires academic preparation in the history of modern art.*
Querría ir de vacaciones a una región remota, **pero** no encuentro ninguna que parezca interesante.	*I would like to go on vacation to a remote area, but I don't find any that looks interesting.*
Los lugares naturales de nuestra zona no son espectaculares, **pero** encantan a muchos turistas.	*The natural attractions of our area are not spectacular, but they charm many tourists.*
Es bueno desarrollar el turismo, **mas** uno debe preservar el medio ambiente también.	*It's good to develop tourism, but one must also preserve the environment.*

B Sino and *sino que*

1. The conjunctions **sino** and **sino que** are used to correct or clarify information. They are used when the first part of a sentence is negative and the second part contradicts or is in opposition to the first part. Both **sino** and **sino que** correspond to the English word *but* in the sense of *but rather* or *but on the contrary.*

—¿Vas a ir a un lugar exótico
este verano?

—No, no voy a ir a un lugar
exótico **sino** a un lugar muy
conocido. No es que los
lugares exóticos no me
gusten, **sino que** me canso a
veces de los lugares exóticos.

*Are you going to an exotic place
this summer?*

*No, I'm not going to go to an
exotic place but to a well-
known place. It's not that I
don't like exotic places but
rather that I sometimes get
tired of exotic places.*

2. **Sino que,** not **sino,** must be used before a clause with a conjugated verb.

No voy a ir a una reserva
biológica el mes próximo
sino que esperaré hasta el
próximo verano.

*I won't go to a biological reserve
next month, but will wait until
next summer.*

No voy a ir a una reserva
biológica el mes próximo
sino el verano próximo.

*I won't go to a biological reserve
next month but next summer.*

Foco en el léxico: Spanish equivalents of *to move*

1. **Mover (ue)** is the most common verb used in Spanish to express *to move*.
The reflexive form **moverse** refers to bodily movement or the physical
motion of something, such as a vehicle.

Moveremos todos los muebles
al otro dormitorio mientras
pintemos.

*We will move all the furniture to
the other bedroom while we
paint.*

No **te muevas** mientras te saco
una foto.

*Don't move while I take your
picture.*

¡Cuidado! El coche **se movió**
un poco.

*Be careful! The car just moved a
little bit.*

No **me moveré** de aquí hasta
que regreses.

*I won't move from here until you
come back.*

2. The verb **trasladar(se)** may be used as a synonym of **mover(se),** but it most commonly refers to *moving, transferring,* or *being transferred* from one place to another, as for work reasons.

Van a **trasladar** los heridos al hospital.	*They are going to move (take) those injured to the hospital.*
Pedí que me **trasladaran** a otra oficina; **me trasladaré** en dos semanas.	*I requested that they move (transfer) me to another office; I'll move in two weeks.*

3. **Transportar** refers to *moving things from one place to another,* usually for a fee.

Gano dinero los fines de semana **transportando** muebles para una compañía local.	*I earn money on weekends by moving (transporting) furniture for a local company.*

4. A simple change of residence is most often expressed by **mudarse.**

Muchos matrimonios jóvenes **se mudan** con frecuencia.	*Many young married couples move frequently.*

5. *To move,* in the sense of taking a turn in a game such as chess or cards, is expressed by **jugar (ue)** or **hacer una jugada.**

Ya **jugué (hice una jugada);** ahora te toca a ti.	*I already moved; it's your turn now.*

6. *To move someone emotionally* is expressed with **impresionar** or **conmover (ue).**

Las palabras de la presidente nos **impresionaron** mucho.	*The president's words moved us a great deal.*
Ese hombre tiene un corazón impenetrable; no lo **conmueven** ni las lágrimas de un niño.	*That man has a hard heart; not even a child's tears move him.*

CAPÍTULO

10

Si clauses

A **si** clause is an adverbial clause that modifies the verb of the main clause. It may express a situation that is factual or is likely to occur, or a situation that is contrary to fact or highly unlikely to happen.

Si quieres entender los problemas del biculturismo, puedes leer *Cuando era puertorriqueña* de Esmeralda Santiago.	*If you want to understand the problems of biculturism, you can read Esmeralda Santiago's* Cuando era puertorriqueña. (likely to happen)
Si hemos tenido triunfos en nuestra campaña política, también hemos tenido decepciones.	*If we have had triumphs in our political campaign, we have also had disappointments.* (fact)
Si recibimos suficientes fondos, podremos continuar la renovación del centro de la ciudad.	*If we receive sufficient funds, we will be able to continue the renovation of the city center.* (likely to happen)
Habríamos resuelto muchos problemas si hubiéramos tenido un presupuesto mayor.	*We would have solved many problems if we had had a larger budget.* (contrary to fact)

Note that a **si** clause may appear before or after the main clause.

A *Si* clauses in the indicative

1. The indicative is used in both the main clause and the **si** clause to express *facts*. Various combinations of tenses are possible, and usage is similar to English.

Antes, **solía** correr por las tardes **si hacía** buen tiempo. Ahora sólo **corro si** el índice de contaminación **es** bajo.	*Before, I used to run in the afternoons if the weather was nice. Now I run only if the pollution index is low.*
Si ahora **hay** más conciencia con respecto a la diversidad cultural, **se debe** a las aportaciones de los grupos de inmigrantes.	*If there is now more awareness about cultural diversity, it is due to the contributions of the immigrant groups.*

Si la población hispana **continúa** creciendo al ritmo actual, en 2050 **llegará** a casi cien millones de personas.	*If the Hispanic population keeps growing at the current pace, in 2050 it will reach almost one hundred million people.*

2. To refer to an event that is probable or very likely to occur in the future, the verb in the **si** clause is in the present indicative and the verb of the main clause is in the present or future tense, or is a command form. The verb in a **si** clause is *never* in the present subjunctive.

Si hace sol esta tarde, **vamos** a jugar béisbol.	*If it is sunny this afternoon, we are going to play baseball.*
Aumentará la población hispana **si continúa** creciendo al mismo ritmo.	*The Hispanic population will increase if it continues growing at the same pace.*
Si vienes a la ciudad la semana próxima, **llámame** por teléfono.	*If you come to town next week, give me a call.*

B Si clauses in the imperfect or past perfect subjunctive

1. To refer to a situation that is contrary to fact or highly unlikely to happen in the present or in the future, the verb of the **si** clause is in the imperfect subjunctive and that of the main clause is usually in the conditional. See Chapter 8, Section I, p. 157 for the imperfect subjunctive, and Chapter 4, Section II, p. 75 for the conditional tense.

Yo **estudiaría** para ingeniero **si fuera** mejor para las matemáticas.	*I would study to be an engineer if I were better in math.*
Si tuviera tiempo, **comenzaría** a leer una novela de Óscar Hijuelos.	*If I had time, I would start reading a novel by Óscar Hijuelos.*
Si esa noticia **fuese** verdad, **estaríamos** muy sorprendidos.	*If that piece of news were true, we would be very surprised.*

> **Nota gramatical:** English *would* is also used to describe habitual, customary actions, in which case the equivalent in Spanish is the imperfect tense: *As a child, I would often stay overnight at my friends' homes.* **De niño, a menudo pasaba la noche en casa de mis amigos.** Habitual *would* can be replaced by *used to*: *I would stay overnight = I used to stay overnight*. See the review of the imperfect in Section III, p. 200 of this chapter and also in Chapter 2, Section I, p. 29.

2. To refer to a past situation that never took place and therefore is contrary to fact, the **si** clause is in the past perfect subjunctive and the main clause is usually in the conditional perfect. See Chapter 9, Section I, p. 175 for the perfect tenses of the subjunctive.

Si nos hubiéramos levantado más temprano, no **habríamos perdido** el avión.	*If we had gotten up earlier, we would not have missed the plane.*
Habríamos ido al concierto de Cristina Aguilera **si** la entrada no **hubiera costado** mucho dinero.	*We would have gone to Cristina Aguilera's concert if the ticket had not cost a lot of money.*

3. **De** + an infinitive phrase can be used instead of a **si** clause.

De tener (Si tuviera) más información, se la daría.	*Had I more information, I would give it to you.*
De haber sabido (Si hubiera sabido) esa noticia antes, podría haber hecho algo.	*Had I known that piece of news before, I would have done something.*

C *Como si* clauses

The conjunction **como si** (*as if*) is used in a dependent clause to express a contrary-to-fact situation. **Como si** + the imperfect subjunctive refers to a contrary-to-fact situation in the present; **como si** + the past perfect subjunctive refers to a contrary-to-fact situation in the past.

En casa de mi novio me tratan **como si** yo **fuera** de la familia.

¿No me reconoces? Actúas **como si** jamás me **hubieses visto** antes.

At my fiancé's home they treat me as if I were a member of the family.
Don't you recognize me? You're acting as if you had never seen me before.

Summary of *si* clauses

Usage	*Si* clause	Main clause	Examples
Facts: present and past	Indicative	Indicative	Si **estamos** aburridos, **vamos** al cine. Antes, si **nevaba** mucho, yo no **salía** de casa.
Likely future events	Present indicative	Future, Present indicative, Command	No **aprobarás** tus cursos si no **estudias** más. Si **tienes** tiempo, **ven** a verme.
Contrary to fact: present	Imperfect subjunctive	Conditional	Si **hubiera** menos restricciones, más industrias **contaminarían** el ambiente.
Contrary to fact: past	Past perfect subjunctive	Conditional perfect	Yo **habría comprado** más discos compactos si **hubiera tenido** más dinero.

Usage	*Como si* clause	Examples
Contrary to fact: present	Imperfect subjunctive	Me miras **como si** yo **fuera** un animal raro.
Contrary to fact: past	Past perfect subjunctive	Has destrozado el coche y actúas **como si** no **hubiera ocurrido** nada.

Nota gramatical: Except for the use of the subjunctive in Spanish versus the indicative in English for unlikely or contrary-to-fact statements, the two languages use basically the same structures in the most frequently used conditional sentences:

Spanish	**English**
si + present indicative	*if* + present indicative
Si *vienes* por avión, te iré a buscar al aeropuerto.	*If you **come** by plane, I'll go get you at the airport.*
si + past (imperfect) subjunctive	*if* + past indicative
Si *vinieras* por avión, te iría a buscar al aeropuerto.	*If you **came** by plane, I'd go get you at the airport.*
si + past perfect subjunctive	*if* + past perfect indicative
Si *hubieras venido* por avión, te habría ido a buscar al aeropuerto.	*If you **had come** by plane, I would have gone to get you at the airport.*

Adverbs of manner

1. Adverbs modify verbs, adjectives, and other adverbs to indicate place, time, manner, and degree. Adverbs are usually placed after the verb or before the adjective or other adverb modified.

En esta tienda tu disco DVD favorito está **muy** barato. Cómpralo **aquí.**	*In this store your favorite DVD is very inexpensive. Buy it here.*
No lo puedo atender **ahora;** vuelva Ud. **mañana.**	*I can't help you now; come back tomorrow.*
Ese señor siempre me saluda **muy cortésmente.**	*That gentleman always greets me very politely.*

2. Manner adverbs include words such as **bien, mal, despacio,** and **aprisa;** numerous phrases such as **a la fuerza** (*by force*), **a menudo, de improviso** (*unexpectedly*), and **de memoria** (*by heart*), as well as most adverbs ending in **-mente.**

Ese estudiante habla **mal,** pero escribe **bien.**	*That student speaks poorly, but writes well.*
No camines tan **aprisa.**	*Don't walk so fast.*
Ramiro nos visitó **de improviso.**	*Ramiro visited us unexpectedly.*
A menudo no entendemos los descubrimientos de los científicos.	*We often do not understand scientists' discoveries.*

⟨A⟩ Adverbs ending in *-mente*

1. Adverbs ending in **-mente** are generally adverbs of manner that tell *how* something is done. They are formed by adding the suffix **-mente** (usually equivalent to the English suffix *-ly*) to the feminine or to the common form of the adjective: **ruidosa → ruidosamente, difícil → difícilmente, amable → amablemente.** A written accent is retained when **-mente** is added.

Yo dormía **plácidamente** cuando el despertador sonó **ruidosamente.** Me levanté **rápidamente.**	*I was sleeping peacefully when the alarm clock went off noisily. I got up quickly.*

2. When two or more adverbs ending in **-mente** modify the same word, only the last adverb in the series retains the ending **-mente.** All preceding adverbs drop **-mente** and use the feminine form of the corresponding adjective.

Si Ud. actúa **tranquila y metódicamente,** no tendrá problemas.	*If you act calmly and methodically, you won't have any problems.*
Ese señor siempre me saluda **gentil, respetuosa** y **ceremoniosamente.**	*That gentleman always greets me politely, respectfully, and ceremoniously.*

⟨B⟩ Adverbial phrases

1. Two common alternatives to adverbs of manner ending in **-mente** are the constructions **con** + *noun,* and **de manera (modo)** + *adjective.*

Raúl Cano estudia **con atención** el ADN de algunos organismos primitivos. Lo estudia **de modo meticuloso.**	*Raúl Cano carefully studies the DNA of some primitive organisms. He studies it in a meticulous way.*

Mi sobrinito recibió **con alegría** un coche para armar. Se puso a armar las piezas **con entusiasmo.** Pero después de unos momentos, trabajaba **de modo** más **lento** y su madre tuvo que terminar de armarlo.	*My little nephew joyfully received a car to put together. He started putting the parts together enthusiastically. But after a few minutes, he was working more slowly, and his mother had to finish putting it together.*

> ***Nota gramatical:*** Note that the adverbial phrase **de modo (manera)** + *adjective* begins with the preposition **de;** the equivalent English adverbial phrase uses the preposition *in:* **Hazlo de manera sistemática.** *Do it in a systematic way.*

2. Compare the following alternative phrases to adverbs ending in **-mente.**

con + noun	Adverb in -*mente*	de modo/manera + adjective	Adverb in -*mente*
con cuidado	cuidadosamente	de modo rápido	rápidamente
con claridad	claramente	de manera completa	completamente
con cariño	cariñosamente	de modo cortés	cortésmente
con gusto	gustosamente	de manera gradual	gradualmente
con respeto	respetuosamente	de modo prudente	prudentemente

C **Adjectives functioning as adverbs**

An adjective can function as an adverb of manner when used with an intransitive verb (one that cannot take a direct object) or with a verb that expresses a state or condition. The adjective modifies both the subject and the verb simultaneously and agrees with the subject.

¿Qué ha ocurrido, muchachos? Salieron de casa **malhumorados** y han regresado muy **contentos.**	*What has happened, boys? You left home in a bad mood and have come back very happy.*
Anoche me acosté inmediatamente porque llegué muy **cansado.**	*Last night I went to bed right away because I was very tired when I arrived.*

Review of the uses of the preterit and the imperfect

The preterit and the imperfect are both simple past tenses. They represent two different ways of looking at past events: The preterit focuses on completed actions; the imperfect, on ongoing, customary, or habitual actions in the past. (See Chapter 2, Section I, p. 29 for a complete presentation of the forms and uses of the preterit and the imperfect.)

A Uses of the preterit

1. The preterit describes actions viewed as completed in the past.

El sábado pasado **salí** a pasear por la mañana y **visité** a unos amigos por la tarde.	*Last Saturday I went for a walk in the morning and visited some friends in the afternoon.*

2. The preterit reports a change in a condition or state in the past.

Al recibir una carta de mi familia, **me puse** muy contento.	*Upon receiving a letter from my family, I became very happy.*
Anoche **tuve** miedo cuando llegué a una calle muy oscura.	*Last night I became scared when I came to a very dark street.*

3. The preterit signals an action that interrupts another action continuing in the past.

Todos dormíamos cuando **sonó** el teléfono.	*We were all sleeping when the phone rang.*

Note that the continuing action is expressed in the imperfect.

B Uses of the imperfect

1. The imperfect expresses an action in progress in the past. It usually corresponds to the English construction *was/were* + an *-ing* form of the verb.

Ayer a las tres de la tarde **preparaba** un informe para mi clase de arte.	*Yesterday at three in the afternoon I was preparing a report for my art class.*

2. The imperfect expresses mental, emotional, or physical conditions or states in the past.

<table>
<tr>
<td>Después de la práctica de béisbol de ayer, estaba cansado y no tenía energías, pero estaba feliz de haber hecho ejercicio.</td>
<td>After yesterday's baseball practice, I was tired and didn't have any energy, but I was happy to have exercised.</td>
</tr>
</table>

The verbs **conocer, poder, querer,** and **saber** usually express mental conditions in the past and are conjugated in the imperfect. Used in the preterit, they express an action and acquire a special meaning.

<table>
<tr>
<td>Hasta hace poco yo no conocía a tu madre. La conocí ayer.</td>
<td>Up until recently I didn't know (= was not acquainted with) your mother. I met (= got to know) her yesterday.</td>
</tr>
<tr>
<td>Yo no sabía que la familia de Humberto era de Colombia. Lo supe el miércoles pasado.</td>
<td>I didn't know that Humberto's family was from Colombia. I found that out last Wednesday.</td>
</tr>
<tr>
<td>Antes, yo estaba en forma. Podía correr una milla en seis minutos. Ayer no pude correr ni media milla.</td>
<td>Before, I was in shape. I was able (had the ability) to run a mile in six minutes. Yesterday I didn't even manage to run half a mile.</td>
</tr>
</table>

3. In narrations, the imperfect gives background information or provides the setting for an action or actions. The time of day is considered background information and is always expressed in the imperfect.

<table>
<tr>
<td>Era la una de la tarde. Brillaba el sol. No había ninguna nube en el cielo. El estadio estaba lleno de gente. (…)</td>
<td>It was one o'clock in the afternoon. The sun was shining. There wasn't a cloud in the sky. The stadium was full of people. (…)</td>
</tr>
</table>

4. The imperfect is used to express habitual actions in the past.

<table>
<tr>
<td>El semestre pasado iba a clases por la mañana y trabajaba los martes y los jueves por la tarde.</td>
<td>Last semester I used to go to class in the morning and would work on Tuesday and Thursday afternoons.</td>
</tr>
</table>

IV ▸ Nominalization of adjectives and neuter *lo*

A ▸ Nominalization of adjectives

1. When context is clear, a noun that is modified by an adjective, an adjective phrase, or a clause may be eliminated to avoid repetitiveness. When this happens, the adjective is nominalized; that is, it functions as a noun. Observe in the following examples that the nominalized adjective, as well as the accompanying article, demonstrative, or possessive adjective, agrees in gender and number with the understood noun.

—¿Prefieres los pantalones grises o **los azules?**	*Do you prefer the gray pants or the blue ones?*
—Me gustan **los azules**, pero **estos grises** me quedan mejor.	*I like the blue ones, but these gray ones fit me better.*
Me gusta la blusa blanca, pero Alicia prefiere **la rosada.**	*I like the white blouse, but Alicia prefers the pink one.*
Los equipos locales son tan buenos como **los profesionales.**	*Local teams are as good as professional ones.*

> **Nota gramatical:** Note that the nominalization occurs because a repeated noun is omitted in Spanish, whereas in English it can be replaced by the pronoun *one(s)*.
>
> Spanish:
>
> **¿Prefieres los pantalones grises o los pantalones azules?** ↦
> **¿Prefieres los pantalones grises o los azules?**
>
> English:
>
> *Do you prefer the gray pants or the blue pants?* ↦
> *Do you prefer the gray pants or the blue ones?*

2. The indefinite article **un** becomes **uno** before a nominalized adjective.

Conozco un escritor cubanoamericano, pero no conozco **uno** puertorriqueño.	*I know a Cuban American writer, but I don't know a Puerto Rican one.*

3. A **de** phrase or **que** clause that functions as an adjective may also be nominalized.

Revisé todas las estadísticas, excepto **la de la página 15.**	*I reviewed all the statistics, except the one on page 15.*
Los tamales de este restaurante son buenísimos, pero yo prefiero **los que prepara mi madre.**	*The tamales in this restaurant are very good, but I prefer the ones that my mother prepares.*
La voz que acabas de oír es **la del loro.**	*The voice you just heard is the parrot's.*

> **Nota gramatical:** Again, the nominalization occurs because a repeated noun has been omitted in Spanish.
>
> **Estos tamales no son tan buenos como *los tamales que* prepara mi madre.** →
>
> **Estos tamales no son tan buenos como *los que* prepara mi madre.**
>
> In English, the pronoun *one(s)* takes the place of the repeated noun.
>
> *These tamales aren't as good as the **tamales** my mother prepares.* →
> *These tamales aren't as good as the **ones** my mother prepares.*

B ▶ The neuter article *lo*

Before a masculine singular adjective

Lo is the neuter form of the definite article. It is invariable and is used with a masculine singular adjective to refer to an abstract idea or quality. Observe in the following examples the various English equivalents of **lo** + an adjective.

Lo importante es no desanimarse.	***What is important*** *is not to get discouraged.*
Lo difícil es dar el primer paso.	***The hard thing*** *is to take the first step.*
Sólo piensas en **lo tuyo.**	*You only think about **what's yours.***

No te metas en **lo nuestro.**   *Don't meddle in **our affairs.***
Creo que debemos respetar **lo**   *I believe we have to respect*
   acordado en nuestra última   ***what was agreed upon** at our*
   reunión.   *last meeting.*

> ***Nota gramatical:*** As indicated in the preceding section on nominalization of adjectives, p. 202, the use of the other forms of the article (**el, la, los, las**) before an adjective indicates that a specific noun has been omitted because of previous mention:
>
> —**¿Qué deportes practican en los países caribeños?**
>
> *What sports do they practice in the Caribbean countries?*
>
> —**El principal es el béisbol. (= El deporte principal es el béisbol.)**
>
> *The main one is baseball.*

Before a variable adjective or an adverb

When **lo** is followed by a variable adjective or an adverb, it expresses the degree or extent of a quality. A variable adjective agrees in gender and number with the noun to which it refers. In this usage, **lo** corresponds to the English word *how.*

Siempre me ha sorprendido   *I have always been surprised at how*
   lo caros que son esos   *expensive those products are. The*
   productos. Los comerciantes   *shopkeepers complain about*
   se quejan de **lo mal** que   *how poorly they sell.*
   se venden.

Casi no puedo creer **lo**   *I can hardly believe how popular*
   populares que son los   *American baseball players are in*
   beisbolistas norteamericanos   *the Caribbean.*
   en todo el Caribe.

Before *de* + phrase

1. **Lo** + **de** is used to nominalize an adjective phrase that refers to a situation or fact in a general way; that is, there is no specific noun modified.

¿Cómo va **lo de** la venta de
tu casa?

*How's (the matter about) the sale of
your house going?*

¿Y qué pasó con **lo de** tu
hermano? ¿Esa operación
que se iba a hacer?

*And what happened with your
brother's matter? That operation
he was supposed to undergo?*

2. **Lo** + **de** may correspond to phrases such as the following.

el asunto de *the matter of*

el problema de *the problem of*

la parte de *the part of*

la cuestión de *the issue of*

—¿Y en qué quedó el asunto
de la venta del coche?

*And how was the matter of the car
sale resolved?*

—**Lo del coche** quedó bien.
Ya se vendió.

*The car sale went well. It's already
been sold.*

—¿Te afecta el problema de
la desocupación?

*Does the unemployment problem
affect you?*

—Sí, **lo de la desocupación**
es serio.

*Yes, the unemployment matter is
serious.*

◇ C The neuter pronoun *lo*

1. The neuter pronoun **lo** is used to replace a previously expressed situation
or occurrence in its entirety.

—Jon Secada dará un concierto
en la ciudad.

*Jon Secada will give a concert in
our city.*

—Ah, no **lo** sabía. ¿Quién te **lo**
dijo?

*Oh, I didn't know (it). Who told
you so?*

2. **Lo** is also used to replace a predicate noun or adjective after linking verbs
such as **estar, parecer,** and **ser.**

Esos animales parecen llamas,
pero no **lo** son. Son vicuñas.

*Those animals seem to be llamas,
but they aren't. They are
vicuñas.*

—Pareces cansado.

You seem tired.

—**Lo** estoy.

I am.

See Chapter 8, Section II, p. 162 for the neuter relative pronouns **lo que** and
lo cual.

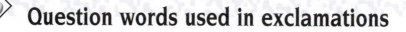

Question words used in exclamations

A *Cómo* and *cuánto* in exclamations

1. **Cómo** expresses *how* in the sense of *in what way;* **cuánto** expresses *how* or *how much* in the sense of *to what extent.* They can be used interchangeably when they directly modify a verb.

¡Cómo (Cuánto) ha crecido la población hispana!	*How (How much) the Hispanic population has grown!*
¡Cuánto (Cómo) has cambiado! No te reconocí.	*How much (How) you have changed! I didn't recognize you.*
¡Cómo (Cuánto) odio tener que hacer una declaración de impuestos!	*How (How much) I hate to have to do a tax return!*

2. **Cuánto/a** + a noun expresses *how much* or *how many* in exclamations. **Cuánto** agrees with the noun it modifies.

¡Cuántas veces te he dicho que mi cantante favorito no es Marc Anthony!	*How many times have I told you that my favorite singer is not Marc Anthony!*
¡Cuántos negocios han fracasado estos últimos meses!	*How many businesses have failed these last few months!*

B *Quién* in exclamations

Exclamations with **quién** + a verb are often used to talk about wishes that probably will never be fulfilled. The verb is in the past subjunctive for wishes referring to the present and in the past perfect subjunctive for wishes referring to the past.

¡Quién pudiera estar escuchando salsa en este momento!	*I wish I could be listening to salsa music right now!*

¡**Quién** hubiera podido caminar por la luna con los primeros astronautas!	*I wish I had been able to walk on the moon with the first astronauts!*

C *Qué* in exclamations

1. **Qué** + a verb corresponds to the English word *what*.

¡**Qué** insinúas con esas mentiras!	*What are you insinuating with those lies!*
¡**Qué** sabes tú de ese tema!	*What do you know about that topic!*

2. **Qué** + an adjective corresponds to the English word *how*.

¡**Qué** increíble!	*How unbelievable!*
¡**Qué** increíble fue esa hazaña!	*How unbelievable that feat was!*

3. **Qué** + a singular noun corresponds to the English phrase *what a;* with a plural noun, **qué** is equivalent to *what*. Note that no indefinite article appears in the Spanish sentences.

¡**Qué** espectáculo vimos!	*What a show we saw!*
¡**Qué** lanzadores tiene ese equipo de béisbol!	*What pitchers that baseball team has!*

4. If the noun in an exclamation with **qué** is modified by an adjective, the construction **qué** + noun + **más/tan** + adjective is used.

¡**Qué** espectáculo **más (tan)** fascinante!	*What a fascinating show!*
¡**Qué** artistas **más (tan)** sensacionales vimos ayer!	*What sensational artists we saw yesterday!*

5. **Qué** + an adverb in exclamations expresses *how* something is done.

¡**Qué** rápidamente aprendes!	*How fast you learn!*
¡**Qué** fácilmente puedes resolver el crucigrama!	*How easily you can solve the crossword puzzle!*

Nota gramatical: All the words studied in this section are written with an accent mark when they are used in questions or exclamations. If they have other uses—conjunctions or pronouns, for instance—they are written without an accent. Consult Appendix B: Written Accent Marks.

With an accent

¡**Qué** distraído soy! ¿**Qué** me preguntaste?

How absent-minded I am! What did you ask me?

¡**Quién** cantara como Shakira!

I wish I could sing like Shakira!

¿**Quién** es Shakira?

Who is Shakira?

¡**Cómo** estudias! ¿**Cómo** lo haces?

How you study! How do you do it?

Without an accent

La pregunta **que** te hice no es importante.

The question I asked you is not important.

Ésa es la cantante por **quien** pregunté.

That's the singer about whom I inquired.

Es la cantante a **quien** más admiro.

She's the singer (whom) I admire the most.

No todos son tan diligentes **como** tú.

Not everyone is as diligent as you are.

VI

Foco en el léxico: Spanish equivalents of *to leave*

Dejar and **salir** are the two most common verbs used to express the different meanings of *to leave*.

1. **Dejar** often refers to leaving someone or something behind, including the idea of postponing an action.

Esa artista decidió **dejar** los arreglos en manos de su agente.

That artist decided to leave the arrangements in the hands of her agent.

Mi hermano me **dejó** frente a la casa de Manuel; yo quería **dejarle** un mensaje sobre nuestros planes.	*My brother dropped me off in front of Manuel's house; I wanted to leave him a message about our plans.*
Vamos a **dejar** los detalles para otra reunión.	*Let's leave the details for another meeting.*

2. Either **dejar** or **abandonar** is used to express the notion of leaving a person, thing, or place quite abruptly or relatively permanently.

Cuando pronosticaron un huracán, **dejamos (abandonamos)** la isla inmediatamente.	*When they forecast a hurricane, we left the island immediately.*

3. **Salir** refers to *leaving* from or toward a place, often with the meaning *to go out* or *to go away from/toward*.

Salí de mi casa a las siete.	*I left my house at seven.*
¿Cuándo **sales para** Puerto Rico?	*When do you leave for Puerto Rico?*

4. When no particular place is mentioned, the verb **irse** (*to leave* or *to go away*) is preferred. The lack of focus upon a particular place is the most important distinction between **irse** and **salir. Marcharse** is a synonym of **irse.**

Este concierto me aburre. Quiero **irme.**	*This concert bores me. I want to leave.*
Federico ya **se marchó.**	*Federico already left.*

REFERENCE SECTION

APPENDIX A

Glossary of grammatical terms

Term	Definition	Example
active voice (**voz activa**)	Form of the VERB used when the SUBJECT performs the action expressed by the verb and the DIRECT OBJECT is the element acted upon.	El profesor **abrió** la puerta. (*Compare the passive voice equivalent:* La puerta **fue abierta** por el profesor.)
adjective (**adjetivo**)	A word used to modify or describe a NOUN.	**Mi** casa está cerca de la plaza **principal.**
adjective clause (**cláusula adjetival**)	A CLAUSE that performs the function of an ADJECTIVE. It is introduced by a RELATIVE PRONOUN.	El muchacho **que vive conmigo** está enfermo.
adverb (**adverbio**)	An INVARIABLE word that modifies a VERB, an ADJECTIVE, or another ADVERB. It answers questions such as *when?* (time), *where?* (place), and *how?* (manner).	**Ayer** hice la tarea **muy cuidadosamente.**
adverbial clause (**cláusula adverbial**)	A DEPENDENT CLAUSE that functions as an ADVERB. It modifies the main VERB conveying information such as the time, place, manner, condition, cause, purpose, or result of the main action.	**Cuando debo estudiar,** voy a la biblioteca. Fui al médico **porque estaba enfermo.**
adverbial phrase (**grupo adverbial**)	A group of words that does not contain a VERB and that functions as an ADVERB.	Te veo **a las tres de la tarde.** Ese señor camina **de modo muy extraño.**
agreement (**concordancia**)	Accord in GENDER and NUMBER between a NOUN and the ARTICLES and ADJECTIVES that modify it. Accord in NUMBER and PERSON between a VERB and its SUBJECT.	**El** cuarto ampli**o**, **la** habitación ampli**a**. Él cant**a**, ellos cant**an**.
antecedent (**antecedente**)	The NOUN or NOUN PHRASE to which a RELATIVE PRONOUN refers.	**El libro** que tú buscas está aquí. (**el libro** *is the antecedent of the relative pronoun* **que**)
article (**artículo**)	A word that precedes a NOUN used to indicate whether it is general, specific, or indefinite.	**La** leche es buena para **la** salud. **El** Presidente habló anoche. **Una** amiga vino a buscarte.
auxiliary verb (**verbo auxiliar**)	A VERB that helps form tenses of other verbs. **Haber** is the auxiliary or helping verb used to form the perfect tenses; **ser** is the auxiliary verb used to form the PASSIVE VOICE.	Nunca **he** visitado Buenos Aires. Esta nueva universidad **será** inaugurada el mes próximo.

Term	Definition	Example
clause (**cláusula**)	A group of words having a SUBJECT and a PREDICATE; the two major types are MAIN (or INDEPENDENT) CLAUSES and SUBORDINATE (or DEPENDENT) CLAUSES.	Escribiré una carta mientras **tú lees esa revista.**
comparison (**comparación; comparativo**)	Constructions headed by words such as **más, menos, tan,** or **tanto** used when comparing people, things, qualities, or amounts.	Mi hermana es **más** alta **que** yo. Tengo **tantos** amigos **como** mi hermana.
conditional (**condicional; potencial**)	A VERB form used to express what would or could occur, or to express polite requests.	Bajo ciertas condiciones, te **daría** esa información. ¿**Querrías** venir al cine conmigo?
conjugation (**conjugación**)	The set of all forms of a VERB that reflect PERSON (first, second, or third person), NUMBER (singular or plural), TENSE (present, past, …), and MOOD (indicative, subjunctive). Each conjugated form consists of a STEM and an ENDING.	**Hablo, hablas, habla, hablamos,** etc.
conjunction (**conjunción**)	An INVARIABLE word that is used to connect words, phrases, CLAUSES, or sentences.	Escribiré una carta **mientras** tú lees el periódico **y** esas revistas.
definite article (**artículo definido**)	The definite articles in Spanish are **el, la, los,** and **las.** They are used to refer to a specific NOUN or when referring to a NOUN in a general sense.	**El** Presidente habló anoche. **La** leche es buena para **la** salud.
demonstrative adjective (**adjetivo demostrativo**)	A word used to show the relative distance of objects or people in relationship to the speaker. The various forms of **este, ese,** and **aquel** are the DEMONSTRATIVE ADJECTIVES in Spanish.	No me gusta **esta** camisa verde. Voy a probarme **esa** camisa azul.
demonstrative pronoun (**pronombre demostrativo**)	A form of the DEMONSTRATIVE ADJECTIVE used without an accompanying noun when the context indicates what the referent of the adjective is. When used as pronouns, the demonstrative forms normally carry an accent mark.	—¿Vives en esa casa? —No, vivo en **aquélla,** al final de la calle.
dependent clause (**cláusula subordinada**)	A group of words introduced by a CONJUNCTION or a RELATIVE PRONOUN that cannot stand by itself as a complete sentence.	Voy a hablar más lentamente **para que entiendas bien.** He resuelto el problema **que tenía.**
descriptive adjective (**adjetivo descriptivo**)	An ADJECTIVE that describes qualities or conditions.	Soy **alta** y **delgada.** Estoy **aburrida.**
direct command (**mandato directo**)	A command addressed directly to a particular person or persons.	—Manolo, **pásame** el periódico, por favor.

212

Term	Definition	Example
direct object (**objeto directo**)	A thing or a person receiving directly the action of a VERB. It answers the questions *what?* or *whom?*	¿Encontraste **las llaves**?
direct-object pronoun (**pronombre de objeto directo**)	A PRONOUN that replaces a DIRECT OBJECT noun.	Busqué los libros que me pediste, pero no **los** encontré.
future (**futuro**)	A verb TENSE used to express what *will* happen.	¿Cuándo **vendrás** a visitarnos? El próximo año **estaré** en Madrid en esta fecha.
gender (**género**)	The classification of NOUNS and some PRONOUNS into masculine or feminine. In Spanish, the ARTICLES and ADJECTIVES that modify nouns or pronouns also have gender. The article and the demonstrative pronoun have forms that show NEUTER gender, that is to say, they are neither masculine nor feminine.	Esos dos hermanos son muy diferentes. **Él** es alt**o** y **ella** muy pequeñ**a**. Recibí un**a** muy buen**a** notici**a**. Recibí un buen dat**o**.
historical present (**presente histórico**)	The use of the present indicative to refer to past events. This use helps past events come alive.	En 1516 el explorador Juan Díaz de Solís **navega** por el Río de la Plata y **llega** a un lugar al este de Montevideo. **Sigue** navegando y al desembarcar por segunda vez, **pierde** la vida a manos de indígenas charrúas.
imperative (*mood*) (**imperativo**)	The VERB form that expresses a command.	**Ven** a verme pronto. Niños, **esperad**.
imperfect (**pretérito imperfecto**)	One of the two simple past TENSES in Spanish (the other being the PRETERIT). It is used to describe a setting (background information), a physical or mental condition, or a habitual action.	Ayer **hacía** mucho frío. Yo **caminaba** por la calle principal cuando …
impersonal se (*se* **impersonal**)	The pronoun **se** used with a singular VERB to indicate that a sentence has an indefinite subject or that no individual in particular performs an action.	**Se** trabaja mucho en esta oficina.
indefinite article (**artículo indefinido**)	The indefinite articles in Spanish are **un, una, unos,** and **unas.** They are used to designate nonspecific, indeterminate nouns.	**Un** muchachito quiere hablar contigo.
independent clause (**cláusula independiente**)	A group of words with a SUBJECT and a PREDICATE that can stand by itself and is not preceded by a subordinating CONJUNCTION or RELATIVE PRONOUN. Also called a MAIN CLAUSE.	**Mis amigos aprenden español. Mis amigos opinan** que las lenguas extranjeras son importantes.

Term	Definition	Example
indicative (*mood*) (**indicativo**)	A grammatical MOOD, or set of tenses, used to express factual information.	**Vivo** en una ciudad pequeña. Antes **trabajaba** en una gran compañía, pero **abandoné** ese trabajo.
indirect command (**mandato indirecto**)	A command intended to be conveyed to a third person or persons. An indirect command consists of the word **que** followed by the third person singular or plural of the present subjunctive.	Yo no puedo ayudarte. **Que te ayude tu hermano.**
indirect object (**objeto indirecto**)	A person or persons to whom or for whom something is done. When the indirect object is a noun or noun phrase, a redundant INDIRECT OBJECT PRONOUN is normally also used.	Les di la información **a tus padres.** Le traje el disco **a Lorena.**
indirect-object pronoun (**pronombre de objeto indirecto**)	A PRONOUN that replaces or refers to an INDIRECT OBJECT noun.	Cuando vea a Ramiro voy a pedir**le** su número de teléfono. **Les** di la información a tus padres.
infinitive (**infinitivo**)	The form of the VERB found in dictionaries, showing the general meaning of the verb. It does not indicate TENSE, PERSON, or NUMBER. Spanish infinitives are classified into three CONJUGATION classes based on their ending: **-ar, -er,** and **-ir.**	**Trabajar. Aprender. Escribir.**
interrogative adjective (**adjetivo interrogativo**)	An ADJECTIVE that introduces a question. **Qué** and **cuál(es)** are interrogative adjectives in Spanish.	¿**Qué** películas te gustan? ¿**Cuál** es tu especialidad académica?
interrogative adverb (**adverbio interrogativo**)	An ADVERB that introduces a question about time, place, manner, amount, or reason.	¿**Cuándo** sales para Miami? ¿**Cómo** viajas?
interrogative pronoun (**pronombre interrogativo**)	A PRONOUN used to introduce a question. **Qué** and **quién(es)** are interrogative pronouns in Spanish.	—¿**Quién** llamó? —Carlos. —¿**Qué** dijo? —Que volvería a llamar.
irregular verb (**verbo irregular**)	A VERB that does not follow the conjugation pattern of most Spanish verbs.	Siempre **hago** la tarea, pero ayer no la **hice.** No **tuve** tiempo.
invariable (**invariable**)	Said of words such as PREPOSITIONS, ADVERBS, and CONJUNCTIONS that do not change their forms in response to gender and number.	**para; aquí; cuando** (*invariable words*). (*Compare variable words:* **la, las; bueno, buena; suyos, suyas.**)
main clause (**cláusula principal**)	A group of words with a SUBJECT and a PREDICATE that can stand by itself and is not preceded by a subordinating CONJUNCTION or RELATIVE PRONOUN. Also called an INDEPENDENT CLAUSE.	**Mis amigos aprenden español. Mis amigos opinan** que las lenguas extranjeras son importantes.

Term	Definition	Example
mood (**modo**)	Forms of the verb CONJUGATION used to indicate the speaker's attitude toward the action or state. The INDICATIVE, the SUBJUNCTIVE, and the IMPERATIVE are the moods of the Spanish verb system.	**Fuimos** al cine. (*Indicative*) Mi novio quería que **fuéramos** a una discoteca. (*Subjunctive*) **Ve** a la biblioteca. (*Imperative*)
neuter (**neutro**)	A form of the ARTICLE (**lo**) and of the DEMONSTRATIVE PRONOUNS (**esto, eso, aquello**) different from the masculine and feminine forms and used to refer to something indeterminate or unspecified, or to abstract ideas.	**Lo** mejor de la fiesta fue el grupo musical. ¿Qué es **eso** que llevas en la mano? Marta no contesta mi carta todavía. **Eso** me preocupa.
nonrestrictive relative clause (**cláusula relativa explicativa**)	A RELATIVE CLAUSE set off by commas and that gives parenthetical, nonessential information about a specific noun.	Entrevisté a los estudiantes**, que salían para España.** (Todos los estudiantes fueron entrevistados porque todos salían para España.)
noun (**sustantivo**)	A word used to name a person, place, thing, idea, etc. All nouns in Spanish have a grammatical GENDER.	**Pablo. Región. Clase. Democracia.**
noun clause (**cláusula nominal**)	A DEPENDENT CLAUSE introduced by a CONJUNCTION (normally **que**) and that functions as a NOUN.	Él dice **que está enfermo.**
noun phrase (**grupo nominal**)	A word or a group of words that has a NOUN as its main word.	**El gato. El gato de mis tíos. El gato negro de mis tíos.**
number (**número**)	The form of a NOUN or PRONOUN that indicates whether it is *singular* or *plural*. In Spanish, the ARTICLES and ADJECTIVES that modify nouns or pronouns also have number.	En casa tenemos **una gata blanca** y **dos enormes perros negros.**
passive voice (**voz pasiva**)	The form of the VERB used when the DIRECT OBJECT is the grammatical SUBJECT of the sentence. In Spanish the passive voice is formed with the AUXILIARY VERB **ser** followed by a PAST PARTICIPLE. The past participle agrees in GENDER and NUMBER with the subject of the sentence.	La puerta **fue abierta** por el profesor. (*Compare the active voice equivalent:* El profesor **abrió** la puerta.)
past participle (**participio pasado**)	The form of a VERB used with the AUXILIARY VERB **haber** to form the PERFECT TENSES. The past participle of REGULAR VERBS is formed by adding **-ado** to the STEM of **-ar** INFINITIVES, and **-ido** to the stem of **-er** and **-ir** infinitives.	—¿Has **comido** ceviche? —No, nunca lo he **probado.**

Term	Definition	Example
perfect tense (**tiempo perfecto o compuesto**)	A TENSE formed by combining the AUXILIARY VERB **haber** with the PAST PARTICIPLE of the main verb. To form the present perfect, the auxiliary verb **haber** is conjugated in the present; to form the past perfect, **haber** is conjugated in the imperfect; to form the future perfect, **haber** is conjugated in the future, and so on.	Nunca **he estado** en La Paz. Yo no **había notado** eso antes. Antes de fin de mes **habremos terminado** el proyecto. No **habrías tenido** problemas si hubieras hablado conmigo antes. Lamento que no **hayas recibido** mi carta.
person (**persona**)	The form of PRONOUNS and their corresponding verb forms to refer to the speaker (first person), the addressee (second person), or the person or thing spoken about (third person).	—¿Vien**en Uds.** con nosotros? —No, no pod**emos.**
personal a (**a personal**)	The PREPOSITION **a** that precedes a DIRECT OBJECT referring to a specific person or persons.	Vi **a** mi jefe ayer.
personal pronoun (**pronombre personal**)	A PRONOUN that refers to the speaker, addressee, or the person or thing spoken about. They may vary in form depending on the function they fulfill in the sentence: SUBJECT, DIRECT or INDIRECT OBJECT, or object of a PREPOSITION.	**Me** ves en la calle y no **me** hablas. Pero **yo** sé que hablas de **mí.**
possessive adjective (**adjetivo posesivo**)	An ADJECTIVE used to indicate ownership. AGREEMENT depends on the GENDER of the possessed noun and not on the sex of the possessor, as in English (*his/her*).	**Mi** coche es de 1999.
possessive pronoun (**pronombre posesivo**)	A form of the POSSESSIVE ADJECTIVE used without an accompanying NOUN when context makes clear the referent of the adjective. When used as pronouns, possessive forms are normally preceded by the definite article.	Mi coche es de 1999. ¿Y **el tuyo**?
predicate (**predicado**)	The part of the sentence containing the VERB that makes a statement about the SUBJECT.	Mi padre **vive en Colombia ahora.**
preposition (**preposición**)	A word (or a small group of words) that precedes a NOUN or a PRONOUN to show position, direction, time, etc., relative to another word in the sentence.	Viajaré **de** Madrid **a** Barcelona **con** unos amigos.
present (**presente**)	A TENSE used to express an action in progress at the moment of speaking, a habitual action, or an action that began earlier and is still going on.	**Leo** el periódico en este momento. Generalmente **almuerzo** a la una. **Estudio** español desde hace un año.

Term	Definition	Example
present participle **(gerundio, participio presente)**	A VERB form ending in **-ndo** that suggests an ongoing action. It is used to form the PROGRESSIVE TENSES and in DEPENDENT CLAUSES to indicate manner, cause, reason, time, or the condition under which an action is carried out.	Estoy **leyendo** el periódico en este momento. **Estudiando** regularmente no tendrás problemas con tus cursos.
preterit **(pretérito indefinido)**	A simple past TENSE used to express an action, event, or condition seen as completed in the past. The preterit is the tense that tells what happened.	En 1516 el explorador Juan Díaz de Solís **llegó** a un lugar al este de Montevideo. **Siguió** navegando y al desembarcar por segunda vez, **perdió** la vida a manos de indígenas charrúas.
progressive tense **(tiempo progresivo)**	A verb TENSE formed with the AUXILIARY VERB **estar** followed by a PRESENT PARTICIPLE. It is used to describe an action or event in progress or while being performed.	**Estoy leyendo** el periódico en este momento. Cuando tú **estés durmiendo,** yo **estaré viajando** todavía.
pronoun **(pronombre)**	A word that takes the place of a NOUN or a NOUN PHRASE.	—¿Ha llegado Víctor? —**Él** no ha llegado, pero Manuel está aquí.
reciprocal pronoun **(pronombre recíproco)**	A PRONOUN used to indicate a plural SUBJECT involved in mutual action. In Spanish reciprocal pronouns have the same form as REFLEXIVE PRONOUNS; context determines what interpretation is meant.	Yolanda y yo **nos** saludamos muy efusivamente.
reflexive pronoun **(pronombre reflexivo)**	A PRONOUN that refers to the same person or thing as the SUBJECT of the sentence, thus indicating that the subject both performs and receives the action.	Yo siempre **me** levanto temprano. Pedro **se** convenció de que sus amigos lo engañaban.
reflexive verb **(verbo reflejo o reflexivo)**	A VERB whose SUBJECT and DIRECT or INDIRECT OBJECT are the same.	**Me desperté** a las siete y **me levanté** a las siete y media.
regular verb **(verbo regular)**	A VERB whose STEM remains constant throughout the CONJUGATION.	¿**Comprend**es? ¿**Comprend**ías? ¿**Comprend**iste? ¿**Comprend**erás?
relative clause **(cláusula relativa)**	A DEPENDENT CLAUSE introduced by a RELATIVE PRONOUN. Also called an ADJECTIVE CLAUSE.	No encontré los libros **que me pediste.**
relative pronoun **(pronombre relativo)**	A PRONOUN that links or "relates" to a preceding noun (ANTECEDENT) and connects a MAIN and a DEPENDENT CLAUSE into a single sentence.	No encontré los libros **que** me **pediste.**
restrictive relative clause **(cláusula relativa especificativa)**	A DEPENDENT CLAUSE introduced by a RELATIVE PRONOUN that gives information to identify an ANTECEDENT and that is essential to the meaning of the sentence. It is not set off by commas.	Entrevisté a los estudiantes **que salían para España.** (Los estudiantes que <u>no</u> salían para España no fueron entrevistados.)

Term	Definition	Example
si clause (**cláusula condicional**)	An ADVERBIAL CLAUSE that modifies the verb of the MAIN CLAUSE indicating whether a situation is factual, hypothetical, or contrary-to-fact.	**Si salgo del trabajo a las cinco,** te pasaré a ver. No habrías tenido problemas **si hubieras hablado conmigo antes.**
spelling-changing verb (**verbo con cambio ortográfico**)	A VERB whose STEM changes its spelling to preserve the pronunciation of the INFINITIVE stem.	**Busc**ar: yo bus**c**o, yo bus**qu**é. (*Both the letter* **c** *and the letters* **qu** *represent the same sound* [k].)
stem (**raíz, radical**)	The part of the VERB that results from dropping the last two letters of the INFINITIVE.	**Trabaj**ar. **Aprend**er. **Escrib**ir.
stem-changing verb (**verbo con cambio en la raíz**)	A VERB in which the spelling of the last STEM vowel changes when stressed.	—¿Cuándo v**ue**lven Uds.? —No v**o**lvemos hasta el sábado.
subject (**sujeto**)	The person or thing that performs the action of the VERB.	**Mi padre** trabaja para una compañía multinacional. **Él** quiere que tú te vayas pronto.
subject pronoun (**pronombre sujeto**)	A PRONOUN that takes the place of a noun subject.	**Tú** estás muy equivocado.
subjunctive (*mood*) (**subjuntivo**)	A VERB form used when the action is presented as hypothetical or doubtful, or as colored by the speaker's subjectivity.	Ojalá **puedas** venir a mi fiesta.
superlative (**superlativo**)	A construction that expresses the highest or lowest degree of a quality.	El Nilo es el río **más largo** del mundo.
tense (**tiempo**)	The particular form of a VERB that indicates when an action occurs: present, past, future, etc.	Ahora **leo** menos; antes **leía** más.
verb (**verbo**)	A word expressing action or condition of the SUBJECT. The verb consists of a STEM and an ENDING, the form of which depends on the SUBJECT (singular, plural; first, second, or third person), the TENSE (present, imperfect, future, conditional), and the MOOD (indicative, subjunctive, imperative).	Cuando **corro** me **canso** un poco.
verb ending (**terminación, desinencia verbal**)	The part of the VERB that follows the STEM and that indicates the NUMBER, grammatical PERSON, and TENSE.	Corr**emos** y nos cans**amos** mucho.
voice (**voz**)	Form of the verb that shows the relationship between the SUBJECT and the VERB as either performing (ACTIVE VOICE) or receiving (PASSIVE VOICE) the action.	El profesor **abrió** la puerta. La puerta **fue abierta** por el profesor.

APPENDIX B
Written accent marks

Grammatical accent mark

Words included in the following three tables may or may not need a written accent mark depending on their meaning or on their grammatical function. Note that words carrying a written accent mark are phonetically stressed, whereas the ones without an accent mark are phonetically unstressed.

Abbreviations: adj(ective), adv(erb), art(icle), conj(unction), def(inite), dir(ect), ind(irect), obj(ect), pers(onal), pos(sessive), prep(osition), pron(oun), refl(exive), v(erb)

aún	= todavía 'still'	**aun**	= incluso 'even'	No llega **aún. Aun** yo iré.
dé	*v.* dar	**de**	*prep.*	¡**Dé** sangre! Soy **de** aquí.
él	*subject pron.*	**el**	*def. art.*	**Él** vino de España. **El** vino es de España.
más	'more'	**mas**	= pero 'but'	Escriba **más.** Iré, **mas** no sé cuándo.
mí	*pers. pron. after prep.*	**mi**	*pos. adj.*	Hablan de **mí.** Visito a **mi** sobrino.
sé	*v.* saber; *v.* ser	**se**	*refl. pron.;* *impersonal*	No **sé** nada.; ¡**Sé** bueno! Ana **se** lava.; **Se** habla español.
sí	'yes'; *refl. pron. after prep.*	**si**	'if', *conj.*	**Sí**, voy pronto.; Hablan entre **sí. Si** puedo, lo haré.
sólo	= solamente 'only'	**solo**	= solitario 'alone'	**Sólo** él lo sabe. Estoy **solo.**
té	= infusión	**te**	*dir./ind. obj. pron.*	Me gusta el **té,** no el café. **Te** vi a ti ayer.
tú	*subject pron.*	**tu**	*pos. adj.*	**Tú** hablas bien. Soy **tu** amigo.

Interrogative or exclamation words	Relative pronouns; conjunctions	Examples
cómo	como	¿**Cómo** te llamas? ¡**Cómo**! Actúa **como** quieras.
cuándo	cuando	No sé **cuándo** podré venir. Ven **cuando** puedas.
cuánto	cuanto	¿**Cuánto** cuesta? ¡**Cuánto** la admiro! Corrige todo **cuanto** yo escribo.
dónde	donde	¿**Dónde** vives? No recuerdo **dónde** vives. Vi la casa **donde** vives.
qué	que	¿**Qué** tienes en la mano? ¡**Qué** lástima! Espero **que** no llueva. Llegó el niño **que** llamaste.
quién	quien	¿**Quién** vive aquí? ¡**Quién** tuviera un millón de dólares! No conoces al muchacho de **quien** te hablé.

Demonstrative pronouns	Demonstrative adjectives	Examples
éste, ésta, éstos, éstas	este, esta, estos, estas	Dame el libro de francés. No **ése; ese** libro no me interesa.
ése, ésa, ésos, ésas	ese, esa, esos, esas	—¿Quién es **ésa**? ¿Tu prima?
aquél, aquélla, aquéllos, aquéllas	aquel, aquella, aquellos, aquellas	—No, **aquella** joven es mi hermana.

In this textbook, demonstrative pronouns always carry a written accent mark. Be aware, however, that accentuation rules state that a written accent mark on demonstrative pronouns can be optional. It is only obligatory in the very few cases where the sentence is ambiguous, as in the sequence **esta** + **paga,** which has two possible meanings: **ésta paga** *this (one) pays* or **esta paga** *this payment*.

II Pronunciation of *i, u* when next to a vowel

When an **i** or **u** next to another vowel carries phonetic stress, it requires a written accent mark. This **i** or **u** is a full vowel.

escribíamos [es-cri-bí-a-mos]   primacía [pri-ma-cí-a]   baúl [ba-úl]

heroína [he-ro-í-na]   avalúo [a-va-lú-o]   baúles [ba-ú-les]

When an **i** or **u** next to another vowel does not carry phonetic stress, it does not need a written accent mark. The **i** or **u** in this case is pronounced as a diphthong.

emocionan
[e-mo-cio-nan]

primicia
[pri-mi-cia]

astronauta
[as-tro-nau-ta]

heroico
[he-roi-co]

abuelos
[a-bue-los]

devuelven
[de-vuel-ven]

III   Accent rules for all other words having two or more syllables

All other words having two or more syllables are divided into two categories based on endings:

1. Words ending in a vowel, **-n,** or **-s.** Most words in this category bear phonetic stress on the penultimate syllable and do not require a written accent mark. In the examples below, the syllable carrying phonetic stress has been underlined.

   cama<u>ra</u>da   can<u>cio</u>nes   de<u>por</u>te   his<u>pa</u>nos   <u>i</u>magen   sa<u>lu</u>dan

   cama<u>ra</u>das   cor<u>te</u>ses   de<u>por</u>tes   his<u>pa</u>no   <u>jo</u>ven   vo<u>lu</u>men

2. Words ending in a consonant different from **-n** or **-s.** Most words in this category bear phonetic stress on the last syllable and do not require a written accent mark. In the examples below, the syllable carrying phonetic stress has been underlined.

   can<u>tar</u>   enten<u>der</u>   judi<u>cial</u>   amis<u>tad</u>   juven<u>tud</u>   inca<u>paz</u>

   can<u>tor</u>   infan<u>til</u>   pa<u>pel</u>   cali<u>dad</u>   rapi<u>dez</u>   Para<u>guay</u>

Words that do not conform to the two stress patterns described above require a written accent mark. The vowel of the syllable bearing phonetic stress is written with an accent mark, as illustrated below.

Word ends in vowel, *-n*, or *-s*				**Word ends in consonant other than *-n* or *-s***	
Phonetic stress: Last syllable		**Phonetic stress: Before next-to-last syllable**		**Phonetic stress: Before last syllable**	
comprendió	trabajé	pásame	pásamelo	cáncer	cráter
almacén	canción	crítica	artículo	mártir	mármol
violín	además	árboles	análisis	árbol	béisbol
autobús	cortés	jóvenes	volúmenes	huésped	lápiz

221

APPENDIX C
Personal pronouns

	Subject	Direct object	Indirect object	After prepositions
I	yo		me	mí
you (familiar)	tú		te	ti
you (formal)	usted (Ud., Vd.)	lo, la; se[2]	le; se[2]	usted; sí[3]
he, she[1]	él, ella	lo, la; se[2]	le; se[2]	él, ella; sí[3]
we	nosotros/as		nos	nosotros/as
you (pl. familiar)	vosotros/as		os	vosotros/as
you (pl., formal)	ustedes (Uds., Vds.)	los, las; se[2]	les; se[2]	ustedes; sí[3]
they	ellos, ellas	los, las; se[2]	les; se[2]	ellos, ellas; sí[3]

[1]When *it* is a subject pronoun, Spanish uses the verb alone: *It rains.* **Llueve.** / *It is important.* **Es importante.** / *It is a book.* **Es un libro.** (Plural: *They are books.* **Son libros.**) When *it* is an object pronoun, Spanish uses **lo** or **la:** *I saw it.* (*it = the book* **el libro**) **Lo vi.** / *I saw it.* (*it = the table* **la mesa**) **La vi.**

[2]**Se** is used instead of **le** or **les** when followed by **lo, la, los,** or **las: María me prestó su libro de español y yo se lo devolví.** *María lent me her Spanish book and I returned it to her.* **Se** is also the reflexive or reciprocal pronoun, both direct and indirect object, that corresponds to **usted(es), él (ellos),** and **ella(s): Usted se defiende.** *You defend yourself.* / **Ellos se escriben cartas.** *They write each other letters.*

[3]**Sí** is the reflexive or reciprocal pronoun, used after prepositions, that corresponds to **usted(es), él (ellos),** and **ella(s): Guárdese Ud. sus comentarios para sí (mismo).** *Keep your comments to yourself.* / **Ella sólo piensa en sí misma.** *She only thinks of herself.* / **Lucharon entre sí.** *They fought with one another.*

APPENDIX D
Verbs

Conjugation of regular verbs

	-ar verbs	**-er verbs**	**-ir verbs**
Infinitive	hablar	comer	vivir
Present Participle	hablando	comiendo	viviendo
Past Participle	hablado	comido	vivido

A Simple tenses: Indicative mood

Present	hablo	como	vivo
	hablas	comes	vives
	habla	comes	vive
	hablamos	comemos	vivimos
	habláis	coméis	vivís
	hablan	comen	viven
Imperfect	hablaba	comía	vivía
	hablabas	comías	vivías
	hablaba	comía	vivía
	hablábamos	comíamos	vivíamos
	hablabais	comíais	vivíais
	hablaban	comían	vivían
Preterit	hablé	comí	viví
	hablaste	comiste	viviste
	habló	comió	vivió
	hablamos	comimos	vivimos
	hablasteis	comisteis	vivisteis
	hablaron	comieron	vivieron

	-ar verbs	-er verbs	-ir verbs
Future	hablaré	comeré	viviré
	hablarás	comerás	vivirás
	hablará	comerá	vivirá
	hablaremos	comeremos	viviremos
	hablaréis	comeréis	viviréis
	hablarán	comerán	vivirán
Conditional	hablaría	comería	viviría
	hablarías	comerías	vivirías
	hablaría	comería	viviría
	hablaríamos	comeríamos	viviríamos
	hablaríais	comeríais	viviríais
	hablarían	comerían	vivirían

B Simple tenses: Subjunctive mood

	-ar verbs	-er verbs	-ir verbs
Present	hable	coma	viva
	hables	comas	vivas
	hable	coma	viva
	hablemos	comamos	vivamos
	habléis	comáis	viváis
	hablen	coman	vivan
Imperfect (**-ra** *forms*)	hablara	comiera	viviera
	hablaras	comieras	vivieras
	hablara	comiera	viviera
	habláramos	comiéramos	viviéramos
	hablarais	comierais	vivierais
	hablaran	comieran	vivieran
Imperfect (**-se** *forms*)	hablase	comiese	viviese
	hablases	comieses	vivieses
	hablase	comiese	viviese
	hablásemos	comiésemos	viviésemos
	hablaseis	comieseis	vivieseis
	hablasen	comiesen	viviesen
Commands (tú)	habla, no hables	come, no comas	vive, no vivas
(vosotros)	hablad, no habléis	comed, no comáis	vivid, no viváis
(Ud.)	hable, no hable	coma, no coma	viva, no viva
(Uds.)	hablen, no hablen	coman, no coman	vivan, no vivan

C Perfect tenses: Indicative mood

	-ar verbs	-er verbs	-ir verbs
Perfect Infinitive	haber hablado	haber comido	haber vivido
Perfect Participle	habiendo hablado	habiendo comido	habiendo vivido

	-*ar* verbs	-*er* verbs	-*ir* verbs
Present Perfect	he hablado has hablado ha hablado hemos hablado habéis hablado han hablado	he comido has comido ha comido hemos comido habéis comido han comido	he vivido has vivido ha vivido hemos vivido habéis vivido han vivido
Past Perfect	había hablado habías hablado había hablado habíamos hablado habíais hablado habían hablado	había comido habías comido había comido habíamos comido habíais comido habían comido	había vivido habías vivido había vivido habíamos vivido habíais vivido habían vivido
Future Perfect	habré hablado habrás hablado habrá hablado habremos hablado habréis hablado habrán hablado	habré comido habrás comido habrá comido habremos comido habréis comido habrán comido	habré vivido habrás vivido habrá vivido habremos vivido habréis vivido habrán vivido
Conditional Perfect	habría hablado habrías hablado habría hablado habríamos hablado habríais hablado habrían hablado	habría comido habrías comido habría comido habríamos comido habríais comido habrían comido	habría vivido habrías vivido habría vivido habríamos vivido habríais vivido habrían vivido

 ⬦ **D** ⬦ **Perfect tenses: Subjunctive mood**

	-*ar* verbs	-*er* verbs	-*ir* verbs
Present Perfect	haya hablado hayas hablado haya hablado hayamos hablado hayáis hablado hayan hablado	haya comido hayas comido haya comido hayamos comido hayáis comido hayan comido	haya vivido hayas vivido haya vivido hayamos vivido hayáis vivido hayan vivido
Past Perfect (**-ra** *forms*)	hubiera hablado hubieras hablado hubiera hablado hubiéramos hablado hubierais hablado hubieran hablado	hubiera comido hubieras comido hubiera comido hubiéramos comido hubierais comido hubieran comido	hubiera vivido hubieras vivido hubiera vivido hubiéramos vivido hubierais vivido hubieran vivido

	-ar verbs	*-er* verbs	*-ir* verbs
Past Perfect (*-se* forms)	hubiese hablado	hubiese comido	hubiese vivido
	hubieses hablado	hubieses comido	hubieses vivido
	hubiese hablado	hubiese comido	hubiese vivido
	hubiésemos hablado	hubiésemos comido	hubiésemos vivido
	hubieseis hablado	hubieseis comido	hubieseis vivido
	hubiesen hablado	hubiesen comido	hubiesen vivido

II Irregular past participles

abrir	**abierto**	hacer	**hecho**
componer	**compuesto**	morir	**muerto**
cubrir	**cubierto**	poner	**puesto**
decir	**dicho**	resolver	**resuelto**
descubrir	**descubierto**	romper	**roto**
devolver	**devuelto**	ver	**visto**
envolver	**envuelto**	volver	**vuelto**
escribir	**escrito**		

III Stem-changing verbs

A Stem-changing verbs ending in *-ar* and *-er*

	e → ie **pensar** *to think*	**o → ue** **volver** *to return, come back*
Present Indicative	**pie**nso	**vue**lvo
	piensas	**vue**lves
	piensa	**vue**lve
	pensamos	volvemos
	pensáis	volvéis
	piensan	**vue**lven
Present Subjunctive	**pie**nse	**vue**lva
	pienses	**vue**lvas
	piense	**vue**lva
	pensemos	volvamos
	penséis	volváis
	piensen	**vue**lvan

Commands	(tú)	piensa, no pienses	vuelve, no vuelvas
	(vosotros)	pensad, no penséis	volved, no volváis
	(Ud.)	piense, no piense	vuelva, no vuelva
	(Uds.)	piensen, no piensen	vuelvan, no vuelvan

Other Verbs				
	cerrar	entender	acordarse	encontrar
	comenzar	perder	acostarse	jugar (u → ue)
	empezar	sentarse	colgar	llover
			costar	oler (o → hue)
			demostrar	mover

B Stem-changing verbs ending in *-ir*

	e → ie, i **sentir** *to feel*	o → ue, u **dormir** *to sleep*	e → i, i **servir** *to serve*
Present Participle	sintiendo	durmiendo	sirviendo
Present Indicative	siento	duermo	sirvo
	sientes	duermes	sirves
	siente	duerme	sirve
	sentimos	dormimos	servimos
	sentís	dormís	servís
	sienten	duermen	sirven
Present Subjunctive	sienta	duerma	sirva
	sientas	duermas	sirvas
	sienta	duermas	sirva
	sintamos	durmamos	sirvamos
	sintáis	durmáis	sirváis
	sientan	duerman	sirvan
Preterit	sentí	dormí	serví
	sentiste	dormiste	serviste
	sintió	durmió	sirvió
	sentimos	dormimos	servimos
	sentisteis	dormisteis	servisteis
	sintieron	durmieron	sirvieron
Imperfect Subjunctive[1]	sintiera	durmiera	sirviera
	sintieras	durmieras	sirvieras
	sintiera	durmiera	sirviera
	sintiéramos	durmiéramos	sirviéramos
	sintierais	durmierais	sirvierais
	sintieran	durmieran	sirvieran

[1]Only **-ra** forms are listed in this and the following sections.

Commands	(tú)	siente, no sientas	duerme, no duermas	sirve, no sirvas
	(vosotros)	sentid, no sintáis	dormid, no durmáis	servid, no sirváis
	(Ud.)	sienta, no sienta	duerma, no duerma	sirva, no sirva
	(Uds.)	sientan, no sientan	duerman, no duerman	sirvan, no sirvan

Other Verbs	adquirir (i → ie, i)	morir(se)	concebir
	consentir		despedir(se)
	convertir		elegir
	divertir(se)		pedir
	herir		repetir
	preferir		reír
	mentir		seguir
	sugerir		vestir(se)

IV. Orthographic or spelling-changing verbs

A Verbs ending in -ger or -gir

g → j before **o, a**
escoger *to choose*

Present Indicative	escojo, escoges, escoge, escogemos, escogéis, escogen
Present Subjunctive	escoja, escojas, escoja, escojamos, escojáis, escojan
Commands	escoge, no escojas (tú) escoged, no escojáis (vosotros)
	escoja, no escoja (Ud.) escojan, no escojan (Uds.)
Other Verbs	coger elegir (i) proteger
	corregir (i) exigir recoger
	dirigir

B Verbs ending in -gar

g → gu before **e**
pagar *to pay*

Preterit	pagué, pagaste, pagó, pagamos, pagasteis, pagaron
Present Subjunctive	pague, pagues, pague, paguemos, paguéis, paguen

Commands	paga, no pagues (tú)		pagad, no paguéis (vosotros)
	pague, no pague (Ud.)		paguen, no paguen (Uds.)
Other Verbs	entregar	llegar	obligar
	jugar (ue)		

C Verbs ending in *-car*

c → qu before **e**
buscar to look for

Preterit	busqué, buscaste, buscó, buscamos, buscasteis, buscaron
Present Subjunctive	busque, busques, busque, busquemos, busquéis, busquen
Commands	busca, no busques (tú)		buscad, no busquéis (vosotros)
	busque, no busque (Ud.)		busquen, no busquen (Uds.)
Other Verbs	acercar	indicar	tocar
	explicar	sacar	

D Verbs ending in *-zar*

z → c before **e**
empezar (ie) to begin

Preterit	empecé, empezaste, empezó, empezamos, empezasteis, empezaron
Present Subjunctive	empiece, empieces, empiece, empecemos, empecéis, empiecen
Commands	empieza, no empieces (tú)		empezad, no empecéis (vosotros)
	empiece, no empiece (Ud.)		empiecen, no empiecen (Uds.)
Other Verbs	almorzar (ue)	cruzar	organizar
	comenzar (ie)		

E Verbs ending in a consonant + *-cer* or *-cir*

c → z before **o, a**
convencer to convince

Present Indicative	convenzo, convences, convence, convencemos, convencéis, convencen
Present Subjunctive	convenza, convenzas, convenza, convenzamos, convenzáis, convenzan
Commands	convence, no convenzas (tú)		convenced, no convenzáis (vosotros)
	convenza, no convenza (Ud.)		convenzan, no convenzan (Uds.)
Other Verbs	ejercer	esparcir	vencer

F Verbs ending in a vowel + *-cer* or *-cir*

c → zc before **o, a**
conocer *to know, be acquainted with*

Present Indicative	cono**zc**o, conoces, conoce, conocemos, conocéis, conocen
Present Subjunctive	cono**zc**a, cono**zc**as, cono**zc**a, cono**zc**amos, cono**zc**áis, cono**zc**an
Commands	conoce, no cono**zc**as (tú) conoced, no cono**zc**áis (vosotros)
	cono**zc**a, no cono**zc**a (Ud.) cono**zc**an, no cono**zc**an (Uds.)

Other Verbs	agradecer	obedecer	pertenecer
	conducir[2]	ofrecer	producir
	desconocer	parecer	reducir
	establecer	permanecer	traducir

G Verbs ending in *-guir*

gu → g before **o, a**
seguir (i) *to follow*

Present Indicative	si**g**o, sigues, sigue, seguimos, seguís, siguen
Present Subjunctive	si**g**a, si**g**as, si**g**a, si**g**amos, si**g**áis, si**g**an
Commands	sigue, no si**g**as (tú) seguid, no si**g**áis (vosotros)
	si**g**a, no si**g**a (Ud.) si**g**an, no si**g**an (Uds.)

Other Verbs	conseguir	perseguir	proseguir
	distinguir		

H Verbs ending in *-guar*

gu → gü before **e**
averiguar *to find out*

Preterit	averi**gü**é, averiguaste, averiguó, averiguamos, averiguasteis, averiguaron
Present Subjunctive	averi**gü**e, averi**gü**es, averi**gü**e, averi**gü**emos, averi**gü**éis, averi**gü**en
Commands	averigua, no averi**gü**es (tú) averiguad, no averi**gü**éis (vosotros)
	averi**gü**e, no averi**gü**e (Ud.) averi**gü**en, no averi**gü**en (Uds.)

Other Verbs	apaciguar	atestiguar

[2]See **conducir** in Section V, p. 232, for further irregularities of verbs ending in **-ducir**.

I Verbs ending in *-uir*

unstressed **i** → **y** between vowels
construir *to build*

Present Participle	construyendo
Present Indicative	construyo, construyes, construye, construimos, construís, construyen
Preterit	construí, construiste, construyó, construimos, construisteis, construyeron
Present Subjunctive	construya, construyas, construya, construyamos, construyáis, construyan
Imperfect Subjunctive	construyera, construyeras, construyera, construyéramos, construyerais, construyeran

Commands
construye, no construyas (tú)   construid, no construyáis (vosotros)
construya, no construya (Ud.)   construyan, no construyan (Uds.)

Other Verbs
concluir   destruir   instruir
contribuir   huir   sustituir

J Verbs ending in *-eer*

unstressed **i** → **y** between vowels
creer *to believe*

Present Participle	creyendo
Preterit	creí, creíste, creyó, creímos, creísteis, creyeron
Imperfect Subjunctive	creyera, creyeras, creyera, creyéramos, creyerais, creyeran
Other Verbs	leer poseer

K Some verbs ending in *-iar* and *-uar*

i → **í** when stressed
enviar *to send*

Present Indicative	envío, envías, envía, enviamos, enviáis, envían
Present Subjunctive	envíe, envíes, envíe, enviemos, enviéis, envíen

Commands
envía, no envíes (tú)   enviad, no enviéis (vosotros)
envíe, no envíe (Ud.)   envíen, no envíen (Uds.)

Other Verbs
ampliar   enfriar   variar
confiar   guiar

u → ú when stressed
continuar *to continue*

Present Indicative	contin**ú**o, contin**ú**as, contin**ú**a, continuamos, continuáis, contin**ú**an
Present Subjunctive	contin**ú**e, contin**ú**es, contin**ú**e, continuemos, continuéis, contin**ú**en
Commands	contin**ú**a, no contin**ú**es (tú) continuad, no continuéis (vosotros) contin**ú**e, no contin**ú**e (Ud.) contin**ú**en, no contin**ú**en (Uds.)
Other Verbs	acentuar graduar(se) situar efectuar

 L ⬥ **The verb *reír* (i)[3]**

e of the stem drops before **-ió** and before **-ie...** endings
reír (i) *to laugh*

Present Participle	**r**iendo
Preterit	reí, reíste, **r**ió, reímos, reísteis, **r**ieron
Imperfect Subjunctive	**r**iera, **r**ieras, **r**iera, **r**iéramos, **r**ierais, **r**ieran
Other Verbs	freír reírse sonreír(se)

 V ⬥ **Common irregular verbs[4]**

andar *to walk; to go*

Preterit	anduve, anduviste, anduvo, anduvimos, anduvisteis, anduvieron
Imperfect Subjunctive	anduviera, anduvieras, anduviera, anduviéramos, anduvierais, anduvieran

caber *to fit*

Present Indicative	quepo, cabes, cabe, cabemos, cabéis, caben
Preterit	cupe, cupiste, cupo, cupimos, cupisteis, cupieron
Future	cabré, cabrás, cabrá, cabremos, cabréis, cabrán
Conditional	cabría, cabrías, cabría, cabríamos, cabríais, cabrían
Present Subjunctive	quepa, quepas, quepa, quepamos, quepáis, quepan
Imperfect Subjunctive	cupiera, cupieras, cupiera, cupiéramos, cupierais, cupieran

[3]As a stem-changing verb, **reír** follows the pattern of **servir** (Section II) in the present indicative, present subjunctive, and command forms.
[4]Only irregular tenses or forms are listed.

caer *to fall*

Present Participle	cayendo
Past Participle	caído
Present Indicative	caigo, caes, cae, caemos, caéis, caen
Preterit	caí, caíste, cayó, caímos, caísteis, cayeron
Present Subjunctive	caiga, caigas, caiga, caigamos, caigáis, caigan
Imperfect Subjunctive	cayera, cayeras, cayera, cayéramos, cayerais, cayeran
Similar Verbs	decaer recaer

conducir *to lead; to drive*

Present Indicative	conduzco, conduces, conduce, conducimos, conducís, conducen
Preterit	conduje, condujiste, condujo, condujimos, condujisteis, condujeron
Present Subjunctive	conduzca, conduzcas, conduzca, conduzcamos, conduzcáis, conduzcan
Imperfect Subjunctive	condujera, condujeras, condujera, condujéramos, condujerais, condujeran
Similar Verbs	deducir introducir reducir inducir producir traducir

dar *to give*

Present Indicative	doy, das, da, damos, dais, dan
Preterit	di, diste, dio, dimos, disteis, dieron
Present Subjunctive	dé, des, dé, demos, deis, den
Imperfect Subjunctive	diera, dieras, diera, diéramos, dierais, dieran

decir *to say; to tell*

Present Participle	diciendo
Past Participle	dicho
Present Indicative	digo, dices, dice, decimos, decís, dicen
Preterit	dije, dijiste, dijo, dijimos, dijisteis, dijeron
Future	diré, dirás, dirá, diremos, diréis, dirán
Conditional	diría, dirías, diría, diríamos, diríais, dirían
Present Subjunctive	diga, digas, diga, digamos, digáis, digan
Imperfect Subjunctive	dijera, dijeras, dijera, dijéramos, dijerais, dijeran
Affirm. **tú** *Command*[5]	di
Similar Verbs	contradecir desdecir predecir

[5]The negative **tú** and **vosotros** command forms and the **Ud.** and **Uds.** command forms are identical to the present subjunctive forms. For the affirmative **vosotros** command forms, see Chapter 7, Section IV, p. 149.

estar *to be*

Present Indicative	estoy, estás, está, estamos, estáis, están
Preterit	estuve, estuviste, estuvo, estuvimos, estuvisteis, estuvieron
Present Subjunctive	esté, estés, esté, estemos, estéis, estén
Imperfect Subjunctive	estuviera, estuvieras, estuviera, estuviéramos, estuvierais, estuvieran

haber *to have*

Present Indicative	he, has, ha, hemos, habéis, han
Preterit	hube, hubiste, hubo, hubimos, hubisteis, hubieron
Future	habré, habrás, habrá, habremos, habréis, habrán
Conditional	habría, habrías, habría, habríamos, habríais, habrían
Present Subjunctive	haya, hayas, haya, hayamos, hayáis, hayan
Imperfect Subjunctive	hubiera, hubieras, hubiera, hubiéramos, hubierais, hubieran

hacer *to do; to make*

Past Participle	hecho
Present Indicative	hago, haces, hace, hacemos, hacéis, hacen
Preterit	hice, hiciste, hizo, hicimos, hicisteis, hicieron
Future	haré, harás, hará, haremos, haréis, harán
Conditional	haría, harías, haría, haríamos, haríais, harían
Present Subjunctive	haga, hagas, haga, hagamos, hagáis, hagan
Imperfect Subjunctive	hiciera, hicieras, hiciera, hiciéramos, hicierais, hicieran
Affirm. **tú** *Command*	haz
Similar Verbs	deshacer rehacer satisfacer

ir *to go*

Present Participle	yendo
Present Indicative	voy, vas, va, vamos, vais, van
Imperfect Indicative	iba, ibas, iba, íbamos, ibais, iban
Preterit	fui, fuiste, fue, fuimos, fuisteis, fueron
Present Subjunctive	vaya, vayas, vaya, vayamos, vayáis, vayan
Imperfect Subjunctive	fuera, fueras, fuera, fuéramos, fuerais, fueran
Affirm. **tú** *Command*	ve

oír *to hear*

Present Participle	oyendo
Past Participle	oído
Present Indicative	oigo, oyes, oye, oímos, oís, oyen
Preterit	oí, oíste, oyó, oímos, oísteis, oyeron
Present Subjunctive	oiga, oigas, oiga, oigamos, oigáis, oigan
Imperfect Subjunctive	oyera, oyeras, oyera, oyéramos, oyerais, oyeran

poder *to be able*

Present Participle	pudiendo
Present Indicative	puedo, puedes, puede, podemos, podéis, pueden
Preterit	pude, pudiste, pudo, pudimos, pudisteis, pudieron
Future	podré, podrás, podrá, podremos, podréis, podrán
Conditional	podría, podrías, podría, podríamos, podríais, podrían
Present Subjunctive	pueda, puedas, pueda, podamos, podáis, puedan
Imperfect Subjunctive	pudiera, pudieras, pudiera, pudiéramos, pudierais, pudieran

poner *to put; to place*

Past Participle	puesto
Present Indicative	pongo, pones, pone, ponemos, ponéis, ponen
Preterit	puse, pusiste, puso, pusimos, pusisteis, pusieron
Future	pondré, pondrás, pondrá, pondremos, pondréis, pondrán
Conditional	pondría, pondrías, pondría, pondríamos, pondríais, pondrían
Present Subjunctive	ponga, pongas, ponga, pongamos, pongáis, pongan
Imperfect Subjunctive	pusiera, pusieras, pusiera, pusiéramos, pusierais, pusieran
Affirm. **tú** *Command*	pon

Similar Verbs

componer	disponer	oponer	reponer
contraponer	imponer	presuponer	sobreponer
descomponer	interponer	proponer	suponer

querer *to want; to wish*

Present Indicative	quiero, quieres, quiere, queremos, queréis, quieren
Preterit	quise, quisiste, quiso, quisimos, quisisteis, quisieron
Future	querré, querrás, querrá, querremos, querréis, querrán
Conditional	querría, querrías, querría, querríamos, querríais, querrían
Present Subjunctive	quiera, quieras, quiera, queramos, queráis, quieran
Imperfect Subjunctive	quisiera, quisieras, quisiera, quisiéramos, quisierais, quisieran

saber to know

Present Indicative	sé, sabes, sabe, sabemos, sabéis, saben
Preterit	supe, supiste, supo, supimos, supisteis, supieron
Future	sabré, sabrás, sabrá, sabremos, sabréis, sabrán
Conditional	sabría, sabrías, sabría, sabríamos, sabríais, sabrían
Present Subjunctive	sepa, sepas, sepa, sepamos, sepáis, sepan
Imperfect Subjunctive	supiera, supieras, supiera, supiéramos, supierais, supieran

salir to go out; to leave

Present Indicative	salgo, sales, sale, salimos, salís, salen
Future	saldré, saldrás, saldrá, saldremos, saldréis, saldrán
Conditional	saldría, saldrías, saldría, saldríamos, saldríais, saldrían
Present Subjunctive	salga, salgas, salga, salgamos, salgáis, salgan
*Affirm. **tú** Command*	sal

ser to be

Present Indicative	soy, eres, es, somos, sois, son
Imperfect Indicative	era, eras, era, éramos, erais, eran
Preterit	fui, fuiste, fue, fuimos, fuisteis, fueron
Present Subjunctive	sea, seas, sea, seamos, seais, sean
Imperfect Subjunctive	fuera, fueras, fuera, fuéramos, fuerais, fueran
*Affirm. **tú** Command*	sé

tener to have

Present Indicative	tengo, tienes, tiene, tenemos, tenéis, tienen		
Preterit	tuve, tuviste, tuvo, tuvimos, tuvisteis, tuvieron		
Future	tendré, tendrás, tendrá, tendremos, tendréis, tendrán		
Conditional	tendría, tendrías, tendría, tendríamos, tendríais, tendrían		
Present Subjunctive	tenga, tengas, tenga, tengamos, tengáis, tengan		
Imperfect Subjunctive	tuviera, tuvieras, tuviera, tuviéramos, tuvierais, tuvieran		
*Affirm. **tú** Command*	ten		
Similar Verbs	contener	mantener	retener
	detener	obtener	sostener
	entretener(se)		

traer *to bring*

Present Participle	trayendo
Past Participle	traído
Present Indicative	traigo, traes, trae, traemos, traéis, traen
Preterit	traje, trajiste, trajo, trajimos, trajisteis, trajeron
Present Subjunctive	traiga, traigas, traiga, traigamos, traigáis, traigan
Imperfect Subjunctive	trajera, trajeras, trajera, trajéramos, trajerais, trajeran
Similar Verbs	atraer contraer extraer
	caer(se) distraer(se)

valer *to be worth*

Present Indicative	valgo, vales, vale, valemos, valéis, valen
Future	valdré, valdrás, valdrá, valdremos, valdréis, valdrán
Conditional	valdría, valdrías, valdría, valdríamos, valdríais, valdrían
Present Subjunctive	valga, valgas, valga, valgamos, valgáis, valgan
*Affirm. **tú** Command*	val

venir *to come*

Present Participle	viniendo
Present Indicative	vengo, vienes, viene, venimos, venís, vienen
Preterit	vine, viniste, vino, vinimos, vinisteis, vinieron
Future	vendré, vendrás, vendrá, vendremos, vendréis, vendrán
Conditional	vendría, vendrías, vendría, vendríamos, vendríais, vendrían
Present Subjunctive	venga, vengas, venga, vengamos, vengáis, vengan
Imperfect Subjunctive	viniera, vinieras, viniera, viniéramos, vinierais, vinieran
*Affirm. **tú** Command*	ven
Similar Verbs	convenir intervenir prevenir

ver *to see*

Past Participle	visto
Present Indicative	veo, ves, ve, vemos, veis, ven
Imperfect Indicative	veía, veías, veía, veíamos, veíais, veían
Preterit	vi, viste, vio, vimos, visteis, vieron
Present Subjunctive	vea, veas, vea, veamos, veáis, vean
Similar Verbs	prever

Spanish-English vocabulary

abajo   down, below, under-
neath; downstairs
abogado/a *m./f.*   lawyer,
attorney
abordar   to approach; to
tackle
abrazar   to embrace, hug
abrazo *m.*   embrace, hug
abrelatas *m. sing.*   can opener
abstenerse (de) (*irreg.*)   to
abstain (from); to refrain
(from)
aburrido/a   boring, bored
aburrimiento *m.*   boredom
aburrir   to bore
aburrirse   to become bored
abusar (de)   to abuse
acentuar   to accent; to stress,
emphasize
acerca de   about, with
respect to
acercar   to bring near
acercarse (a)   to approach,
draw near (to)
aclarar   to clarify
acomodar   to suit, adapt to;
to make comfortable; to be
suitable
acomodarse (a)   to conform
(to); to adapt oneself (to)
acompañar   to accompany
aconsejable   advisable
aconsejar   to advise, give
advice
acordar (ue)   to decide; to
agree
acordarse (ue) (de)   to
remember
acostumbrarse (a)   to
become accustomed (to)
actitud *f.*   attitude

actuación *f.*   performance;
action, behavior
actual   current, present
actuar   to act, perform
acuarela *f.*   watercolor
acuerdo *m.*   agreement,
accord
acusado/a   *m./f.*   accused
person; *adj.*   accused
adelgazar   to become
slimmer, lose weight
adivinanza *f.*   riddle;
conjecture
admirarse (de)   to be
amazed; to be surprised
adquirir (ie, i)   to acquire
aduana *f.*   customs; customs
house
advertir (ie, i)   to notice; to
point out; to advise
aeropuerto *m.*   airport
afecto *m.*   affection
afeitar (se)   to shave (oneself)
afición *f.*   fondness, liking;
hobby
aficionado(a) *m./f.*   fan,
supporter; *adj.*   keen,
enthusiastic; **aficionado/a
a**   fond of
agacharse   to crouch
agradar   to please
agradecer   to thank
agregar   to add
ahorrar   to save (money, time)
ahorro *m.*   savings
aire *m.*   air; **aire acondicio-
nado**   air conditioning; **al
aire libre**   outdoors
ajedrez *m.*   chess
ajustar   to adjust, fix; to fit;
to settle

ala *f.*   wing
albergue *m.*   shelter; lodging
alcalde/alcaldesa *m./f.*
mayor
alcanzar   to reach; to attain;
to catch (up with)
alegrar(se) (de)   to cheer up,
enliven; to become happy
alegría *f.*   joy, cheer
alemán/alemana *adj.*
German; *m./f.*   German
person
alfabeto *m.*   alphabet
alfombra *f.*   carpet
algodón *m.*   cotton
alianza *f.*   alliance
alimento *m.*   food;
nourishment
aliviar   to relieve, alleviate
almacén *m.*   department
store; warehouse
almacenar   to store
alojamiento *m.*   lodging
alojar   to lodge
alojarse   to be lodged
alquilar   to rent
alquiler *m.*   rental payment
amable   kind, loving
amar   to love
amarillo/a   yellow
ambiental   environmental
ambiente *m.*   environment;
atmosphere; **medio am-
biente**   environment
amenazar   to threaten
amistad *f.*   friendship
amonestar   to warn
ampliar   to enlarge; to amplify
ancho/a   wide
andino/a   Andean
angosto/a   narrow

anillo *m.* ring
ansioso/a anxious, worried, uneasy
antigüedad *f.* antique; antiquity
antiguo/a ancient, old
antipático/a disagreeable, unpleasant
anunciar to advertise; to announce
anuncio *m.* advertisement; announcement
añadir to add; to increase
apaciguar to pacify, appease
apagar to turn off, extinguish
apagón *m.* blackout
aparato *m.* apparatus, device, machine
aparecer to appear
apariencia *f.* appearance
apellido *m.* last name
aperitivo *m.* appetizer; aperitif
aplaudir to applaud
aplazar to postpone, delay
apoyar to support, be in favor of
apoyo *m.* support
aprendiz/aprendiza *m./f.* beginner, novice
apresuradamente hurriedly
apresurar to hurry, hasten
aprobar (ue) to pass; to approve
apropiado/a appropriate
apunte *m.* note
apurar to hurry
apurarse (de) to hurry up; to worry (about)
archivo *m.* file
armar to put together; to arm
armario *m.* cupboard
arpa *f.* harp
arrepentirse (ie, i) (de) to repent (of)
arrodillarse to kneel down
arroyo *m.* stream, brook; river
arroz *m.* rice
artesanía *f.* handicrafts

artículo *m.* article; **artículo de fondo** in-depth report; editorial
artista *m./f.* artist
asado/a *adj.* roasted; *m.* roast meat; barbecue
asaltar to assault; to rob
ascenso *m.* promotion
ascensor *m.* elevator
asegurar to assure; safeguard; to make secure
asiento *m.* seat
asistir (a) to attend
asociar(se) to associate (oneself)
asombrar to amaze; to frighten
asombro *m.* amazement; fright
aspiradora *f.* vacuum cleaner
asunto *m.* matter, subject, topic
asustar to scare, frighten
asustarse to become scared
atardecer *m.* early evening; *inf.* to grow dark, become late
atar to tie (up)
atarse to get into a muddle
ataúd *m.* coffin
atender (ie) to wait on, help
atestiguar to testify
atónito/a astonished, amazed, astounded
atraer (*irreg.*) to attract
atrasado/a delayed
atreverse (a) to dare (to)
atribuir to attribute
audaz bold, audacious
augurar to predict, to foretell
aumentar to increase
aumento *m.* increase
ausentarse (de) to absent oneself; to go away
ausente absent
automovilístico/a related to automobiles
autopista *f.* freeway
autoridad *f.* authority
avanzado/a advanced

ave *f.* bird; chicken
avenida *f.* avenue
aventura *f.* adventure
avergonzarse (ue) (de) to be ashamed (of); to be embarrassed (of)
averiguar to find out; to inquire
avión *m.* airplane
aviso *m.* piece of information; advice; warning
azúcar *m.* sugar

bacalao *m.* cod(fish)
bajar to lower; to go down; **bajar de peso** to lose weight
bancario/a relative to a bank or to banking
banco *m.* bank
banquero/a *m./f.* banker
barbaridad *f.* outrage; barbarism
barco *m.* boat, ship
barón *m.* baron
baronesa *f.* baroness
barrio *m.* area (of town), neighborhood
basar to base
básquetbol *m.* basketball
bastar to be sufficient, be enough
bastardilla *f.* italic type, italics; **en bastardilla** in italics
bastón *m.* cane
basura *f.* garbage
batidora *f.* beater, mixer
bebé/beba *m./f.* baby
beca *f.* scholarship
béisbol *m.* baseball
besar to kiss
bicicleta *f.* bicycle; **montar en bicicleta** to ride a bicycle
bienvenida *f.* welcome
bilingüe bilingual
billete *m.* bill; ticket
bistec *m.* beefsteak, beef
boda *f.* wedding

boina *f.* beret
boletín *m.* bulletin
boleto *m.* ticket
bomba *f.* bomb; pump
bondad *f.* kindness
bota *f.* boot; leather wine bottle
bote *m.* can, tin; boat
botella *f.* bottle
botón *m.* button, knob; **botones** *pl.* bellboy
breve brief
brillar to shine
brisa *f.* breeze
bufanda *f.* scarf
bullir to boil, bubble up; to move; to swarm
burlarse (de) to mock, ridicule
búsqueda *f.* search
butaca *f.* armchair

caballero *m.* gentleman; horseman
caber (*irreg.*) to fit
cadmio *m.* cadmium
cafetera *f.* coffee pot
caída *f.* fall
caja *f.* box; chest; crate; cashbox, safe; cashier's office; **caja de seguridad** safe, strongbox
cajero/a *m./f.* cashier; bank teller
cajón *m.* large box
calamar *m.* squid
calcetines *m./pl.* socks, stockings
cálculo *m.* calculus
caldo *m.* clear soup; broth
calentar (ie) to warm up
calidad *f.* quality
callado/a reserved; quiet, silent
callejuela *f.* alley
calmar(se) to calm (oneself) down
calor *m.* heat, warmth
caluroso/a hot, warm; enthusiastic

cámara *f.* camera; chamber; **cámara fotográfica** camera
camarada *m.* comrade, companion
camarero/a *m./f.* waiter/waitress
camarógrafo/a *m./f.* camera person
camarón *m.* shrimp, prawn
cambiar to change; **cambiar de papel** to change roles
cambio *m.* change; transmission; **en cambio** on the other hand
camello *m.* camel
camino *m.* road; path; route; way; **camino de/camino a** on the way to
camiseta *f.* shirt; T-shirt; top; vest
campaña *f.* campaign
campeón/campeona *m./f.* champion
campo *m.* country, countryside; field; scope, sphere; **campo universitario** campus
canapé *m.* canapé; sofá
cantante *m./f.* singer, vocalist
cantidad *f.* quantity, amount
cantimplora *f.* water bottle, canteen
cantor/a *m./f.* singer; *adj.* relative to singing
caña *f.* cane; stalk; reed; **caña de pescar** fishing rod
caótico/a chaotic
capaz capable, competent
capturar to capture
cárcel *f.* jail
carecer (de) to lack
cargo *m.* load; weight; charge; burden
caricatura *f.* caricature; cartoon
caricaturista *m./f.* caricaturist; cartoonist
caridad *f.* charity

cariño *m.* affection, fondness; caress; **cariño/a** *m./f.* sweetheart
cariñoso/a affectionate; tender
carnicería *f.* butcher shop, meat market
carrera *f.* career; race; run, running
carretera *f.* road, highway
cartel *m.* poster, placard; wall chart
cartera *f.* purse, handbag
casamiento *m.* marriage
casarse (con) to get married
caso *m.* case; **hacer caso (de)** to pay attention (to)
castigar to punish
catalán/catalana *m./f.* Catalonian; *adj.* relative to Catalonia
catálogo *m.* catalog
catarro *m.* cold (illness)
catedral *f.* cathedral
causa *f.* cause; **a causa de** because of, on account of
cebolla *f.* onion
célebre famous
celoso/a jealous; suspicious; zealous
censura *f.* censorship, censoring; censure, criticism
censurar to censor; to censure
cercano/a near, nearby
cerdo *m.* pig
cerro *m.* hill
césped *m.* grass, lawn
ceviche *m.* dish of raw fish or shellfish marinated in spicy sauce and lime juice served as an appetizer
champán *m.* champagne
chequera *f.* checkbook
chisme *m.* gossip
chiste *m.* joke
chocar to collide, crash; to shock
chuleta *f.* chop
cielo *m.* sky; heavens; heaven
ciencia *f.* science

científico/a *m./f.* scientist; *adj.* relating to science

cigarrillo *m.* cigarette

cinta *f.* ribbon; tape

cinturón *m.* belt; **cinturón de seguridad** safety belt, seat belt

circo *m.* circus

circulación *f.* traffic; circulation

circular to circulate

circunstancia *f.* circumstance

cita *f.* appointment; (social) date

citar to make an appointment; to date (socially)

ciudadano/a *m./f.* citizen; *adj.* civic, pertaining to the city

cláusula *f.* clause

clavel *m.* carnation

clima *m.* climate

cóctel *m.* cocktail

coger to grab; to grasp; to get

cohete *m.* rocket

cojo/a *m./f.* disabled person; *adj.* disabled, lame

colega *m./f.* colleague

colegio *m.* school; college

colgar (ue) to hang up, hang

collar *m.* necklace

colocación *f.* placing; place; job

colocar to place, put

colono *m.* colonist, settler; tenant

comerciante *m./f.* shopkeeper

comercio *m.* commerce, business

cometer to commit

comienzo *m.* start, beginning; **a comienzos de** at the beginning of; **al comienzo de** at the beginning of

cómodo/a comfortable; convenient

compañía *f.* company

compartir to divide (up); to share

compás *m.* beat, rhythm; measure; compass

competencia *f.* competition; rivalry; competence

complacer to please

componer (*irreg.*) to compose, write; to put together

componerse (de) (*irreg.*) to consist of

comportarse to behave

compra *f.* purchasing, buying; shopping; purchase

comprometerse (a) to compromise oneself; to promise (to)

compromiso *m.* obligation, promise

computación *f.* calculation, computation

computadora *f.* computer

concierto *m.* concert

concluir to conclude

concordar (ue) to agree

concurso *m.* contest, match, competition

conducir to drive; to conduct

conductor/a *m./f.* driver; conductor

conejo *m.* rabbit

conferencia *f.* lecture; conference

conferenciante *m./f.* lecturer

confiar (en; a) to trust (in); to entrust (to)

confundido/a confused

confundir to confuse

confuso/a confused

conjetura *f.* conjecture, guess

conjugar to conjugate

conjunto *m.* whole; assembly; ensemble; *adj.* joint; united

conmover (ue) to move (emotionally)

conocido/a *m./f.* acquaintance; *adj.* acquainted

conocimiento *m.* knowledge

consciente conscious

consecutivo/a consecutive

consejero/a *m./f.* adviser

consejo *m.* advice

conservador/a *m./f.* conservative; *adj.* conservative

conservar to preserve, save; to keep up

consistir (en) to consist (of)

construir to construct

contabilidad *f.* accounting; bookkeeping

contado *m.* cash; **al contado** in cash

contador/a *m./f.* accountant; bookkeeper

contaminación *f.* pollution; contamination

contaminar to pollute; to contaminate

contar (ue) to count; **contar con** to count on

contemporáneo/a contemporary

continuo/a continuous

contradecir (*irreg.*) to contradict

contradictorio/a contradictory

contrario *m.* contrary; **al contrario** on the contrary

contratapa *f.* inside cover

contratar to contract (for), hire

contratista *m./f.* contractor

contribuyente *m./f.* taxpayer

convencer to convince

convencido/a convinced

convenir (*irreg.*) to agree; to suit; to be convenient; to be important

convertirse (ie, i) to become converted, become changed

copia *f.* copy

copiadora *f.* copier

cordero *m.* lamb

coronar to crown

corregir (i) to correct

correo *m.* mail

cortacésped *m.* lawnmower

cortar to cut

corte *f.* (royal) court; law court

corte *m.* cut, cutting

cortés courteous
cortesía *f.* courtesy
cortina *f.* curtain
costa *f.* coast, coastline; cost, price
costado *m.* side; flank
costar (ue) to cost
coste *m.* cost
costo *m.* cost
costumbre *f.* custom; habit
crear to create
crecer to grow
creciente growing
crecimiento *m.* growth
creencia *f.* belief
crema *f.* cream
criar(se) to be raised
crimen *m.* crime
cristal *m.* crystal, glass
crítica *f.* criticism; critique
cruz *f.* cross
cruzar to cross
cuadra *f.* city block
cuadro *m.* picture, painting; scene; description; square; table, chart
cuanto/a *adj.* whatever; *pron.* all that, as much as; *adv./conj.* **en cuanto a** as far as ... is concerned
cuchillo *m.* knife
cuenta *f.* account; **cuenta de ahorros** savings account; **darse cuenta de** to realize
cuento *m.* story, tale
cuerda *f.* rope
cuerdo/a sane; prudent
cuero *m.* leather, skin, hide
cuerpo *m.* body
cuidado *m.* care, worry, concern; carefulness; **tener cuidado** to be careful
cuidadoso/a careful
cuidar to take care of
culpa *f.* fault; blame; **tener la culpa** to be at fault
culpable *m./f.* culprit; *adj.* at fault; guilty
cumplir (con) to carry out, fulfill; to comply (with)

cuna *f.* cradle
cuñada *f.* sister-in-law
cuñado *m.* brother-in-law
cuota *f.* quota, share; fee, dues
cura *f.* cure
cura *m.* Catholic priest
curso *m.* course; school year; direction; flow; **curso obligatorio** required course

dañar to damage; to harm; **hacer daño** to do damage, to do harm
daño *m.* damage; hurt, harm, injury
dar *(irreg.)* to give; **darse cuenta (de)** to realize; **dar un paseo** to take a walk, stroll; **darse prisa** to hurry
de of, from; **de repente** suddenly
deber *m.* obligation
débil weak
debilitar to weaken
debilitarse to grow weaker
decepcionar to disappoint
decepcionarse to become disappointed
dejar to leave (behind); to let, allow; **dejar plantado** to stand up; to walk out on
demasiado/a *adj.* too much; *adv.* too; too much, excessively
demostrar (ue) to demonstrate, show
demostrativo/a demonstrative
dependiente/a *m./f.* store clerk
depósito *m.* deposit
deprimir(se) to become depressed
derecha *f.* right wing (pol.); right side, right hand
derecho(a) *adj.* right, right-hand; straight; *adv.* straight; upright; *m.* right, claim, privilege; law, justice
derramar to spill; to pour out

derrotar to defeat
desacuerdo *m.* disagreement
desanimar(se) to become discouraged, become less enthusiastic
desaparecer to disappear
desarrollar to develop
desarrollo *m.* development
desastre *m.* disaster
descansar to rest
descomponer(se) *(irreg.)* to break (down)
descompuesto/a broken
desconfiado/a distrustful, suspicious
desconfiar (de) to mistrust; to lack confidence in
desconocer to be ignorant of
desconocido/a *m./f.* stranger; *adj.* unknown, unfamiliar; strange
descosido/a torn, unstitched
descubrimiento *m.* discovery
descubrir to discover
descuento *m.* discount
desempeño *m.* carrying out, fulfillment; performance
desempleo *m.* unemployment
desgracia *f.* misfortune, bad luck; accident; disgrace
desgraciadamente unfortunately
deshacer *(irreg.)* to undo
desierto *m.* desert
desigualdad *f.* inequality
desmayarse to faint
desocupado/a vacant, unoccupied; spare, free
desocupar to vacate; to empty
desorden *m.* disorder, mess; confusion
desorientado/a disoriented, confused
despacio/a *adj.* slow; *adv.* slowly
despacho *m.* small office
despedir (i) to fire, lay off
despedirse (i) (de) to take leave (of), say goodbye (to)

despegar to take off (aviation); to unstick

despertador/a *adj.* pertaining to awakening; *m.* alarm clock

despierto/a awake; alert

despreocupado/a unworried

destrozar to destroy

destruir to destroy

desventaja *f.* disadvantage

desventajoso/a disadvantageous

detalle *m.* detail

detener (*irreg.*) to detain, stop; to arrest

deteriorarse to become damaged; to become worn

devolver (ue) to return, give back

día *m.* day; **poner al día** to bring up to date

diálogo *m.* dialogue

diapositiva *f.* slide, transparency

diario/a *adj.* daily, everyday; *m.* newspaper

dibujar to draw, sketch; to design

dibujo *m.* drawing, sketch; design

dictar to dictate; to give (lecture, class)

dieta *f.* diet; **ponerse a dieta** to go on a diet

dignarse to deign to, condescend to

diluvio *m.* flood

dimitir to resign

diputado/a *m./f.* delegate, representative; deputy

dirigir to direct; to conduct; to address

dirigirse to go to

discurso *m.* speech

discutir to discuss; to argue

diseñador/a *m./f.* designer

diseñar to design

disfraz *m.* disguise; mask

disfrutar (de, con) to enjoy

disgustar to annoy, displease; to upset

disgusto *m.* annoyance, displeasure; trouble

disminuir to diminish, lessen

distinguido/a distinguished

distinguir to distinguish

distraer(se) (*irreg.*) to distract (oneself); to amuse (oneself), entertain (oneself)

distraído/a distracted; amused, relaxed

distribuidor/a *adj.* distributing; *m./f.* distributor

distribuir to distribute

disturbio *m.* disturbance

diversión *f.* amusement, entertainment; recreation; hobby

divertido/a entertaining, amusing; funny, enjoyable

divertirse (ie, i) to have a good time

divisar to spot, to make out

doblar to double; to fold; to turn (corner); to dub

doctorado *m.* doctorate

doler (ue) to hurt, ache; to grieve

dolor *m.* pain, ache; grief

droga *f.* drug, medicine

dromedario *m.* dromedary, camel

ducharse to take a shower

duda *f.* doubt

dudar to doubt

dudoso/a doubtful

dueño(a) *m./f.* owner; master

dulce *adj.* sweet; *m.* candy

durar to last, go on for; to endure

economizar to economize, save

ecuación *f.* equation

efectuar to effect, bring about

eficaz efficacious, effective; efficient

egoísta *adj.* egotistical; selfish; *m./f.* egoist; selfish person

ejercer to exercise; to exert; to bring to bear

ejercicio *m.* exercise; **hacer ejercicios** to do exercises

electrodoméstico/a pertaining to an electrical device for the home

elegir (i) to elect; to choose

emocionado/a deeply moved

empeorar to make worse, worsen

empleado/a *m./f.* employee

empleo *m.* employment; job

emprendedor/a *adj.* enterprising; *m./f.* entrepreneur

empresa *f.* enterprise; undertaking, venture; company

empujar to push, shove

en *prep.* in, at, on; **en bastardilla** in italics; **en cambio** on the other hand; **en cuanto a** as far as ... is concerned; **en lugar de** instead of; **en negritas** in boldface; **en seguida** at once, right away; **en vez de** instead of; **en vivo** live (performance); in person

enamorarse (de) to fall in love (with)

encantado/a charmed, delighted; bewitched

encantador/a *adj.* charming, delightful; *m./f.* charmer

encantar to charm, delight

encargado/a *m./f.* agent, person-in-charge; *adj.* in charge of

encender (ie) to turn on; to light

encerrar (ie) to shut in, enclose; to contain

encima (de) on top (of)

encuesta *f.* public-opinion poll; inquiry

energía *f.* energy

enfadado/a angry, upset

enfadar to anger

enfadarse to become angry

enfermero/a *m./f.* nurse

enfoque *m.* focus
enfrentar to confront
enfriar to cool, chill
engañar to deceive
enorgullecerse to be proud
enriquecer to make rich
enriquecerse to become rich
enrojecer(se) to redden; to blush
ensayo *m.* test, trial; rehearsal; essay
entender (ie) to understand; **entenderse con** to get along with
enterar to inform, tell
enterarse (de) to find out (about)
entero/a entire
entrada *f.* entrance; ticket
entregar to deliver
entremés *m.* side dish; short amusing play
entrenador/a *m./f.* coach; trainer
entrenamiento *m.* coaching; training
entrenar to coach; to train
entretener(se) (*irreg.*) to entertain (oneself), to amuse (oneself)
entrevista *f.* interview
entrevistar *f.* to interview
entristecerse to become sad
entusiasmar(se) to fill (oneself) with enthusiasm, excite (oneself)
entusiasmo *m.* enthusiasm
enumerar to enumerate
enunciar to enunciate; to put forward (idea)
enviar to send
episodio *m.* episode
equilibrado/a level-headed; well-balanced; stable
equilibrio *m.* equilibrium
equipaje *m.* luggage, baggage
equipo *m.* equipment; team
equivocado/a mistaken
equivocar to mistake (A for B)

equivocarse to make a mistake
esbeltez *f.* slenderness; gracefulness
esbelto/a slender, thin; graceful
escalar to climb, scale; to break into; to escalate
escándalo *m.* scandal
escena *f.* scene
escenario *m.* stage
escoger to choose
escolar scholastic; school
esconder to hide, conceal
esculpido/a sculpted
escultura *f.* sculpture
esforzarse (ue) (por) to make an effort (to)
esfuerzo *m.* effort
eso that; **a eso de** around, about, approximately; **por eso** that is why
espacio *m.* space; **espacio en blanco** blank space
espacioso/a spacious, roomy
esparcir to spread, scatter, disseminate
especialidad *f.* speciality; major (school); **cambiar de especialidad** to change one's major
especialista *m./f.* specialist; major (school)
especialización *f.* speciality; major (school)
especializarse to specialize; to major (school)
especie *f.* species; kind, sort
espectáculo *m.* spectacle; show
espectador/a *m./f.* spectator
espejo *m.* mirror; **espejo retrovisor** rearview mirror
esquí *m.* ski; skiing
esquiar to ski
esquina *f.* corner
estación *f.* station; season; **estación de mando** command center; **estación de radio** radio station

estacionamiento *m.* parking; **lugar de estacionamiento** parking place
estacionar(se) to park (oneself)
estadía *f.* stay; length of stay
estadio *m.* stadium
estadista *m./f.* statesperson; statistician
estadística *f.* statistics
estar (*irreg.*) to be; **estar de acuerdo** to be in agreement; **estar muerto/a** to be dead; **estar vivo/a** to be alive
estatal pertaining to the state
estatura *f.* stature, height
estéreo *m.* stereo
estereofónico/a stereophonic
estima *f.* esteem
estirar to stretch; **estirar los músculos** to stretch; to warm-up
estrategia *f.* strategy
estrecho/a narrow
estrella *f.* star
estreno *m.* debut, first appearance
estrés *m.* stress
estricto/a strict
estructura *f.* structure, frame
estudiantado *m.* students, student body
estudiantil relative to students
estufa *f.* stove
estupendo/a stupendous, wonderful
etapa *f.* stage; phase
eternidad *f.* eternity
europeo/a European; *m./f.* European
evaluar to evaluate
evitar to avoid
exagerado/a exaggerated
exagerar to exaggerate
exclamativo/a exclamatory
excluir to exclude

excursión *f.* excursion; tour; **hacer una excursión** to take a tour

exhibir to exhibit, show

exigir to demand; to require

éxito *m.* success; hit

explicar to explain

explotar to exploit; to explode

extinguir to extinguish, put out

extracurricular extracurricular

extrañar to find strange; to miss, yearn for

extranjero/a *m./f.* foreigner; *adj.* foreign; alien; **al extranjero** abroad

extraño/a strange, odd; extraneous

fábrica *f.* factory

facilidad *f.* facility; ease; fluency; **facilidades de pago** easy terms; credit available

facilitar to facilitate; to simplify

falta *f.* lack, need; shortage; fault, mistake

faltar to be lacking; to miss; to be absent; **faltar a clase** to miss class

familiarizarse to familiarize oneself

fanático/a *m./f.* fanatic

fanatismo *m.* fanaticism

fascinar to fascinate

fastidiar to annoy, bother

fastidio *m.* annoyance, nuisance; boredom

fatigarse to get tired

fe *f.* faith

fecha *f.* date (calendar)

felicitar (por) to congratulate (on)

feria *f.* fair, market; carnival; holiday

feriado/a relative to a holiday

fiarse (de) to trust (in); to rely (on)

fiebre *f.* fever

figurilla *f.* a small figure

fijar to fix; to set, determine

fijarse (en) to notice

fila *f.* row, line

filete *m.* meat; steak; fillet

fin *m.* end; **en fin** in short; **fin de semana** weekend

firma *f.* signature; firm (company)

firmar to sign

flor *f.* flower

folleto *m.* pamphlet, brochure

fondo *m.* bottom; far end; background; fund; **a fondo** thorough; thoroughly; **al fondo** in the background; at the rear

formulario *m.* form, blank

foro *m.* forum

fortalecerse to become strong

fotocopia *f.* photocopy

fotocopiadora *f.* photocopy machine

fotógrafo/a *m./f.* photographer

fracasar to fail

fracaso *m.* failure

fracturarse to fracture, break

freír (i) to fry

frijol *m.* bean

frito/a fried

frustrante frustrating

frustrarse to become frustrated

fuente *f.* fountain; source

fuerza *f.* strength; **a fuerza de** by dint of, by force of

fumar to smoke

función *f.* function, functioning; duties; show, performance

funcionar to function; to perform

funcionario/a *m./f.* official, civil servant

fundar to found, institute

fútbol *m.* soccer; football

gabinete *m.* cabinet; study room

gafas *f./pl.* glasses, spectacles

galería *f.* gallery

galleta *f.* cookie; cracker

ganancia *f.* earnings

ganar to win; to earn

gana *f.* desire, wish; **de buena (mala) gana** willingly (unwillingly); **tener ganas (de)** to wish (to)

garantía *f.* guarantee; warranty

garganta *f.* throat

gastar to spend; to use up; to wear away; to waste

gasto *m.* spending, expenditure; use; wear; waste

gazpacho *m.* vegetable soup served cold

género *m.* class, kind, type; genre; gender (Grammar); cloth

gentil polite; charming; graceful

gerente *m./f.* manager; **gerente de ventas** sales manager

gesto *m.* gesture; grimace; expression on one's face

gobernador/a *m./f.* governor

gobernar (ie) to govern

gobierno *m.* government

golpe *m.* blow; bump; punch

goma *f.* rubber; tire

gordo/a overweight; fat

gorro *m.* cap, bonnet

gota *f.* drop; bead

gozar (de) to enjoy

grabado/a *adj.* recorded, taped; *m.* engraving, print

grabadora *f.* tape recorder

grabar to record, tape

grado *m.* step; degree; stage; grade, quality

graduarse to graduate

graso/a fatty; greasy

grasoso/a fatty; greasy

gratis gratis, free of charge

gris grey

gritar to shout

grueso/a thick

guacamole *m.* thick sauce or paste of pureed avocados served as a dip or in salads

guardar to keep; to put away; to guard

guardia *f.* guard; custody; *m./f.* police officer

guía *m./f.* guide, leader; *f.* guidebook; telephone book; guidance

guiar to guide

gusto *m.* pleasure, enjoyment; taste; whim, fancy; **a gusto** at one's will, fancy

hábil skillful, proficient; clever

habitación *f.* room; dwelling

habla *f.* speech; language

hablador/a *m./f.* talkative person; *adj.* talkative; gossipy

hablante *m./f.* speaker; *adj.* speaking

hacer (*irreg.*) to do; to make; **hacer caso (de)** to pay attention (to); **hacer daño** to damage; **hacer el papel** to play the role; **hacer falta** to need; to be lacking; **hacer una jugada** to make a move or play (game)

hacerse to become, turn into

hambre *f.* hunger, famine; **tener hambre** to be hungry

hecho *m.* fact; deed

helado *m.* ice cream; **helado/a** *adj.* frozen; ice cold

hembra *f.* female; woman

herencia *f.* inheritance

hielo *m.* ice; frost

hincarse to kneel (down)

hipotético/a hypothetical

historiador/a *m./f.* historian

hogar *m.* home

hoja *f.* leaf; sheet (of paper)

hojear to leaf through

holgazán/holgazana *m./f.* idler, loafer; *adj.* idle, lazy

hongo *m.* mushroom; toadstool

honradez *f.* honesty, integrity

horario *m.* schedule, timetable; *adj.* hourly

horno *m.* oven; **al horno** baked; **horno de microondas** microwave oven

hospedar to receive as a guest; to put up, lodge

huevo *m.* egg

huir to flee, to escape from

humo *m.* smoke

humor *m.* humor; **de buen (mal) humor** in a good (bad) mood

huracán *m.* hurricane

idioma *m.* language

igual equal; alike, similar

igualdad *f.* equality; sameness, uniformity

imagen *f.* image; picture

imaginar(se) to imagine (oneself)

impacientarse to become impatient

impaciente impatient

impermeable *m.* raincoat

imponente imposing, impressive

imponer (*irreg.*) to impose; to enforce

importar to be important; to import

impresionante impressive, striking; moving

impresionar to impress; to move

impuesto *m.* tax, duty; taxation

inalcanzable unattainable

incendio *m.* fire

incentivo *m.* incentive

inclinarse (a) to bow; to lean; to incline, slope; to be inclined (to)

incluir to include

incluso even

incómodo/a uncomfortable

incorporar to incorporate

increíble unbelievable

indefinido/a indefinite

indicativo/a indicative

índice *m.* index; ratio, rate; catalog; table of contents

indignar to irritate, make indignant

indignarse to become irritated, become indignant

individuo *m.* individual

inesperado/a unexpected

influir to influence

informática *f.* computer science; information technology

informe *m.* report, statement; information

ingeniero/a *m./f.* engineer

injusticia *f.* injustice; unfairness

inmediato/a inmediately

inquietarse to become anxious, worried; to become disturbed

inquieto/a anxious, worried; disturbed

inscribir(se) to enroll (oneself), register (oneself)

inscrito/a enrolled, registered

insinuar to insinuate, suggest

intercambio *m.* exchange

interesado/a interested; self-seeking

intérprete *m./f.* interpreter; translator

interrogar to interrogate; to ask

interrogativo/a interrogative

interrumpir to interrupt

intervenir (*irreg.*) to intervene; to participate

intrépido/a intrepid, bold

introvertido/a introverted, shy

inundar to flood, swamp

inútil useless

inversión *f.* investment; inversion, reversal

invertir (ie, i) to invest

investigador/a *m./f.* investigator

invitado/a *m./f.* guest

ironía *f.* irony

irritar to irritate

irritarse to become irritated

isla *f.* island

itinerario *m.* itinerary

jactarse (de) to boast (of)

jamón *m.* ham

japonés/japonesa *adj.* Japanese; *m./f.* Japanese person

jardín *m.* garden; yard; **jardín zoológico** zoo

jarrón *m.* vase; urn

jefe(a) *m./f.* boss, director; **jefe(a) de ventas** sales manager

joven *m./f.* young person; *adj.* young

joya *f.* jewel, gem

joyería *f.* jewelry store

jubilarse to retire (from employment)

juego *m.* game, sport; play, playing; set, kit

juez *m./f.* judge

jugada *f.* play, move; **hacer una jugada** to make a move or a play (game)

jugar (ue) to play; **jugar a las damas (a los naipes)** to play chess (cards); **jugar al básquetbol (béisbol, fútbol, tenis)** to play basketball (baseball, soccer/football, tennis)

jugo *m.* juice

juguete *m.* toy

juguetón/juguetona playful

juicio *m.* judgment; opinion; reason, sanity

juntarse to meet, assemble; to join, come together

junto/a *adj.* joined, united; together; *adv.* near, close; together; *prep.* near, close to

jurídico/a legal, juridical

juventud *f.* youth

kiosco (quiosco) *m.* small commercial stand

laboratorio *m.* laboratory; **laboratorio de computación** computer laboratory; **laboratorio de lenguas** language laboratory

lácteo/a relative to dairy products

lado *m.* side; **al lado de** beside, on the side of

ladrón/ladrona *m./f.* thief

lago *m.* lake

lágrima *f.* tear

lámpara *f.* lamp

lana *f.* wool

lanzar to throw, hurl; to pitch; to launch; to promote

lata *f.* tin, can; nuisance, bore

latir to beat; to throb

lavadora *f.* washing machine

lavaplatos *m.* dishwasher

lazo *m.* bow, knot; link, bond

leal loyal, faithful

lechuga *f.* lettuce

lector/a *m./f.* reader

lectura *f.* reading; reading matter

lejano/a distant, remote

letra *f.* letter; bill; draft; learning; lyric

ley *f.* law

libra *f.* pound

libre free

librería *f.* bookstore

líder *m./f.* leader

liga *f.* league; suspender, garter

ligero/a light; lightweight, thin; swift, quick; agile

limpieza *f.* cleaning; cleanliness; purity; integrity

linterna *f.* lamp, lantern

lío *m.* mess

listo/a ready, prepared; smart, clever

literatura *f.* literature

litro *m.* liter

liviano/a light; frivolous, trivial

llama *f.* llama; flame

llamada *f.* call; knock, ring

llamar to call; **llamar por teléfono** to telephone

llanta *f.* automobile tire

llave *f.* key; **cerrado/a con llave** locked

llavero *m.* key ring

llegada *f.* arrival

llorar to cry, weep

llover (ue) to rain; **llover a cántaros** to rain cats and dogs

lluvia *f.* rainfall

lluvioso/a rainy

locuaz loquacious, talkative

locura *f.* madness, insanity

locutor/a *m./f.* announcer, commentator

lograr to get, attain; **lograr + inf.** to succeed in; to manage to

loro *m.* parrot

lucha *f.* struggle, fight

luchar to struggle; to fight; to wrestle

lugar *m.* place, site; **en lugar de** instead of

lujo *m.* luxury

lujoso/a luxurious

luz *f.* light; electricity

madera *f.* wood

madurez *f.* maturity; ripeness

maduro/a mature; ripe

maíz *m.* corn; **palomitas de maíz** popcorn

maleta *f.* suitcase

maletín *m.* briefcase; small case; satchel

malhumorado/a bad-tempered, cross

malo/a bad, evil; sick, ill

maltratar to treat badly

mandato *m.* order; writ, warrant; mandate

mando *m.* command; rule; leadership; **estación de mando** command center

manejar to drive; to operate; to direct, manage

manejo *m.* driving; handling; running, management

manga *f.* sleeve

manifestación *f.* manifestation; demonstration; riot

manifestante *m./f.* demonstrator; rioter

manifestar (ie) to manifest; to demonstrate; to riot

mano *f.* hand; **a mano** by hand

mantener (*irreg.*) to maintain; **mantenerse en forma** to stay in good shape

manzana *f.* apple; block (of houses, etc.)

máquina *f.* machine; **máquina de afeitar eléctrica** electric razor; **máquina de escribir** typewriter

mar *m./f.* sea

maratón *m.* marathon

maravilloso/a marvelous, wonderful

mariachi *m.* mariachi band (Mex.)

marido *m.* husband

marisco *m.* shellfish; seafood

matar to murder; to kill

materia *f.* material; matter; subject matter

matrícula *f.* register, list, roll; matriculation, registration

matricular(se) to register (oneself)

matrimonio *m.* married couple; marriage ceremony

mayoría *f.* majority

medianoche *f.* midnight; **a medianoche** at midnight

mediados **a ___:** in the middle of

medida *f.* measure; measurement

medio/a half; midway; mean, average; *m.* middle; means, way, method; milieu, ambience; **a medias** halfway; **medio ambiente** environment

mediodía *f.* noon; **al mediodía** at midday

medir (i) to measure

mejor better; **a lo mejor** probably, maybe

mejora *f.* improvement

mejorar to improve

melonar *m.* melon patch

memoria *f.* memory; note, report

menguar to lessen, reduce; to discredit

menor minor; smaller; less, lesser; younger

menos less; fewer; least; **al menos;** at least; **echar de menos** to miss; **por lo menos** at least

mensaje *m.* message

mensajero/a *m./f.* messenger

mentir (ie, i) to lie, tell a falsehood

mentira *f.* lie, falsehood

mentiroso/a lying, deceitful; *m./f.* liar, deceiver

menudo/a small, minute; slight, insignificant; **a menudo** often

mercadeo *m.* marketing

mercado *m.* market

merecer to deserve

mesero/a *m./f.* waiter/waitress

meta *f.* goal

meter (en) to put (in); **meterse en** to meddle into

método *m.* method

metro *m.* subway; meter

mezcla *f.* mixture

mezclar to mix

microonda *f.* microwave; **horno de microondas** microwave oven

miedo *m.* fear; **tener miedo** to be afraid

milagro *m.* miracle

milla *f.* mile

mismo/a same; -self; the thing itself; very, selfsame

misterio *m.* mystery

mitad *f.* half

mixto/a mixed

moai *m.* giant monolithic statue in Easter Island

mochila *f.* knapsack; backpack

moda *f.* style, fashion; **de moda** in fashion, in style

modelo *m.* model; pattern; standard; *m./f.* model (fashion)

modisto/a *m./f.* fashion designer

modo *m.* way, manner, method; **de todos modos** anyway, in any case

moler (ue) to chew; to grind; to crush

molestar to bother, annoy; to inconvenience

molestia *f.* bother, annoyance; inconvenience

molesto/a annoying; restless; inconvenient

moneda *f.* coin

montar to get on; to ride; **montar en bicicleta** to ride a bicycle

monte *m.* mountain

morir (ue, u) to die; **morirse de risa** to die of laughter

mosca *f.* fly (insect)

moto *f.* motorcycle

motocicleta *f.* motorcycle

mover(se) (ue) to move (oneself)

muchedumbre *f.* crowd, great mass, throng

mudar to change, alter; to move

mudarse to move (residence, etc.)

mueble *m.* piece of furniture

mueblería *f.* furniture store or factory

muerte *f.* death

muerto/a dead

muñeca *f.* wrist; doll; manikin

municipio *m.* municipality; town, township

músculo *m.* muscle; **estirar los músculos** to stretch; to warm-up

musculoso/a muscular

museo *m.* museum

mutante mutant, changing

mutuo/a mutual

náhuatl *m.* Nahuatl, language of the Aztecs

naipe *m.* playing card

naranja *f.* orange

narrar to narrate

naturaleza *f.* nature

Navidad *f.* Christmas

neblina *f.* mist; fog

negar (ie) to deny; to refuse

negocio *m.* business; deal, transaction

negrita *f.* boldface; **en negrita(s)** in boldface

nevar (ie) to snow

nevera *f.* refrigerator, icebox

nieve *f.* snow

nimio/a trivial, insignificant

nivel *m.* level

nota *f.* note; **sacar notas** to take notes

notar to note, observe; to jot down; **hacer notar** to take notice, observe

noticia *f.* piece of news, news item; **noticias** news, information

novedad *f.* newness, novelty; new feature; strangeness

novela *f.* novel; **telenovela** television soap opera

novelista *m./f.* novelist

nube *f.* cloud

nublado/a cloudy

nuera *f.* daughter-in-law

nuevo/a new; **de nuevo** again

obedecer to obey

obispo *m.* bishop

obra *f.* work; piece of work; book; play; composition; workmanship

obstruir to obstruct

obtener (*irreg.*) to obtain

ocasión *f.* occasion; opportunity

oculto/a hidden

ocupante *m./f.* occupant; *adj.* occupying

odiar to hate

odio *m.* hate

oferta *f.* offer; **en oferta** on sale

ofrecer to offer

ogro *m.* ogre

óleo *m.* oil painting; **al óleo** in oils

oler (ue) to smell

olor *m.* smell, odor, scent

oponente *m./f.* opponent

oponer (*irreg.*) to oppose

optativo/a optional

opuesto/a opposite

oración *f.* sentence; prayer; speech

órbita *f.* orbit

orden *m.* order, arrangement

orden *f.* order, warrant, writ; order (Religious)

ordenar to put in order; to order, to command; to ordain

orgulloso/a proud

origen *m.* origen

orilla *f.* edge, border; bank (river)

ornitología *f.* the study of birds

oro *m.* gold

oscuridad *f.* darkness

oscuro/a dark, dim; **a oscuras** in the dark

ostra *f.* oyster

otorgar to grant

paciencia *f.* patience

paella *f.* paella (Spanish dish)

pago *m.* payment; return, reward; **facilidades de pago** easy terms; credit available

paisaje *m.* landscape

pálido/a pale

palmera *f.* palm, palm tree

palo *m.* stick; club; **palo de golf** golf club

palomitas *f./pl.* popcorn; **palomitas de maíz** popcorn

panadería *f.* bakery, baker's shop

panfleto *m.* pamphlet

papa *f.* potato; **papas fritas** French-fried potatoes; chips

papa *m.* pope

papel *m.* paper; role; **cambiar de papel** to change roles; **hacer el papel** to play the role

paquete *m.* package

par *m.* pair, couple

paracaidismo *m.* parachuting

parada *f.* stop; stopping place; shutdown; suspension

paraguas *m.* umbrella

parar to stop, halt

pararse to stand up; to stop

parasol *m.* parasol, sunshade

parecerse (a) to resemble

parecido/a similar; *m.* similarity, resemblance

pared *f.* wall

pareja *f.* couple; pair

paréntesis *m.* parenthesis; **entre paréntesis** in parentheses

pariente/a *m./f.* relative, relation

parque *m.* park; **parque de atracciones** amusement park; **parque de diversiones** amusement park; **parque de estacionamiento** parking lot

párrafo *m.* paragraph

parrilla *f.* grill; **a la parrilla** grilled

parte *f.* part; portion; **por otra parte** on the other hand; **por todas partes** everywhere

participio *m.* participle; **participio pasado** past participle

partida *f.* departure; game, match; **punto de partida** point of departure

partido *m.* party (Pol.); game, match; team, side

partir to leave, depart; to divide; to cut off; **a partir de (ahora)** from (now) on

pasado *m.* past

pasaje *m.* passage, passing; passageway; fare

pasajero/a *m./f.* passenger

pasatiempo *m.* pastime, hobby

paseo *m.* stroll, walk; outing

paso *m.* passing, passage; crossing; pass, strait; step, pace

pastel *m.* cake; pie; pastry

pastelería *f.* pastry, pastry shop

pata *f.* leg [of an animal]

patada *f.* kick

pato *m.* duck

patrón *m.* patron; patron saint; employer; landlord; pattern; standard, norm

patrona *f.* patroness; patron saint; employer; landlady

paz *f.* peace

peatón *m.* pedestrian

pedazo *m.* piece; bit; scrap

pedido *m.* order; request; **hacer un pedido** to order

pedir (i) to ask for; **pedir prestado** to borrow

pegar to stick; to hit

peinado/a combed; *m.* hairdo

peinarse to comb one's hair

pelear to fight

película *f.* film; movie

peligro *m.* danger

peligroso/a dangerous

pelota *f.* ball

peluquería *f.* hairdresser's shop, barber shop

peluquero/a *m./f.* hairdresser, barber

pena *f.* grief, sorrow; sadness, anxiety; regret

pendiente *m.* earring; pendant; *adj.* hanging; pending, unsettled

pensamiento *m.* thought; intention

penúltimo/a penultimate, next-to-last

peor worse

pera *f.* pear

perder(se) (ie) to lose (oneself); **perder (el avión)** to miss (the plane)

pérdida *f.* loss; waste

periodismo *m.* journalism

periodista *m./f.* journalist

período *m.* period

perla *f.* pearl

permanecer to remain, stay

permiso *m.* permission; **permiso para manejar** driver's license

personaje *m.* personage, character

pertenecer to belong

pertenencia *f.* ownership; **pertenencias** personal belongings

pesado/a heavy; boring; difficult, tough

pesar to weigh, weigh (down); to grieve; *m.* regret; grief; **a pesar de** in spite of

pesas *f.* weights; **levantar pesas** to lift weights

pescado *m.* fish

pescar to fish

peso *m.* weight; heaviness; burden; **bajar (subir) de peso** to lose (gain) weight

petróleo *m.* oil, petroleum

petrolero/a relative to oil

picante spicy

picar to mince, chop up; to prick, puncture; to bite, sting (insect)

pie *m.* foot; **al pie de** at the foot of; **a pie** standing up; **de pie** standing up; **ponerse de pie** to stand up

piedra *f.* rock, stone

piel *f.* skin; hide, pelt, fur; leather

pieza *f.* play, composition, work; room; piece

pila *f.* battery; pile, stack, heap; sink; baptismal font

pintar to paint

pintor/a *m./f.* painter; artist

pintoresco/a picturesque

pintura *f.* painting; paint; description

piscina *f.* swimming pool

piso *m.* floor, story; flat, apartment

placentero/a pleasant, agreeable

placer *m.* pleasure

plácido/a placid

plancha *f.* iron

planchar to iron

planear to plan

planeta *m.* planet

planificación *f.* planning

plata *f.* silver; money

plátano *m.* banana

platillo *m.* dish

plato *m.* plate, dish; course (meal)

plaza *f.* public square, city center; room, space; job; vacancy

plazo *m.* time, period; time limit; expiration date; installment payment

pleno/a full; complete

población *f.* population; town, city, village

poblado/a populated

pobre poor, destitute; pitiful

pobreza *f.* poverty

poco/a little; small; **poco a poco** little by little; **por poco** almost

poder *m.* power

poderoso/a powerful

polémica *f.* polemic, controversy

polémico/a polemical, controversial

policía *f.* police, police force; *m./f.* police officer

policíaco/a pertaining to the police

poliéster *m.* polyester

política *f.* politics; policy

político/a *m./f.* politician

pollo *m.* chicken

poner (*irreg.*) to put, place; **poner al día** to bring up to date; **ponerse a dieta** to go on a diet; **ponerse de pie** to stand up

por for; because of; through; in order to; by; **por ahora** for the time being; **por cierto** of course; **por consiguiente** consequently; **por fin** finally; **por lo tanto** therefore; **por más (mucho) que** however much; **por supuesto** of course

porcentaje *m.* percentage

portarse to behave (oneself)

portátil portable

portero/a *m./f.* goalie

posada *f.* inn; shelter, lodging

postre *m.* dessert

potable drinkable

prado *m.* meadow; field

precio *m.* price

predecir (*irreg.*) to predict

predicción *f.* prediction

preescolar preschool

preguntar to ask a question

preguntarse to wonder

premiar to award; to reward

premio *m.* prize, award; reward; **premio gordo** first prize, jackpot

prensa *f.* press

preocupar(se) to worry (oneself)

préstamo *m.* loan

prestar to lend, loan; to give (help, etc.); **prestar atención** to pay attention

presupuesto *m.* budget

pretérito *m.* preterite, past tense

prevenir (*irreg.*) to prevent; to warn

prever to foresee; to anticipate

previo/a previous

princesa *f.* princess

príncipe *m.* prince

principiante/a *m./f.* beginner, novice

principio *m.* principle; beginning, start; **al principio** at the beginning; **a principios de** at the beginning of

prisa *f.* hurry; **de prisa** in a hurry; **tener prisa** to be in a hurry

probar(se) (**ue**) to try (on); to prove, show; to test; to taste

procesador *m.* processor; **procesador de textos** word processor

profesorado *m.* professoriate, teaching staff

profundo/a profound; deep

prohibir to prohibit

prometedor/a promising

prometer to promise

promover (**ue**) to promote

pronombre *m.* pronoun

pronosticar to forecast, to prognosticate, to predict

pronto soon; **de pronto** suddenly

propaganda *f.* propaganda; advertising

propietario/a proprietary; *m./f.* owner

propina *f.* tip, gratuity

propio/a own, of one's own; characteristic; proper, correct; selfsame, very

proponer (*irreg.*) to propose

propósito *m.* purpose; goal

proseguir (**i**) to continue, carry on

proteger to protect

proveniente originating, coming from

próximo/a near, close; next; soon

proyectar to plan, design; to project

proyecto *m.* plan, design; project

prueba *f.* proof; test, trial; testing, sampling; fitting, trying on; event, trials

publicar to publicize

publicidad *f.* publicity

publicista *m./f.* publicist

publicitario/a pertaining to publicity

puente *m.* bridge

puesto *m.* place; position, job; post; stall, stand

pulsera *f.* bracelet

punto *m.* point; item, matter; dot, spot; period; stitch; **estar a punto (de)** to be about (to); **punto de partida** point of departure; **punto de vista** point of view

puñetazo *m.* blow with the fist

puro/a pure; sheer; simple, plain, unadulterated

queja *f.* complaint; protest; grumble
quejarse (de) to complain (about)
quemar(se) to burn (oneself)
queso *m.* cheese
química *f.* chemistry
químico/a *m./f.* chemist; *adj.* chemical
quitar to take away, remove
quitarse to withdraw; to get rid of; to take off (article of clothing)
quizá(s) maybe, perhaps

rabo *m.* tail
radioemisora *f.* radio station
radiorreloj *m.* clock radio
raíz *f.* root
rama *f.* branch
rapidez *f.* rapidity, speed
rato *m.* while, short period of time
razón *f.* reason; **tener razón** to be right
rebelar(se) to rebel, revolt
recado *m.* message
receta *f.* recipe
recetar to prescribe
rechazar to reject; to refuse
recibo *m.* receipt
reciclar to recycle
recién llegado/a *m./f.* newcomer
reciente recent
recinto *m.* area, place; enclosure; **recinto universitario** university campus
recipiente *m.* container
recíproco/a reciprocal, mutual
recoger to pick up; to gather up, collect
recorrer to travel through

rector/a *m./f.* head, chief; principal; president of a university
recuerdo *m.* memory, recollection; souvenir; best wishes
recuperado/a recuperated
recuperar to recuperate
recurso *m.* resource
red *f.* net; Internet
redactar to write; to draft; to edit
reducir to reduce
reemplazar to replace
referir(se) (ie, i) to refer (oneself)
reflejar to reflect
reforzar (ue) to reinforce
refrán *m.* proverb, saying
refresco *m.* cool drink, soft drink; refreshment
regalar to give a gift
regalo *m.* gift
regar (ie) to water (lawn); to irrigate
regatear to haggle, bargain
régimen *m.* diet; régime
regla *f.* rule; ruler
reglamentario/a pertaining to regulations
reglamento *m.* rules, regulations, code
regresar to return, go back
rehacer (*irreg.*) to do again
rehusar to refuse
reír(se) (i) to laugh; **reírse de** to laugh at
reloj *m.* watch, clock; **reloj despertador** alarm clock
remedio *m.* remedy
remodelar to remodel
reñido/a bitter, hard fought
reñir (i) to quarrel; to scold
renovar (ue) to renew; to renovate
renunciar to renounce; to give up
reparación *f.* repair; repairing
reparar to repair

repasar to review; to check (over)
repaso *m.* review
repente *m.* sudden movement, start; **de repente** suddenly
reponer (*irreg.*) to replace
reportaje *m.* report, article, news item
reportero/a *m./f.* reporter
requerir (ie) to require
requisito *m.* prerequisite, requirement
resbalarse to slip
resfriarse to catch a cold
resfrío *m.* cold (illness)
residencia *f.* residence; **residencia de estudiantes** dormitory, student housing
residuo *m.* residue; remainder
resolver (ue) to resolve, solve
respetuoso/a respectful
respirar to breathe
respuesta *f.* answer
resultado *m.* result
resultar to result, turn out
resumen *m.* summary, résumé
resumir to summarize
resurgimiento *m.* revival, resurgence
retener (*irreg.*) to retain
retrovisor *m.* rearview mirror
reunión *f.* meeting, gathering; reunion
reunirse to meet; to gather together
revelador/a revealing
revisar to review, go over; to revise
revista *f.* magazine; review
revolver (ue) to move about; to turn over; to stir
rey *m.* king
riguroso/a rigorous
río *m.* river

riqueza *f.* riches, wealth

risa *f.* laugh, laughter; **morirse de risa** to die of laughter

risueño/a smiling

ritmo *m.* rhythm

roble *m.* oak, oak tree

robo *m.* robbery, theft

roer to gnaw

rogar (ue) to beg, plead

rompecabezas *m.* puzzle, riddle; problem

romper to break

ropa *f.* clothes, clothing; **ropa para caballeros** men's clothing; **ropa para damas** women's clothing

rosa *f.* rose

rosado/a pink, rosy

roto/a broken

rubí *m.* ruby

rubio/a blond; fair

rueda *f.* wheel; roller; circle, ring; **rueda de prensa** press conference

ruido *m.* noise

ruidoso/a noisy

rutina *f.* routine

sabor *m.* taste; flavor

saborear to taste, to relish

sabroso/a delicious

sacar to take out; to draw (out); **sacar notas** to take notes

saco *m.* bag; sack; bagful; sackful; jacket; **saco de dormir** sleeping bag

salado/a salty

salario *m.* salary

salida *f.* exit, way out; leaving, going out

salón *m.* living room, salon; **salón de ejercicios** exercise room; exercise club

salsa *f.* sauce; gravy; salsa (music); a dance

saltar to jump

salud *f.* health

saludable healthy

saludar to greet; to salute

saludo *m.* greeting; salute

salvar to save; to rescue

sandalia *f.* sandal

sandía *f.* watermelon

sangre *f.* blood

sano/a healthy, wholesome

santo/a *m./f.* saint; *adj.* saintly, holy

satisfacer (*irreg.*) to satisfy

satisfecho/a satisfied

secador *m.* dryer; **secador de pelo** hair dryer

secadora *f.* tumble-dryer

secar to dry

seco/a dry

secundario/a secondary, minor; **escuela secundaria** secondary school

seda *f.* silk

seguido/a continuous; **en seguida** at once, right away

seguridad *f.* safety; security

seleccionar to select

sello *m.* stamp; seal

semáforo *m.* traffic light

semana *f.* week; **fin de semana** weekend

semanal weekly

semejante similar

semejanza *f.* similarity

senado *m.* senate

senador/a *m./f.* senator

señal *f.* sign; signal; symptom; indication

señalar to point out

sencillo/a simple; natural

sensato/a sensible

sentido *m.* sense; meaning; direction, way

sentimiento *m.* feeling, emotion, sentiment

serie *f.* series

serio/a serious; **en serio** seriously

servir (i) to serve; to wait on; **servir de** to serve (act) as; **servirse de** to use

SIDA *m.* AIDS

sien *f.* forehead

sierra *f.* mountains; mountain range

siglo *m.* century

significado *m.* meaning, significance

sillón *m.* armchair

síntesis *f.* synthesis

sirena *f.* siren

sistema *m.* system

sitio *m.* site, place, spot

situar to place, put, set

sobrar to exceed, surpass; to remain, be left (over)

sobrepoblación *f.* overpopulation; overcrowding

sobresaliente outstanding

sobresueldo *m.* bonus

sobretodo *m.* overcoat

sobrina *f.* niece

sobrino *m.* nephew

sociedad *f.* society

socio/a *m./f.* associate; member; partner

soler (ue) to be accustomed (to)

solicitar to solicit, ask for

solicitud *f.* request; application; care, concern

soltero/a *m./f.* single, unmarried; *adj.* single, unmarried

solucionar to solve

sombra *f.* shade; shadow; darkness

someter(se) to submit (oneself)

sonar (ue) to ring (bell); to blow (horn); to sound (out); to sound (familiar)

soñar (ue) to dream; **soñar con** to dream about

sondeo *m.* poll; **sondeo de mercado** market poll (study)

sonido *m.* sound

sonreír(se) (i) to smile

sorprendente surprising

sorprender to surprise

sorprenderse to become surprised

sorpresa *f.* surprise

sospechar to suspect; to be suspicious

sospechoso/a *m./f.* suspect; *adj.* suspicious

suave soft; gentle; smooth, even

suavizar to soften; to smooth (out); to ease; to make gentler

subdesarrollado/a underdeveloped

subir to go up; to take up; **subir de peso** to gain weight

suceder to happen, occur; to succeed, follow

suceso *m.* happening, event; incident

sucio/a dirty, filthy; vile; bad

sueldo *m.* salary; income

suelo *m.* ground; soil

sueño *m.* dream; sleep; sleepiness

suerte *f.* luck; fate, destiny; lottery ticket

suéter *m.* sweater

sufrir to suffer

sugerencia *f.* suggestion

sugerir (ie, i) to suggest

suicidarse to commit suicide

sumamente highly, extremely

suponer (*irreg.*) to suppose

surtido *m.* stock, supply, selection

surtir to supply, furnish, provide

suspender to fail (school); to suspend; to hang

sustantivo *m.* noun

sustituir to substitute, replace

tablero *m.* notice board, bulletin board; board, plank

tablón *m.* notice board, bulletin board; plank; beam; **tablón de anuncios** bulletin board

tabú *m.* taboo; *adj.* taboo

tacón *m.* heel (shoe)

tahitiano/a Tahitian

taller *m.* workshop; repair shop; garage; studio

tambor *m.* drum

tardanza *f.* delay

tardar (en) to take a long time (to); to be late; **a más tardar** at the latest

tarea *f.* task; homework

tarjeta *f.* card; **tarjeta de crédito** credit card

tarta *f.* cake; tart

tartamudo/a *adj.* stuttering, stammering; *m./f.* stutterer, stammerer

tasa *f.* rate; measure; estimate, appraisal

taza *f.* cup; cupful

teatro *m.* theater

técnico/a *m./f.* technician; *adj.* technical

tecnológico/a technological

telefax *m.* fax

telefonear to telephone

telefónico/a pertaining to the telephone

teléfono *m.* telephone

telenovela *f.* television soap opera

televisor *m.* television set

tema *m.* theme, subject matter, topic

temblar (ie) to tremble, shake; to shiver

temor *m.* fear; suspicion

temporada *f.* time, period; season

tender (ie) a to tend to

tendido/a lying down (person); flat

tener (*irreg.*) to have; **tener ganas (de)** to have a desire (to); **tener lugar** to take place

tenis *m.* tennis; **jugar al tenis** to play tennis

tentación *f.* temptation

ternera *f.* veal

tertulia *f.* social gathering

testigo *m./f.* witness

tibio/a tepid, lukewarm

tiempo *m.* time; weather; **a tiempo** on (in) time

tintorería *f.* clothes cleaners

tipo *m.* type, sort, kind; character; fellow, guy

títere *m.* puppet, marionette

título *m.* title

toalla *f.* towel

tobillo *m.* ankle

tocino *m.* bacon

tomar to take; **tomar en cuenta** to take into consideration

tontería *f.* silliness, foolish act; stupid remark

torcer(se) (ue) to twist (oneself); to sprain

toro *m.* bull

torpe clumsy, awkward; sluggish; dim-witted

torre *f.* tower

torta *f.* cake; tart

tos *f.* cough

tostada *f.* toast, piece of toast

tostadora *f.* toaster

tostar (ue) to toast; to tan

trabajador/a *m./f.* worker; *adj.* hard-working, industrious

trabajo *m.* work; **trabajo de investigación** research paper or project

traducir to translate

traductor/a *m./f.* translator

tragedia *f.* tragedy

traidor/a *m./f.* traitor

trama *f.* plot; scheme, intrigue

tranquilizar(se) to calm (oneself) down

tranquilo/a tranquil, calm

transcribir to transcribe

transcurso *m.* passing, lapse, course (of time)

transformar(se) to transform (oneself)

transmitir to transmit

transportar to transport

transporte *m.* transportation

tranvía *m.* streetcar; tramway

trasladar(se) to move (oneself)

traslado *m.* move; transfer

tratado *m.* treaty; agreement; treatise, essay

tratar to treat; **tratar de** to try

través *m.* crossbeam; slant; reverse; **a través de** across

trayectoria *f.* trajectory

tremendo/a tremendous

trigo *m.* wheat

trimestre *m.* quarter (school)

trotar to trot; to jog

trozo *m.* piece; passage

trucha *f.* trout

tuna *f.* student music group (Spain)

túnel *m.* tunnel

turismo *m.* tourism

turístico/a pertaining to tourism

turnarse to take turns

turno *m.* turn; shift (work)

último/a last (in a series); latest; most remote; **por último** lastly, finally

único/a only, sole; unique

unir(se) to join

utensilio *m.* utensil

útil useful

utilizar to utilize, use

vaciar to empty (out); to drain

vacilar to vacillate, hesitate

valenciano/a Valencian (Spain); **a la valenciana** in the Valencian style

valer to be worth; to be equal (to)

valioso/a valuable; beneficial

valor *m.* value, worth; courage; bond, security

variante variant

variar to vary

variedad *f.* variety

varios/as *pl.* several, some, a number of

varón *m.* male; man

vasco/a Basque; *m./f.* a Basque person

vecino/a *m./f.* neighbor

vegetal *m.* vegetable; *adj.* pertaining to vegetables

vehículo *m.* vehicle

vejez *f.* old age

vencer to defeat; to conquer; to triumph; to overcome; to expire, to fall due

venta *f.* sale; selling; country inn

ventaja *f.* advantage

ventajoso/a advantageous

ver to see; **verse (bien, mal)** to look (well, badly)

veras *f.pl.* truth, reality; **de veras** really, truly

verde green (color); not ripe

vergüenza *f.* shame; sense of shame; bashfulness, shyness, timidity; embarrassment; modesty

vestido/a *adj.* dressed; **bien (mal) vestido/a** well (badly) dressed; *m.* dress

vestir(se) (i) to dress (oneself)

vestuario *m.* clothes, wardrobe; costumes; dressing room

vez *f.* time (in a series); **a la vez** at the same time; **de vez en cuando** from time to time; **en vez de** instead of; **por primera vez** for the first time

viajero/a *m./f.* traveler

viento *m.* wind

villano/a *m./f.* villain; peasant, rustic person; *adj.* coarse, rustic; base, low-down

vino *m.* wine

virtud *f.* virtue

visitante *m./f.* visitor; *adj.* visiting

vista *f.* view; sight, vision; **punto de vista** point of view

vivienda *f.* housing; dwelling place; apartment, flat

vivo/a living; live, alive; lively, vivid; alert; **en vivo** live (performance), in person

volar (ue) to fly

vóleibol *m.* volleyball

volumen *m.* volume; size; bulk

volver (ue) to return

volverse (ue) to turn around

votación *f.* voting; vote

votante *m./f.* voter

votar to vote

voto *m.* vote

voz *f.* voice; **en voz baja (alta)** in a low (loud) voice

vuelo *m.* flight

vuelta *f.* turn; reversal; bend, curve; round, lap; stroll, walk

yerno *m.* son-in-law

zaguero/a *m./f.* defender

zapatería *f.* shoe store; shoe factory

zapatilla *f.* slipper; **zapatillas de tenis** tennis shoes

zoológico/a zoological; **jardín zoológico** zoo

Index